AUJOURD'HUI

ÉTUDE POUR

L'APRÈS-GUERRE ÉCONOMIQUE

Le présent volume devait d'abord être intitulé : *Demain,* quand a paru, sous ce titre, l'ouvrage de propagande de Lysis. Pour cette raison, M. Albert DEVÈZE a substitué au titre primitif de son ouvrage celui de: *Aujourd'hui.* Mais les feuilles de texte étant déjà imprimées, le titre primitif subsiste comme titre courant en tête des pages paires du volume. Ceci sera corrigé lors de la deuxième édition.

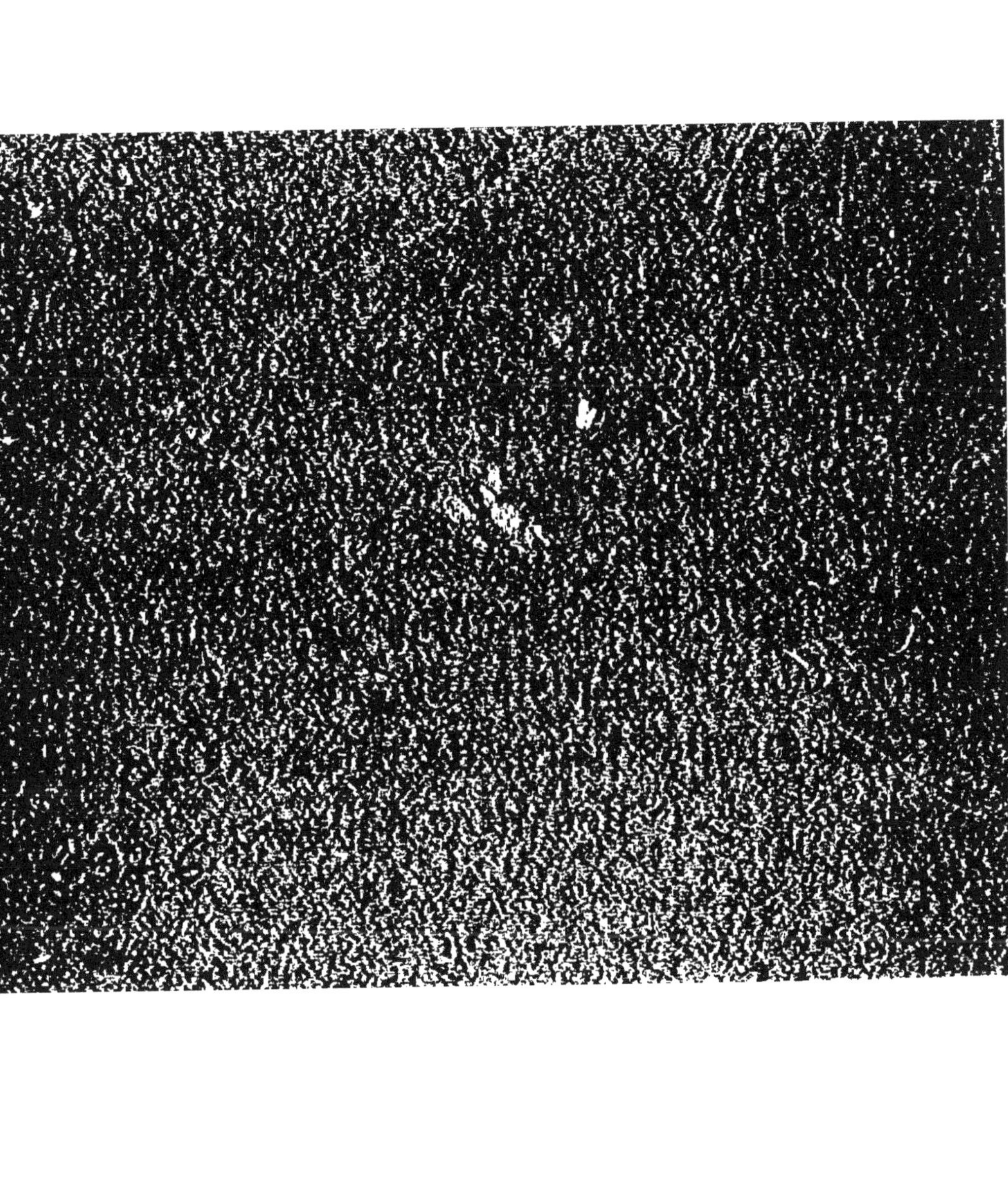

ALBERT DEVÈZE

DÉPUTÉ DE BRUXELLES, AVOCAT A LA COUR

AUJOURD'HUI

ÉTUDE POUR

L'APRÈS-GUERRE ÉCONOMIQUE

BERGER-LEVRAULT, LIBRAIRES-ÉDITEURS

NANCY - PARIS - STRASBOURG

1919

A LA MÉMOIRE

DE

WAXWEILER

AVANT-PROPOS

Depuis novembre 1917, j'avais mis à profit, pour la préparation de l'étude qu'on va lire, les loisirs forcés de la vie du front. La formation d'une unité nouvelle m'ayant éloigné de l'Yser pendant quelques semaines, j'avais pu, dans le cadre souriant d'un village de Normandie, mener à bien mon travail. L'offensive de septembre, l'armistice, le retour et ses préoccupations de tout genre, le trouble jeté dans les communications postales m'ont obligé à certaines modifications de texte et ont retardé la parution de mon travail.

Ces circonstances expliquent que je n'ai pu disposer — surtout en ce qui concerne les faits économiques du passé — de la documentation étendue que j'eusse souhaitée.

Mais c'est le présent qui intéresse et l'avenir qui importe. Spectatrices attentives des réalités actuelles, nos âmes inquiètes les scrutent pour en dégager quelque prévision du lendemain.

Certes, un tel sujet eût demandé mieux qu'une étude. Un seul, entre tous, eût pu concevoir le livre, et l'écrire : Waxweiler.

Nous pleurons, d'un deuil unanime, sa mort prématurée.

A. D.

Bois de Cize (Centre d'artillerie de tranchée),
20 août 1918.
Bruxelles, 24 décembre 1918.

INTRODUCTION

LA GRANDE ŒUVRE

INTRODUCTION

Sommes-nous prêts. — *Sommes-nous prêts?*

Cette question qu'en Belgique des publicistes clairvoyants posaient afin d'arracher la nation à la torpeur confiante — alors que déjà le cataclysme semblait imminent, — nous nous la posons maintenant, à l'heure où il prend fin.

L'angoisse des lendemains pèse sur le monde. Elle s'appesantissait plus lourdement encore sur les peuples opprimés qui attendaient, moitié dans l'exil, moitié dans la servitude, que leur destin fût décidé. C'est pourquoi, en tous pays, les bons citoyens qui songeaient jadis à préparer la guerre s'inquiétaient déjà de préparer la paix. Voici, brusquement, la paix venue. « Il n'y a pas de problème plus urgent; et, dans notre pays de liberté, c'est des profondeurs mêmes de l'opinion publique, instruite, avertie, que doit partir le mouvement libérateur. » Ainsi, dès 1916, s'adressant à la France, parlait M. Herriot. Ainsi disons-nous à nos compatriotes, alors que sans doute il en est temps encore, mais que pourtant déjà le temps nous presse...

La concurrence de demain. — *La paix qui vient, ce n'est point celle qu'autrefois, dans leur rêve étoilé, les poètes voyaient descendre sur la terre. Elle nous apparaîtrait plutôt sous les traits du sphinx légendaire dont il fallait, sous peine de mort, avoir pu deviner l'énigme. Elle propose à nos méditations un problème que, par instinct sans doute du danger proche, nous appelons déjà le problème du pain quotidien.*

Ruinés par la guerre, ayant gaspillé leur épargne, ayant engagé tout leur crédit, ici pour l'œuvre d'asservissement et de conquête, là pour l'œuvre de légitime défense et d'affranchissement, tous pauvres maintenant, tous âprement préoccupés de se refaire et de revivre — les peuples belligérants voudront s'enrichir par leur travail. Ils s'efforceront de rétablir leur équilibre par une production décuplée leur permettant non seulement de se suffire, mais de chercher et de trouver au dehors des débouchés rémunérateurs. Ils auront été à la rude école de la nécessité; ils auront transformé et augmenté leur outillage industriel; ils auront pourvu à ce que leur fournissaient jadis les puissances ennemies par une utilisation meilleure de leurs ressources; ils auront pris l'habitude de la discipline, apprécié les bienfaits de la collectivité ordonnée dans l'effort; surtout, ils auront pris conscience de leurs défauts et de leurs faiblesses; ils auront fait en sorte d'y remédier pour l'avenir. Que dire alors des neutres, qui bénéficieront à la fois de l'expérience faite par les belligérants, et par eux-mêmes, d'une formidable accumulation de capitaux, et du fait qu'ils auront conservé, dans leur intégrité, leur armement économique, leur crédit et leur main-d'œuvre?

Sur ce point, tous les économistes sont d'accord. « Nous devons nous attendre à une lutte économique très sévère dont sortiront victorieux les pays dont la préparation aura été la plus énergique », écrit M. Berrogain (1). *« La brutalité des chiffres se substituera à la brutalité des obus », affirme M. Biard d'Aunet* (2). *« Il ne faudrait pas que le rétablissement de la paix vînt à nous surprendre comme nous a surpris l'ouverture des hostilités : le trouble économique qui a marqué le début du mois d'août 1914 ne serait alors rien auprès des désastres qui suivraient la cessation de la guerre »; ainsi prévoit, avec sagacité, M. André Lebon* (3). *Et si l'évidence des faits n'en dispensait point, combien d'autres témoignages, tous concordants, nous avertiraient du péril...*

LA BELGIQUE ÉCONOMIQUE. — *Nous surtout, les Belges.*

---

(1) BERROGAIN, *L'Expansion du commerce extérieur et l'Organisation bancaire*, p. 12.
(2) BIARD D'AUNET, *La Politique et les Affaires*, p. 12.
(3) André LEBON, *Les Problèmes économiques de demain*, p. 15

Parce que, quelles que soient les conditions de la paix, nous sortons de la guerre désoutillés, désorganisés, expropriés de nos moyens de production, et que tout sera à refaire. En mettant les choses au mieux, la reprise, pour nous, sera extrêmement lente, graduelle, progressive, tandis que nos concurrents pourront, dès le premier jour, sinon donner la pleine mesure de leur puissance, tout au moins faire la preuve de leur capacité productrice. Circonstance d'autant plus grave que notre marché intérieur est restreint ; que nous vivons d'exportation, et que les clientèles ne peuvent attendre...

Et sans doute aussi parce que notre terrible voisine — nous aurons l'occasion d'en rechercher les preuves — n'a point abandonné ses plans de conquête économique. A la veille de la guerre, ceux-ci tendaient vers une réalisation sans cesse élargie. Il faudra demain que leur mise à exécution ne puisse être à nouveau poursuivie, avec la méthode, la duplicité, la formidable ténacité germaniques, et quelle que soit l'hypocrisie avec laquelle un nouveau gouvernement pourrait la conduire ! Fait capital, dont la leçon sera méditée avec fruit aussi bien par la Belgique libérée que par les grands peuples dont elle est aujourd'hui l'amie et l'alliée.

Quel désastre que le nôtre ! Le peuple belge avait conquis le cinquième rang dans l'ordre de l'importance économique des nations... M. Max-L. Gérard a pu évaluer à 27 milliards, productifs d'un revenu atteignant 900 millions, le montant des fortunes privées ; il chiffre par 4 milliards 600 millions celui des revenus du travail ; il fixe à 550 millions le montant de l'épargne annuelle. De telles appréciations sont évidemment approximatives ; celle-ci fut faite prudemment. Elle est confirmée par les estimations que donnent les Annales des Travaux publics, *car ces dernières montrent la fortune belge passant, de 1903 à 1912, de 23 à 30 milliards, dont 14 pour les valeurs mobilières, 6 pour les propriétés non bâties, 10 pour les propriétés bâties. Richesse à laquelle correspondait une activité commerciale atteignant en 1913 plus de 5 milliards à l'importation, et 3 milliards 700 millions à l'exportation, déduction faite du transit.*

Tandis que dans son ensemble notre balance commerciale se trouvait en déficit à concurrence de 1 milliard 300 millions — fait évidemment fâcheux et contre lequel il importe de réagir — nos exportations en produits fabriqués excédaient d'un demi-milliard les importations correspondantes. Au premier rang de nos clientes se trouvait la Grande-Bretagne (métropole et colonies), chez qui nos exportations en produits fabriqués passaient, de 1910 à 1913, de 298 à 441 millions, les importations correspondantes ne passant que de 124 à 144 millions. L'Empire britannique nous achetait donc trois fois plus de produits fabriqués qu'il ne nous en vendait ; il absorbait le tiers de notre production totale.

Le seul point noir, c'était vers l'Allemagne qu'il le

fallait chercher. Celle-ci, au cours des mêmes années, faisait passer de 254 à 326 millions le montant de son importation en produits fabriqués, tandis que les nôtres passaient péniblement de 151 à 167 millions, en régression même pour 1913 sur les chiffres de 1912. Phénomène dont l'explication, au cours de cette étude, ne nous sera pas difficile...

La France. — *La France est le pays dont la situation, au point de vue de l'après-guerre, se rapproche le plus de la nôtre. Ses régions envahies étaient le siège principal de son activité industrielle. Des statistiques établies en 1913, il résulte que ces régions représentent 68 °/o de sa production charbonnière; 80 °/o de sa production de minerai de fer; 68 °/o de sa production de fonte; les deux tiers de sa production d'acier; 40 °/o de ses chevaux-vapeur. Et la valeur du revenu agricole s'y élevait à 1 milliard.*

Si impressionnants que soient ces chiffres, on peut dire cependant que la France est loin — heureusement — de courir un danger qui soit comparable au nôtre. Elle dispose de richesses minières non encore exploitées; elle s'applique à utiliser désormais la force hydraulique, qu'elle appelle justement la « houille blanche »; elle a pu créer sur son territoire de vastes régions industrielles répondant aujourd'hui aux besoins de l'industrie de guerre, mais comportant l'installation d'un outillage économique qui survivra à la paix; elle a surtout, selon la forte parole de Lord Curzon, compris the lessons of the war. *Les 11/12 de son agriculture sont intacts. Et ce serait ne point la connaître que de douter de la vaillance dont elle fera preuve, pour réparer la brèche et rétablir sa fortune un instant compromise. Déjà, de toutes parts, se manifestent les prodromes de son renouveau...*

L'Angleterre. — *L'Angleterre, appuyée sur son formidable empire, apparaît intacte — pleinement maîtresse de toutes ses forces productrices, — réformant ce que ses méthodes avaient peut-être d'empirique et d'un peu suranné — consciente de la gravité de l'heure et résolue à maintenir son rang dans le monde.*

Déjà, vers la fin du dix-neuvième siècle, l'empirisme anglais tendait à s'intellectualiser; l'idéal anglais à devenir un « idéal d'activité consciente et savante » (1); la grande industrie à « introduire dans la tradition empirique de l'activité anglaise des forces d'organisation rationnelles et scientifiques » (2).

Fidèle, depuis 1846, avec Cobden et Bright, à la liberté des échanges, elle semblait irrésolue. Elle choisit aujourd'hui sa voie. Une école libérale nouvelle, tout en gardant pour le libre-échange un attachement purement verbal, affirme la théorie du néo-protectionnisme impérialiste, dont le but est « de

(1) Louis Cazamian, *L'Angleterre moderne*, p. 87.
(2) Id., *ibid.*, p. 109.

rendre ou d'assurer à l'industrie anglaise la possession du marché national et celle des marchés coloniaux » (1). *Et cette école, nous le verrons, a trouvé dans la guerre — dans la constatation de l'emprise économique allemande, dans celle de la nécessité primordiale pour ce peuple de posséder certaines industries dites essentielles — un puissant argument pour sa propagande. Si bien que l'Angleterre apparaît décidée à modifier de façon essentielle les directives de sa politique économique : problème dont l'opinion belge, pour la raison que nous avons dite, suit avec inquiétude la solution...*

L'Allemagne. — *Avec M. Pingaud* (2), *esquissons enfin le tableau émouvant, inquiétant, plein de relief et de vie, de ce qu'était, à la veille de la guerre, la puissance économique de l'Allemagne.*

On peut diviser en quatre périodes les quarante années qui séparent les deux guerres : jusqu'en 1879, la période d'expérience; jusqu'en 1894, la période de recueillement; jusqu'en 1907, la période d'ascension; pour finir, la période des entraînements.

Tout d'abord, en effet, les Gründerjahre; *une première efflorescence; puis la crise, et la nécessité constatée de renforcer la puissance productrice allemande : pour y parvenir, Bismarck recourt au protectionnisme. Lorsque l'instrument de conquête*

(1) Louis Cazamian, *L'Angleterre moderne*, p. 207.
(2) Pingaud, *Le Développement économique de l'Allemagne contemporaine* (Berger-Levrault, édit.).

est forgé — nous sommes en 1894 — l'heure est venue de s'en servir, d'exporter, de conquérir : la politique douanière tend alors à la conclusion des conventions tarifaires à long terme, avec insertion de la clause de la nation la plus favorisée. L'Allemagne, comme le dira M. Delbruck au Reichstag, possède les deux grandes richesses, qui sont le charbon et le fer. Son industrie est devenue apte à en tirer parti. Elle est dotée de l'armature commerciale et de l'organisation bancaire indispensables. Aussi, pendant cette période, la production de la houille passera de 79 à 143 millions de tonnes, celle de la fonte de 5 à près de 13 millions ; le commerce général s'élèvera de 7 milliards et demi à 15 milliards et demi de marks ; l'exportation, de 3 à 7 milliards, avec une proportion d'objets fabriqués atteignant 61 °/₀. La marine marchande, partie de 879.000 tonnes-vapeur, atteindra 2.096.000 tonnes. Les ports, pour lesquels 1.250 millions de marks auront été dépensés, verront leur mouvement s'élever de 23 à 43 millions et demi de tonnes ; la capacité de Hambourg augmentera de 75 °/₀, celle de Brême de 50 °/₀ ; celle de Emden sera quadruplée.

Mais voici l'engrenage. Il faut désormais, à tout prix, pour pouvoir continuer à produire « à plein », pour assurer aux capitaux engagés leur rémunération, aux travailleurs leur salaire, — il faut acquérir des débouchés sans cesse élargis. A partir de 1907, commence donc un rush *économique qui placera finalement l'Allemagne devant l'obligation de chercher dans la guerre un aliment à ses appétits impossibles à assouvir. En 1914, la production de houille sera de 174 millions de tonnes, au lieu de 143; celle de la fonte atteindra 17 millions et demi au lieu de 13. Le commerce extérieur se chiffrera par 21 milliards de marks, en augmentation de 6 milliards sur 1907, l'exportation par 10 milliards de marks au lieu de 7, et la proportion d'objets fabriqués atteindra 75 %. Plus que doublé le commerce avec la Russie, l'Espagne, les Pays balkaniques. Le commerce avec la France passe de 449 à 789 millions de marks. Pour l'ensemble des colonies françaises, il quadruple. Et la flotte marchande atteint un tonnage de 2.655.000 tonnes-vapeur.*

Puissance économique formidable, que la guerre réduit momentanément à l'impuissance. Puissance dont le développement inouï, mais quelque peu imprudent et artificiel, cachait sous sa prospérité apparente la menace d'une crise sans précédent. Puissance dont il importera de connaître les ressorts et de révéler les secrets, pour en prendre ce qui est utile et applicable. Puissance dont il faudra enfin se garder, demain, dans l'Europe pacifiée, si l'on veut éviter qu'après avoir perdu la guerre, l'orgueil allemand puisse se vanter quelque jour d'avoir gagné la paix...

LES ÉLÉMENTS DU SUCCÈS. — *Il y a vingt ans, les*

puissances se classaient au point de vue de leur expansion mondiale dans cet ordre : l'Angleterre, la France, les États-Unis, l'Allemagne. Aujourd'hui, l'Allemagne est passée au second rang ; la France a pris sa place (1). La Belgique vient ensuite. Quel sera, dans l'après-guerre, le classement nouveau?

Sans doute, il dépendra des qualités innées des races, de la force morale et physique des peuples, de leur bon sens, de leur adaptation aux conditions nouvelles de la concurrence économique, de leur labeur productif et persévérant.

Encore cependant importe-t-il que le facteur humain soit « valorisé » à son maximum de rendement. Encore faut-il qu'il dispose de l'outillage, des matières premières et du crédit nécessaire à la reconstitution des entreprises. Encore est-il indispensable que les entreprises elles-mêmes soient conduites de façon à abaisser au minimum le prix de revient et à mettre en pratique la formule que citait fort heureusement, devant le Sénat français constitué en cour de justice, le chef de la C. G. T., M. Jouhaux : le maximum de production dans le minimum de temps pour le maximum de salaire. Encore doit-on envisager tous les modes par lesquels l'activité collective de chaque peuple sera coordonnée, organisée, concentrée, de façon à grouper en un faisceau compact toutes les forces vives, à empêcher qu'elles se neutralisent, à en former un

(1) Lichtenberger, *L'Allemagne moderne*, p. 26.

courant d'énergie irrésistible et fécond. Encore restera-t-il, pour l'État, à mettre au service de ces forces la puissance publique elle-même, avec toute sa capacité d'agir, avec sa compréhension supérieure de l'intérêt général et son discernement des possibilités d'avenir.

Tel est l'objet de cette étude. Quelle est la leçon de la guerre? Quels sont les facteurs de l'organisation économique? Quelle doit être la politique de l'État? Ces questions, nous nous sommes efforcé de les résoudre dans la mesure où il est actuellement possible de le tenter, sans nous faire illusion sur la difficulté de pareille tâche, mais avec l'ardent désir de répondre à l'inquiétude de ceux qui, nombreux, s'interrogent anxieusement sur les lendemains économiques de la guerre. Peut-on se borner à l'exposé objectif de ce qui se faisait hier en Allemagne, de ce qui se fait aujourd'hui dans le monde? Est-il suffisant, bien que ce soit nécessaire, de faire la critique sévère de nos erreurs passées, de nos incompréhensions d'hier? Non. La paix conclue, il faut, tout de suite, construire; il faut donc, dès à présent, élaborer des plans, assembler des matériaux. Chacun a le devoir impérieux d'étudier les uns, de préparer les autres, avec tout ce qu'il peut y apporter d'intelligence, de conscience et de cœur. S'il s'est trompé — et il est certain d'avance qu'il errera parfois, car il n'est point ici d'évangile possible — qu'importe! Il aura institué le débat, déterminé la controverse, apporté dans les esprits quelques clartés sur le problème le plus diffus et le plus complexe. Et sa contribution n'aura point été stérile...

NOTRE CONFIANCE. — *A de telles sollicitations l'opinion publique belge est, tout entière, attentive. En terre asservie, en exil, dans les tranchées ; sans distinction de classe, d'opinion politique et de croyance, — tandis que le canon tonnait encore tout au long de l'Yser rouge, — nos compatriotes, indéfectiblement unis dans la souffrance commune, tendaient déjà leur pensée vers la tâche grandiose de la résurrection nationale.*

Mais ne croyez pas, lecteurs amis, qu'ils doutent de leur destinée. Ils savent que la paix juste leur rendra, complète, sans limitation d'aucune sorte et sans hypothèque, la liberté si chèrement conquise par leurs pères. Ils savent aussi — et ce savoir les laisse sans effroi — que l'œuvre édifiée par près d'un siècle de probité, d'activité intelligente et de labeur passionné, que cette œuvre est aujourd'hui détruite jusque dans ses fondements. Les ruines tragiques qui peuplent la Flandre dévastée sont à leurs yeux l'image de leur prospérité perdue. Ils rebâtiront les villages. Ils relèveront l'édifice...

A de telles tâches leur race est habituée. Leur histoire est faite de brèves éclaircies, mises à profit chaque fois pour une soudaine floraison d'art, de productivité, de grandeur — et suivies chaque fois de tourmentes dévastatrices. Jamais leurs ancêtres n'ont perdu courage. Sortis déjà tant de fois du tombeau — comme le dit leur chant national, — les Belges saluent aujourd'hui, à travers leur misère, l'aube des temps-nouveaux dont ils seront les artisans glorieux.

A. D.

I

UNE EXPÉRIENCE FORCÉE D'ORGANISATION ÉCONOMIQUE

CHAPITRE I

LA LEÇON DE LA GUERRE

Nous vivons en des temps de discipline, de coordination et de coopération des énergies. Que signifie cette affirmation? Qu'entend-on par l'économie de guerre? Comment définir la notion de l'économie de transition? S'il est vrai que ses prescriptions sévères sont « filles de la nécessité », en quel esprit cependant doivent-elles être souhaitées, subies ou simplement acceptées et étudiées?

Répondre à ces questions, c'est dégager de la guerre sa leçon : tel est l'objet de ce chapitre. Plus tard, nous chercherons à l'interpréter et à y conformer nos vues d'avenir.

I

L'ÉCONOMIE DE GUERRE

L'improvisation nécessaire. — Aussitôt qu'il devint certain que le conflit mondial se prolongerait pendant plusieurs années, tous les gouvernements se trouvèrent placés devant le plus imprévu des problèmes. Il fallait, en effet, sans perdre un seul jour, doter les nations d'une organisation économique telle qu'elles soient assurées de vivre pendant la guerre, tout en poursuivant la guerre. Improvisation qu'il fallait créer de toutes pièces, sous la menace pressante de la faim, de la défaite, de la révolte. Elle ne se fit point, en tous pays, sans écoles ni sans heurts.

Le ravitaillement. — Le ravitaillement, d'abord. Pourvoir à l'alimentation, au vêtement, au chauffage, aux nécessités générales de l'existence. Y pourvoir pour les populations civiles. Y pourvoir aussi pour les armées innombrables, composées en majorité immense de producteurs enlevés à la production. On s'aperçut bien vite — plus ou moins vite cependant selon les circonstances nationales — de la nécessité d'une réglementation de l'approvisionnement d'une part, de la consommation de l'autre.

Il fallait avant tout que chaque peuple fît, en cette matière, l'inventaire de ses ressources et de ses besoins; ensuite qu'il portât au maximum compatible avec les circonstances de guerre son rendement productif. C'était aussitôt instituer le contrôle des exploitations agricoles, contrôle qui dut s'étendre parfois jusqu'à leur procurer, par voie de démobilisation, de la main-d'œuvre; des mesures furent prises pour restreindre l'étendue des terres en friche, pour imposer la culture des céréales à des exploitants que l'appât de gains importants et faciles attirait vers d'autres cultures plus rémunératrices. C'était d'autre part, imposer le recensement du cheptel et, par une sage prévoyance de l'avenir, la limitation de l'abatage. C'était enfin faire la sélection des industries dites « de première nécessité » : vêtements, chaussures, etc., et déterminer aussi bien leur capacité de production que les quantités et les espèces des matières premières dont elles avaient besoin.

Ainsi, l'agriculture demandait des semences, des engrais chimiques, des machines agricoles — beaucoup de machines, puisqu'il y avait peu de bras, ou des bras débiles. Le bétail devait être nourri. Les industries de première nécessité devaient être approvisionnées. Sans doute, dans une mesure déterminée, l'inventaire des ressources nationales montrait qu'elles pouvaient répondre à cette demande : mais l'excédent devait provenir de l'importation. De plus, certaines denrées ou certains objets indispensables n'étaient point du domaine de la production indigène : c'est par l'importation encore qu'il y fallait parer. Importer, cela signifiait trois choses : exporter d'un autre pays, allié ou neutre, obéissant en tout cas lui-même aux mêmes nécessités, ayant donc institué chez lui le même inventaire et le même contrôle ; transporter, en général, par mer; payer au dehors les marchandises importées, et par conséquent nuire au change extérieur de la monnaie nationale. Dès lors, à ce triple point de vue, une réglementation s'imposait.

Mais, pour faciliter l'établissement de l'équilibre, pour réduire au minimum le déficit national, il fallait ne point négliger d'agir sur la consommation. De là un rationnement qui se réalisa, très généralement, par la création de cartes de consommation, dans le but d'empêcher les prodigalités et d'assurer la distribution équitable des ressources. De là l'intervention de l'État dans la fixation des prix de vente des denrées et des marchandises, afin d'entraver les spéculations : c'est la taxation. De là, enfin, les mesures prises contre l'accaparement, éventuellement la réquisition chez les producteurs, la liquidation des stocks illicites par autorité de justice. Par la porte ainsi largement ouverte, l'État pénétrait en maître dans la vie privée des citoyens.

L'usine de guerre. — Il fallut songer ensuite à l'usine de guerre. Les premières expériences du champ de bataille avaient montré sans équivoque que la victoire ne s'achèterait qu'au prix d'une gigantesque préparation industrielle, s'étendant à l'armement, aux munitions, à l'équipement, à l'immense et multiple outillage (aéroplanes, automobiles, voies ferrées, voirie spéciale, matériaux pour la construction des abris, des baraquements, etc.), sans compter la chimie de guerre, qui n'a cessé de croître en importance.

Il était vain d'attendre qu'à de tels besoins les usines qui s'étaient spécialisées dans les fabrications de guerre pussent suffire. De là, aussitôt, le recensement et la transformation en usines de guerre de toutes les usines susceptibles d'être rendues utilisables. Cette adaptation fut souvent volontaire; parfois cependant il fallut recourir à la réquisition, soit que l'État entreprît de gérer par lui-même, soit, plus souvent, que l'ancienne gestion fût continuée sous son autorité par les exploitants.

Mais il fallait davantage, et la création d'usines nouvelles fut provoquée, soutenue, subsidiée par l'État. Sur toute cette branche de la production, celui-ci règne sans conteste. Il est le banquier : souvent il fournit les capitaux par voie d'acompte sur ses commandes. Il est le client, sans concurrence. Son concours est nécessaire pour que la main-d'œuvre soit assurée. Et son intervention sera constante, étant donnée la gravité de son intérêt, en vue d'assurer la qualité, la régularité, la continuité de la production.

Ici encore, il faut des matières premières. Pour outiller et réoutiller, il faut des machines. Si la production accrue ne répond pas encore à la demande, il faut à tout prix pourvoir au déficit. Tout cela, c'est importer : avec la triple conséquence que nous avons dite et la nécessité d'une réglementation.

« *Business as usual* ». — C'est alors — mais alors seulement — qu'il devient possible de songer à l'industrie et au commerce.

L'État ne s'en sera préoccupé tout d'abord que

pour la défense du change, compromis par ses propres achats au dehors : il aura interdit l'importation de tous les objets fabriqués qui ne sont pas indispensables [1]. Et si, pour la même raison, il considère les exportations avec sympathie, encore ne peut-il les favoriser que dans la mesure restreinte où les intérêts de la production industrielle ne seront pas incompatibles avec ceux du ravitaillement et de l'usine de guerre.

On avait dit, il est vrai, en Angleterre, un mot qui fit un instant fortune : « Business as usual. » Mais cette fortune fut de courte durée. Il ne fallait pas songer seulement à la rareté de la main-d'œuvre, à la dispersion du personnel dirigeant, aux conséquences du moratorium, à la cherté de la vie, à la diminution de la capacité d'achat des clientèles, à tout ce qui, pesant sur le marché intérieur, en bouleversait les conditions.

Il y avait plus : l'industrie « de paix » avait, elle aussi, besoin d'importation. C'était acheter sur des marchés étrangers sujets à contrôle ; c'était trouver du tonnage disponible; c'était payer. Même, l'exportation des produits fabriqués devenait difficile, parce que les importations étaient réglementées en pays étranger, et puis, encore une fois, qu'il fallait des navires...

---

(1) Lettre au journal *Le Temps*, 24 juin 1918.

Le contrôle interallié du tonnage, des achats et des paiements. — La question s'internationalisa.

Les puissances alliées disposaient au total d'un « tonnage » déterminé. Elles le mirent en commun. Elles s'entendirent pour effectuer d'abord sur l'ensemble les prélèvements nécessaires au ravitaillement, en ce compris le ravitaillement des régions envahies, dont les populations, dans leur malheur, étaient dignes entre toutes de la sollicitude agissante des peuples libres. Une seconde part fut affectée par privilège au service des usines de guerre. Une troisième fut requise pour le transport des troupes, de leurs convois, de leurs approvisionnements en munitions, équipements et vivres : part qui ne cessa de croître à mesure que d'immenses armées venaient, d'outre-mer, combattre sur le continent. Le solde restait à la disposition de l'industrie et du commerce, dans la mesure où la guerre sous-marine n'en réduirait pas l'importance. Et il était dès lors aisé de prévoir qu'une concurrence insensée s'instituerait, entraînant la hausse effrénée du fret, si une réglementation n'était pas édictée : ainsi la question tout entière fut internationalisée, et le fret ne s'obtint plus que de la commission régulatrice internationale.

Mais les nations alliées allèrent plus loin. Conscientes de leur solidarité dans la poursuite victorieuse de la guerre, elles s'efforcèrent de mettre en commun toutes leurs ressources : denrées, matières premières et produits fabriqués, et de s'en assurer réciproquement la disposition, en tenant compte de leurs intérêts propres, mais au mieux de l'intérêt collectif. Ainsi, l'accès aux marchés acheva d'être contrôlé et réglementé, et, dans chaque pays, la nécessité d'une discipline économique rigoureuse s'imposa de façon impérative. Comme pour les transports maritimes, des commissions régulatrices du ravitaillement et des achats se constituèrent. Elles eurent à résoudre en même temps les questions financières qui s'y rattachaient. Leur création et leur fonctionnement furent minutieusement réglés entre les États. Chacun d'eux s'efforça d'y obtenir une représentation. Au sein de ces assemblées, il exposa et chercha à faire prévaloir ses demandes. Et la vie économique dans son ensemble dépendit en fin de compte de l'intelligence, du zèle, de l'habileté du département des Affaires étrangères — et de l'exactitude, de l'opportunité, de la convenance des programmes établis par le département — quel qu'en soit le titre officiel — des Affaires économiques.

Les marchés neutres. — L'internationalisation, logiquement, devait entraîner l'adoption vis-à-vis des puissances neutres d'une politique économique commune aux puissances alliées.

Fournisseurs, il ne faut pas que les neutres retirent un profit illégitime de la concurrence anarchique que se livreraient sur leurs marchés les nations, les industries, les firmes. Il ne faut pas non plus qu'ils puissent couvrir de leur étiquette l'exportation ennemie, condamnée par le blocus économique des puissances centrales.

Acheteurs, il ne faut pas qu'ils soient privés, dans la mesure de leurs besoins propres, de ce que les Alliés leur procuraient : ils seraient sinon rejetés infailliblement vers nos adversaires; ils ne tarderaient pas, en toute hypothèse, à devenir méfiants et hostiles. Il ne faut pas davantage que, développant leurs achats au delà de leurs besoins, ils entreprennent de ravitailler le territoire soumis au blocus et empêchent celui-ci de sortir les effets attendus.

Enfin, souvent, les relations avec les neutres exigent l'emploi du tonnage; toujours, elles nécessitent le recours aux moyens de paiement hors frontières; elles intéressent le change extérieur. A tous égards donc, elles doivent être réglementées. A ce titre encore, les gouvernements étaient amenés à mettre la main sur la production nationale.

L'organisation nationale. — Pour la mise sur pied de cette économie, la production dut s'organiser : ce fut la syndicalisation forcée, la syndicalisation volontaire ne pouvant suffire que si en fait elle était générale. Il s'agissait de renseigner l'État sur les besoins de l'industrie, de recevoir et d'utiliser les approvisionnements obtenus, de produire et de fournir ce qui était nécessaire tant pour répondre aux besoins intérieurs que pour l'exporlation. De la sorte, l'État sera mis en mesure de déterminer la demande nationale et de répondre à la demande étrangère. Ainsi pourra-t-il établir entre les besoins nationaux un classement hiérarchique, un ordre de priorité, dont il tiendra compte dans la répartition des matières premières, des moyens de transport et des moyens de paiement. Comme il est nécessaire que ce qu'il a obtenu soit utilisé au mieux, le voici bientôt pénétrant dans la gestion intérieure des affaires, comprenant l'intérêt qui s'attache au développement de la technique, suscitant les perfectionnements, s'intéressant aux découvertes, préconisant les meilleures méthodes; favorisant la spécialisation, encourageant la concentration, s'efforçant par tous procédés d'abaisser les prix de revient. Et le voici enfin entreprenant de doter l'économie nationale des branches industrielles qui lui font défaut, afin d'assurer son indépendance et de pourvoir aux conséquences de la rupture des relations économiques avec l'ennemi.

Mais, dès lors, la barrière est franchie. L'État entre en rapport avec l'industrie, le commerce et la banque, — le fonctionnaire avec l'homme d'affaires et l'homme d'action. Qu'ils se plaisent ou non, il faut qu'ils collaborent à la formation des trois programmes : celui des achats et des fournitures; celui des moyens de transport; celui des paiements. Désormais, comment écarter l'appel aux compétences? Comment ne pas fonder des institutions économiques assurées de leur concours, leur faisant une place élargie? L'État se transforme; il s'adapte à sa mission nouvelle; il devient l' « État économique ».

L'expérience forcée. — L'économie de guerre institue donc ce que nous appelons une « expérience forcée d'organisation économique ». Elle le fait sous la forme la plus autoritaire et la plus centralisée. Sans doute, tous les peuples ne la font pas selon les mêmes modes, ne la poussent pas au même degré. Sans doute, tout cela se réalise par stades successifs, s'adapte à la mentalité de chaque milieu, rencontre plus ou moins de résistance, revêt un caractère d'absolu plus ou moins accentué. Le fait constant, le fait capital n'en existe pas moins : il ne saurait demeurer sans retentissement sur l'avenir.

II

L'ÉCONOMIE DE TRANSITION

La transition nécessaire. — Ainsi la guerre aura déterminé, par ses ravages profonds et par sa longue durée, une situation économique sans précédent. D'une part, des régions immenses, parfois même des pays entiers pillés, dévastés, mis hors cause. D'autre part, dans le monde entier, l'instauration d'une discipline de la production, la mise en pratique d'une organisation économique, dans laquelle les intérêts privés sont impitoyablement subordonnés à l'intérêt général. Personne n'imagine qu'il soit possible — la paix étant « déclarée » — de revenir du jour au lendemain à l'état de choses antérieur. Tous admettent au contraire la nécessité d'une transition, et la controverse n'existe que lorsqu'il s'agit d'en évaluer la durée et d'en déterminer les tendances.

L'économie de transition devait donc, dès avant la paix, être conçue, étudiée, préparée. C'est pendant la guerre, et non point à l'heure où il faut décider et résoudre, que la transition eût dû être envisagée. La Belgique n'aura connu de l'économie de guerre que peu de chose. Faute de territoire à gouverner par elle-même, elle a vu l'ennemi déterminer à sa guise le régime de nos provinces. Du problème du ravitaillement, elle n'a expérimenté que ce qui touche à l'envoi d'approvisionnements aussi étendus que possible aux populations demeurées sous le joug, œuvre pour laquelle elle a rencontré le concours émouvant des puissances alliées et tout particulièrement des États-Unis, et aussi, ce qui concerne le ravitaillement de son armée. Il n'en est plus de même lorsqu'il s'agit de l'économie de transition. Nulle part, la difficulté n'est plus grande, la tâche plus complexe, le mal auquel il faut parer plus grave et plus total. La réalisation d'une telle œuvre requiert impérieusement aujourd'hui le dur labeur de nos gouvernants. Elle les oblige à des décisions, à des actes qui engagent l'avenir. Ils ont donc le devoir strict d'élaborer et d'adopter une politique agissante, dont la réalisation soit méthodiquement poursuivie — politique dont la détermination est d'autant plus lourde de responsabilités, qu'ils ont été loin du contact de la nation, dont la voix lointaine fut rarement et difficilement entendue.

Et cependant, il faut oser et agir. Méditons, avec le commandant Hourst, cette vérité puissante : « Nous avons assez souffert du manque de préparation industrielle de la guerre pendant la paix, pour tâcher d'échapper au manque de préparation industrielle de la paix pendant la guerre (1). »

La restauration. — Restaurer : telle sera donc l'œuvre capitale qui s'imposera à toutes les nations. Il ne s'agit pas seulement de revenir à la puissance productrice antérieure à la guerre. Il s'agit encore de faire en sorte que chaque peuple soit à même, désormais, de se suffire; qu'il cesse d'être à la merci de catastrophes semblables. Surtout, il s'agit de découvrir, d'employer, de développer toutes les richesses dont ce peuple dispose, de mettre en valeur tous ses moyens d'action, afin qu'il puisse échapper à l'emprise économique étrangère et chercher dans l'expansion le rétablissement de sa fortune.

---

(1) *Le Problème de la main-d'œuvre*, p. 52.

Mais, lorsqu'il s'agit des régions ou des pays envahis, les traces que la guerre a laissées semblent, à première vue, ineffaçables. Ne songeons pas seulement à la zone de bataille, aux endroits où la lutte s'est « stabilisée », et où, tout le long des fronts immenses, sur une profondeur de 50 kilomètres, la dévastation a été complète. Songeons à ces provinces qui furent soumises pendant plusieurs années à la domination la plus cruellement égoïste. Elles auront été l'objet d'une exploitation méthodique et prolongée tendant à les dépouiller de leurs moyens de production au profit du maître de l'heure. Là, plus d'outillage, ou peu s'en faut : et il faut prévoir qu'en tout cas l'œuvre commencée sera achevée avant l'évacuation. Plus de stocks de matières premières. Parfois, plus de bâtiments d'usine. Plus de clientèle. Plus d'organisation industrielle et commerciale à laquelle la clientèle soit attachée. La direction est désœuvrée ou dispersée dans le monde. La main-d'œuvre, misérable, anémiée, déshabituée du travail régulier, a perdu dans l'inaction tout ou partie de ses aptitudes professionnelles. Le capital est sorti des affaires. Le crédit — chargé de rétablir la circulation dans les artères de ce corps exsangue — n'envisage qu'avec frayeur l'étendue de la mission qui lui incombe. Tout est à refaire, par conséquent à prévoir et à préparer, car, si le succès dans la concurrence d'après-guerre dépend de la prompte reconstitution de l'économie nationale, la promptitude de celle-ci dépend elle-même de l'ensemble des mesures qui auront été prises à l'avance, pendant la guerre, pour la reconstruction, le réoutillage, le réapprovisionnement, la reformation des capitaux, le développement du crédit, le rassemblement et la rééducation des forces aujourd'hui éparses et stériles.

La Belgique est le pays type, peut-on dire, pour l'étude de cet aspect du problème. C'est donc, chez nous et pour nous, que nous pourrons voir de plus près et le mieux de quelle façon il se présente et par quels modes il apparaît qu'il faille le résoudre.

Le maintien temporaire de la discipline de guerre. — Mais, d'autre part, comment échapper au maintien, pendant un terme qui sera fixé par l'expérience bien plus que par le raisonnement ou par l'étude, des principes essentiels qui régissent l'économie de guerre ?

La situation ne pourra être modifiée que par étapes. La pénurie de denrées alimentaires, d'objets de première nécessité, de matières premières, de moyens de transport survivra à la conclusion de la paix ; les mêmes raisons majeures continueront de dicter la réglementation, le contrôle, la nécessité d'une distribution équitable des ressources et d'une surveillance étroite de la consommation. Toutes les opérations qui affecteront le marché extérieur demeureront en quelque manière d' « ordre public ». Et le régime international existant ne saurait être aboli sans créer le désordre, le conflit, — sans déchaîner les appétits qu'il a fallu tenir en bride.

De plus, les traités de paix contiendront des clauses économiques. Entre alliés, sans aucun doute ; aussi, vis-à-vis de l'ennemi vaincu et contre lui. L'Allemagne, comme l'a fait observer précédemment un de ses dirigeants, M. Weber (1), en a donné l'exemple. Elle a, dans ses traités avec la Roumanie et l'Ukraine, inséré des clauses qui ont réglé d'État à État les fournitures réciproques de matières premières et de produits fabriqués. Il est évident que l'exécution de pareilles clauses ne saurait être exigée ou assurée que si l'économie nationale demeure placée sous un régime de contrôle et d'organisation, fort différent de l'état de liberté et d'autonomie antérieur. Or, il est certain que ces clauses seront, dans les tractations qui précéderont la paix, parmi les plus importantes et les plus âprement discutées.

En tout cas, la décompression, d'abord très partielle, ne pourra être que lente et progressive. Par cela seul, l'économie de transition sera, dans ses tendances, le prolongement de l'économie de guerre dans le temps de paix. Elle comportera un ensemble d'institutions déjà fondées, ou en voie de création, et une législation spéciale, qui sera le fruit de toute l'expérience aujourd'hui acquise.

(1) Discours prononcé à Francfort, en mai 1918, par M. Weber, conseiller au ministère des Affaires économiques. (Doc. écon. nº 213).

C'est évidemment à l'étranger qu'elle doit être étudiée à ce point de vue. Nous nous efforcerons d'en esquisser sommairement les ensembles, et d'en dégager les données générales, qui sont à cette heure d'application quasi universelle.

III

PRÉOCCUPATIONS DOCTRINALES

La lettre et l'esprit. — Les normes de l'économie de transition ne sont donc pas, dans leurs grandes lignes, laissées au libre choix des gouvernants. Les principes sont imposés par la contrainte irrésistible de nécessités collectives inéluctables. Encore cependant est-il impossible qu'elle n'ait pas une tendance, qu'elle n'aille pas vers un but, que, résultante d'un passé, elle ne soit pas la préparation d'un avenir.

Les réalités tangibles dont elle se composera seront ainsi, d'après la conception de cet avenir qui sera propre à ceux qui les auront voulues, animées d'un esprit, vivifiées d'un souffle. L'œuvre entière s'en trouvera imprégnée. De la sorte, le caractère en sera « personnalisé », selon la mentalité, les aspirations, les préférences de chaque peuple ; selon la doctrine — s'il en choisit une — qu'il aura acceptée ; selon le but final dont il aura entendu poursuivre la réalisation lointaine.

L'individualisme. — À l'extrême droite, dirions-nous volontiers, voici l'individualisme économique.

Il voit dans l'économie de transition une contrainte temporaire. Il l'accepte à contre-cœur, et à terme aussi rapproché que possible. Il entend, dès que le toléreront les circonstances, en effacer jusqu'au souvenir.

Pour lui, l'avenir est tout entier dans la liberté, dans l'initiative personnelle affranchie d'entraves, dans la concurrence sans limite des peuples et des individus. Hostile à toute réglementation, il a pour dogmes infaillibles la libre action des citoyens et le libre-échange des produits. Reprenant aux manchestériens leur énoncé de sa doctrine, il revendique pour l'individu le « laisser faire » ; il exige de l'État le « laisser passer », — confondant ainsi dans une même revendication deux choses d'ailleurs fort différentes par leur nature et par leur mérite.

Sans doute, il n'y a pas d'individualistes que les intégraux. On reconnaît des degrés, on aperçoit des nuances. Le rôle de l'État peut partir de celui de « gendarme » et s'étendre jusqu'à devenir le rôle de « haut protecteur ». Mais l'individualisme supporte impatiemment toute ingérence, toute immixtion, toute discipline. Il recrute ses adeptes surtout parmi les forts, les puissants, les solides, — ceux qui sont certains de survivre et de vaincre quand la concurrence éliminera les plus faibles. Il inspire des livres et des discours, comme celui que

M. Ballin tenait, en mai 1918, aux députés du Reichstag visitant le port de Hambourg. Il entend, dès que ce sera possible, passer aux actes.

L'étatisme. — A l'extrême gauche, l'étatisme proclame que l'économie de transition doit être essentiellement constitutive d'un avenir stable; que son intégration dans l'œuvre définitive doit se faire sans atténuation et sans changement.

L'État est au sommet de la collectivité organisée. Tous les intérêts se subordonnent au sien, pour finalement s'y confondre. Seul, il prévoit, il ordonne, il autorise : le citoyen devient un agent qui remplit la tâche assignée, obéit, rend compte. Et comme il apparaît aussitôt que, pour cette tâche inouïe, la forme actuelle de l'État ne saurait convenir, celui-ci s'adaptera : il envisagera comme prochaine et inévitable la réforme profonde des institutions publiques.

Ce courant a lui aussi ses modérés, satisfaits du *statu quo,* et ses extrémistes, qui rêvent d'y ajouter la soumission croissante du chef d'entreprise à des mesures toujours plus restrictives de ses attributions directrices. Beaucoup de collectivistes lui apportent leur adhésion sans réserve. Ils voient dans les pouvoirs énormes que l'État assume le germe d'une évolution dans le sens consacré par leur credo économique. Ils ne manquent pas toutefois de distinguer : et ils affirment en toutes circonstances, vis-à-vis d'un état de choses qui a leurs sympathies, les caractéristiques différentielles de leur conception idéale.

Les faits expérimentaux. — Au centre, une opinion moyenne s'est formée. Elle entraîne notre adhésion sans réserve.

Elle accepte l'économie de guerre et de transition comme un fait expérimental bienfaisant. Elle l'étudie sans idée préconçue, sans préjugé théorique, en repoussant toutes les suggestions de l'intérêt personnel ou de l'attachement doctrinal. Elle estime qu'il faut en faire l' « essai loyal ». Elle est résolue à conserver tout ce qui sera démontré utile par le raisonnement et l'expérience. Elle est prête à en tenter l'adaptation nécessaire aux conditions redevenues normales. Elle attend de la liberté l'effort, l'initiative, le progrès; elle attend de l'organisation l'ordre, l'efficacité, le succès. Elle refuse de sacrifier la première; elle comprend la nécessité de la seconde; elle aperçoit, comme un horizon possible et désirable, leur conciliation.

Insuffisamment éclairée encore, elle ne formule pas de jugements absolus. Elle se garde d'affirmations téméraires. Elle applique à la science de l'économie politique le principe philosophique du libre examen. Elle recourt aux méthodes impartiales et scrupuleuses d'étude et d'observation dont Waxweiler — de qui la fin prématurée reste pour la Belgique une perte irréparable — fut l'apôtre et le maître incontesté.

Elle peut dire cependant, dès à présent, ceci : que l'économie de guerre et de transition n'est point sans grande analogie avec l'organisation allemande d'avant-guerre ; et que, si l'Allemagne, placée économiquement par la guerre dans des conditions désastreuses, a pu prolonger aussi longtemps sa résistance, c'est précisément qu'elle se trouvait dès les premiers jours préparée à subir les lois nécessaires et générales auxquelles tous les peuples furent finalement contraints d'obéir. Ainsi deux faits capitaux apparaissent : le fait allemand, et le fait de guerre et de transition : tous deux interprétant l'idée de coopération disciplinée et de solidarité nationale.

Ces faits ont une influence sur les réalités actuelles ; ils agissent aussi sur les esprits, auxquels ils ouvrent des horizons auparavant insoupçonnés. Ils ne permettent pas de conclure à un système. On y trouvera cependant, pour la solution isolée de chacune des questions dont se compose le grand problème, des données d'une importance capitale. S'il ne nous est pas possible maintenant de former un corps de doctrine, du moins sommes-nous à même de découvrir, par cette étude, et d'explorer aux lointains de l'avenir, les grandes voies par lesquelles doit marcher le progrès économique.

L'angoisse. — Nous répondrons ainsi, dans toute la mesure où il est actuellement possible de le faire avec probité et certitude humaine, à la question angoissée que chacun se pose. Aujourd'hui que la paix rouvre devant l'humanité les Portes hier encore fermées, vers quelle œuvre nouvelle et féconde sommes-nous préparés à marcher, lorsque nous en franchissons le seuil ?

CHAPITRE II

LA RECONSTITUTION ÉCONOMIQUE

Reconstituer, c'est réoutiller et réapprovisionner les entreprises industrielles : et par conséquent préparer à l'avance les ressources en outillage et en matières premières qui devront être disponibles, et prévoir les moyens de transport correspondants : tel est le rôle de l'État ou des institutions auxquelles il confie le soin d'y pourvoir.

Mais, pour que les entreprises privées puissent user de ces ressources, il faut qu'elles disposent de capitaux. Ceci engage la réparation des dommages de guerre et l'organisation, connexe, qui devra être donnée au « crédit de reconstitution ».

Enfin, l'œuvre suppose le concours d'un personnel de reconstitution, ce qui intéresse à la fois la direction et la main-d'œuvre.

Si nous avons à nous préoccuper avant tout, au cours de ce chapitre, de notre patrie, principale victime de la guerre, nous aurons cependant occasion d'indiquer avec quelle générosité prévoyante notre grande alliée française a préparé la restauration de ses territoires envahis.

I

RÉOUTILLAGE ET RÉAPPROVISIONNEMENT

Le plan Rathenau. — L'Allemand n'est point un brigand ordinaire. Il apporte, dans le crime, de la réflexion, de la méthode, de la science, et, lorsque son intérêt le porte à s'affranchir de toutes les lois morales, il en expose les raisons avec une froide impudeur.

La Belgique était la concurrente économique jugée, à beaucoup d'égards, la plus dangereuse. Puisque l'attentat du 4 août 1914 l'a livrée à la puissance germanique, il fallait que l'occasion ne fût pas perdue. L'envahisseur songea donc tout de suite à arrêter de façon complète l'activité belge; à tuer le commerce rival; à profiter de l'occasion favorable pour le supplanter. Ce qui s'est passé dans l'industrie de la verrerie en est l'exemple saisissant. Dès novembre 1916, le Dr Goetze, chef de l'Union allemande des verriers, écrivait : « Il est d'importance vitale pour les usiniers allemands en verrerie que les usiniers belges soient empêchés de se rendre aux marchés neutres; et l'on doit admettre que l'Administration civile allemande a entièrement reconnu la nécessité d'arranger cette affaire selon les demandes de l'industrie allemande, et qu'elle a pris les mesures convenables. » Constatant qu'une certaine concurrence avait pu subsister quelque temps, l'auteur ajoutait cyniquement que « des mesures devaient être prises pour arrêter cela. Pour cette raison, les fabriques de l'Allemagne centrale et orientale, qui sont plus directement intéressées, ont obtenu la promulgation d'un ordre prohibant l'importation, le transit et l'exportation. Nous devons demander que l'Administration allemande fasse passer avant tout la protection des intérêts de l'industrie allemande (1). » Ainsi des autres...

Mais cela ne suffisait pas. Une double préoccupation se fit jour : augmenter, au détriment de la concurrence belge, l'outillage allemand ; mettre cette concurrence hors de cause pour l'heure de la reprise de l'activité économique. Ce résultat devait être atteint par l'enlèvement des matières premières et de l'outillage industriel et leur transport en Allemagne. C'est pourquoi fut élaboré, étudié, appliqué le plan de dépouillement qui porte le nom de M. Walther Rathenau, président de l'Algemeine Electricität Gesellschaft (la célèbre A. E. G.), et qui s'étend, en même temps qu'aux provinces belges, à la France envahie.

Ce plan fut mis largement à exécution. De toutes parts l'enlèvement des machines fut signalé, et l'on a pu trouver dans les journaux allemands les annonces demandant de la main-d'œuvre pour leur

(1) *Wirtschaftszeitung der Zentralmächte*, 10 novembre 1916.

démontage et leur expédition [1]. Pour arrêter définitivement toute activité, et donner ainsi prétexte à la réquisition du matériel, voici que, le 20 juin 1918, un arrêté du gouverneur général von Falkenhausen prescrivit la saisie des courroies et des câbles de transmission; seules les industries du charbon, du gaz, de l'électricité, du transport, les distributions d'eau, accaparées d'ailleurs en grande partie par les Allemands et répondant à leurs intérêts ou à des services publics, en sont exceptées. Car le charbon aussi, dans le même but, fut refusé aux usines, comme le rapporta M. l'abbé Buelens, sorti du pays en juin dernier [2].

Point de doute, par conséquent, sur la situation. La Belgique libérée a été l'objet d'un désoutillage systématiquement poursuivi. Certes, pareil attentat au droit à la vie d'une nation mérite un châtiment exemplaire. L'heure étant venue de la justice impitoyable, nous revendiquons nos machines volées, nous exigeons leur retour. Mais sera-t-il possible de les retrouver? Dans quel état seront-elles? Disposera-t-on des moyens de transport? Combien de temps faudra-t-il pour les remettre en place? A leur défaut, sera-t-il possible d'effectuer dans les usines allemandes des reprises en nature? Trop de points d'interrogation nous séparent d'une telle réparation, si nous la voulons efficace, pour qu'il soit

(1) Voir notamment le *General Anzeiger*, en avril 1918.
(2) Conférence donnée à Croydon (Angleterre), en juillet 1918.

possible d'en tenir compte dans un examen réaliste de la situation.

L'aide alliée. — C'est donc au dehors, c'est en faisant appel aux ressources en outillage et en matières premières dont peuvent disposer les puissances amies, que nous devons préparer notre restauration, rendre possible la reprise de l'activité industrielle, résoudre dès les premiers jours pour nos populations affamées le « problème du pain quotidien ».

Nous avons à cet égard de hautes garanties. Réunis à Paris le 17 juin 1916, les délégués officiels des puissances alliées ont proclamé solennellement, en tête de l'affirmation du programme économique arrêté en commun par les gouvernements qu'ils représentaient, « leur solidarité pour la restauration des pays victimes de destructions, de spoliations, de réquisitions abusives », et leur volonté de « rechercher en commun les moyens de faire restituer à ces pays, à titre privilégié, ou de les aider à reconstituer leurs matières premières, leur outillage industriel et agricole, leur cheptel et leur flotte marchande ». Déjà, le 14 février précédent, les ministres de France, de Grande-Bretagne et de Russie, avaient déclaré, à Sainte-Adresse, au ministre des Affaires étrangères de Belgique, que les puissances alliées, « renouvelant par un acte solennel les engagements qu'elles ont pris envers la Belgique héroïquement fidèle à ses obligations internationales », promettaient de « prêter leur aide à la Belgique pour assurer son relèvement commercial et financier ». A juste titre, en effet, ces puissances avaient considéré que la Belgique neutre, entrée dans la guerre par respect de ses devoirs, par fidélité à la parole donnée en 1839, possède un titre tout spécial, dans sa misère imméritée, au concours de ses garantes.

Mais il importe cependant de ne point s'exagérer la valeur pratique de ce concours. En tant qu'il s'agira de nous faire restituer, par privilège sur toutes reprises effectuées, l'équivalent en nature des choses volées, on aperçoit fort bien l'efficacité de l'aide promise, mais on se heurte aux incertitudes et aux difficultés que nous avons signalées. S'agit-il d'un privilège sur les indemnités imposées à l'ennemi vaincu ou d'un concours financier? Il ne saurait être tenu compte de cet aspect — fort intéressant d'ailleurs — que pour déterminer l'importance des crédits de reconstitution auxquels nous devrons pourvoir par nous-mêmes. Ce qu'il faut ici, ce sont des matières premières, ce sont des machines, ce sont des moyens de transport; et rien ne sera fait tant que les puissances amies n'auront pas précisé leur intention de prélever sur ce qu'elles possèdent — ressources, production, navires — les quantités qui nous sont indispensables.

Si nous leur avions demandé jusqu'ici de formuler des engagements définitifs — ce qui n'ira point sans leur imposer certains sacrifices, — peut-être auraient-elles répondu qu'une telle requête était prématurée; qu'en ce moment toutes les pensées devaient être orientées vers la poursuite de la guerre et tous les moyens consacrés à en assurer la conclusion victorieuse. Et cependant, notre inquiétude ne se concevrait-elle pas? Si complète que soit notre confiance dans la loyauté de nos amis, ne faudrait-il pas que nous sachions comment et dans quelles mesures ils estiment pouvoir être à même de nous ravitailler? Les marchés sont soumis à contrôle; les exportations sont réglementées; il est pratiquement impossible, sans l'assentiment des États, de constituer des stocks ou de passer des contrats fermes. Il apparaît donc que l'examen amical des possibilités pratiques compléterait heureusement les déclarations infiniment précieuses qui nous ont été faites. Celles-ci, comme le prévoit fort justement M. Biard d'Aunet (1), qui n'est point sans montrer quelque scepticisme sur le caractère des réalisations qu'il est permis d'en attendre, seront plus utilement invoquées après la reconstitution, lorsque l'activité économique aura pu reprendre, lorsqu'il s'agira « de tenir généreusement compte des difficultés de la reprise des affaires » dans la conclusion des traités économiques. Nous reviendrons à ce point

(1) Biard d'Aunet, *La Politique et les Affaires*, p. 157 et suiv.

de vue lorsque l'examen des faits nous conduira à traiter de la politique douanière.

L'aide américaine. — Les États-Unis n'ont pas adhéré jusqu'ici, du moins officiellement, à la déclaration de Sainte-Adresse. Ils n'étaient pas partie à l'accord économique de 1916. La Belgique fonde cependant, à juste titre, sur leur assistance, des espérances toutes particulières.

Ils possèdent des ressources immenses. Ils peuvent nous prêter un concours décisif, en nous permettant de nous assurer, par la conclusion de contrats, des réserves immenses. Nombreux sont les pays qui eurent recours à leur bonne volonté, dès les débuts de la guerre, alors qu'ils gardaient encore la neutralité. En 1916, la Commission industrielle américaine venue en France, au nom de la toute-puissante Association des manufacturiers américains, pour étudier le resserrement des relations économiques, signalait déjà que « certains pays européens ont fait des achats en prévision de leurs besoins longtemps avant la fin des hostilités, et que l'on a conclu des arrangements pour une livraison immédiate après la conclusion de la paix » (1). Qu'on nous permette de faire de même : rien de mieux. Mais, comme la Commission elle-même le constate fort justement aussitôt, cela nous conduit à l'importante question des transports.

---

(1) *Le Commerce franco-américain*, p. 248.

C'est ici que l'aide américaine est susceptible de se combiner de la façon la plus heureuse avec l'aide alliée. Nous avons vu comment s'est formé le « pool » interallié du tonnage, dont fait partie la marine américaine. La marine belge, dont la capacité est actuellement, nous le verrons, fort réduite, est tout entière affrétée pour le service du ravitaillement de la Belgique en denrées alimentaires et en objets de première nécessité. Le transport des marchandises venant des États-Unis doit cependant se faire, pour être utile, sans aucun retard, aujourd'hui que la date de livraison peut être fixée. Mais nous sommes au moment où toutes les puissances, pour des raisons analogues, font appel au tonnage mondial et où le ravitaillement de nos provinces doit être continué. Qu'on nous accorde donc une représentation au sein du « pool » ; qu'on nous garantisse la disposition du tonnage nécessaire : rien ne serait mieux de nature à nous rassurer sur notre avenir.

De la bonne volonté américaine il n'est point possible de douter. Mieux que les affirmations officielles, le rapport des délégués industriels — dont nous venons d'invoquer les termes — est bien fait pour nous en donner la confiance. Rapportant en effet le « meeting » qu'ils eurent le 16 octobre 1916 avec la Chambre de Commerce belge de Paris, ils s'expriment comme suit : « La certitude qu'ont les Belges de la libération de leur territoire est touchante. Ils souhaitent que des stocks de machines et de matières premières soient mis en réserve pour eux, pour un prompt usage dès que la paix sera rétablie. Le crédit dont ils ont besoin pour cette grande entreprise est garanti par tout leur passé de probité nationale et par leur intérêt commercial supérieur qui leur promet un prompt relèvement (1). »

Nous avons tenu à rappeler cette appréciation, publiée en des temps où les États-Unis se gardaient encore de prendre parti dans la guerre, — et qui nous paraît bien faite pour nous remplir d'une légitime fierté.

Le Comptoir national. — Mais une tâche incombait au gouvernement du Havre, pour qu'il soit possible de faire appel utilement à de si généreux concours, à des intentions si réconfortantes : elle consistait, d'une part, à faire l'inventaire de nos besoins, de l'autre, à instituer l'organisation nécessaire pour acheter, commander, constituer éventuellement des stocks, prendre ultérieurement livraison, mettre les choses acquises à la disposition des intéressés.

Ce n'était point chose facile. Sans doute nous disposions en territoire libre d'hommes d'affaires expérimentés, capables de donner des renseignements et des indications. Mais qu'étaient-ils par leur nombre et par l'importance de leurs firmes,

(1) *Le Commerce franco-américain*, p. 31.

en comparaison des Belges demeurés en terre annexée? Et comment ces derniers pouvaient-ils exprimer leurs vœux, faire connaître leurs prévisions, éventuellement passer leurs commandes? Questions extrêmement délicates : on nous pardonnera de ne pas indiquer ici comment elles furent résolues. La solution en fut cependant jugée suffisante pour que l'établissement des programmes d'achat pût être commencé.

Le programme établi — on y travaille — il s'agissait d'en permettre la réalisation. Plusieurs méthodes étaient possibles. Pouvait-on confier ce soin à un organisme exclusivement gouvernemental, à un service assuré par des fonctionnaires? Évidemment non : c'eût été obliger l'État à entreprendre des opérations commerciales, à courir personnellement des risques, à faire pour le compte de certains particuliers des avances prélevées sur le Trésor public. Était-il désirable de confondre le ravitaillement actuel des populations avec le ravitaillement ultérieur de l'industrie? De recourir en conséquence à la « Commission for Relief » qui possède une organisation modèle d'achat, de transport et de répartition? Cela n'eût point été sans danger, — malgré d'incontestables avantages, et l'on eût craint d'entraver la mission éminente que cette Commission remplissait, mission qui requérait tout au moins la passivité de l'autorité occupante. Pouvait-on enfin laisser au hasard des initiatives privées le soin de procéder aux achats, sans imposer de programme, sans limiter la concurrence, sans établir au nom de l'intérêt public un ordre de priorité, alors que l'État lui-même a des besoins de reconstitution industrielle et se serait fait ainsi leur concurrent?

On s'arrêta à une conception intermédiaire, qui donna la formule du « Comptoir national pour la reprise de l'activité industrielle en Belgique », institution belge analogue à l' « Association centrale pour la reprise de l'activité industrielle dans les régions envahies ». Cette dernière a pour but, en France, de fournir le matériel, l'outillage, la main-d'œuvre, d'assurer le prompt paiement des indemnités, de préparer et de faciliter les emprunts de reconstitution.

Constitué à Paris le 14 juin 1918 — après plus de deux années d'efforts — le Comptoir National est dû à l'initiative d'un groupe d'industriels, à la tête duquel se trouvait M. Barbanson, secrétaire du Conseil économique, et qui rencontra dès les premières heures l'appui de M. Cooreman, hier encore président du Conseil. Le Comptoir a la forme extérieure d'une société coopérative, au capital nominal de 500.000 francs : ses associés, au nombre de 1.400, ont été recrutés dans tous les milieux belges.

Il est chargé d'élaborer les programmes, selon un ordre de priorité rationnel, établi en tenant compte des besoins, et de les soumettre au ministre des Affaires économiques, dont l'approbation est nécessaire avant toute exécution. Cette approbation obtenue, la Société négocie les contrats, soumis eux-mêmes à la ratification du ministre. L'État s'engage à fournir les moyens financiers. De son côté, le Comptoir s'interdit tout bénéfice au delà d'un juste intérêt attribué au capital engagé; il soumet au contrôle le choix de ses principaux gestionnaires et toute son activité commerciale.

Il y avait lieu cependant d'empêcher que les fondateurs de l'organisme — intéressés mis à même par les circonstances de participer à sa constitution — pussent constituer à leur profit, pour l'après-guerre, un monopole injustifiable. Dans cet ordre d'idées, trois garanties ont été stipulées : d'abord, les tiers ont le droit de faire par l'intermédiaire de la Société toutes opérations qu'ils jugent utiles, et d'y entrer sans limitation de nombre, grâce à la forme coopérative qu'elle a adoptée; ensuite, l'État se réserve expressément le droit de participer à la constitution d'organismes similaires et de leur prêter le même appui pour un but analogue; enfin la convention engageant l'État est stipulée résiliable dans les six mois de la conclusion de la paix, au gré des Pouvoirs publics.

Un organisme similaire, dont l'objet est plus spécialement la reconstitution agricole, a été constitué. D'autres encore, à but spécial, sont à l'état de projet. De telles initiatives doivent pouvoir compter sur le concours, vigilant sans doute au point de vue de l'intérêt public mais sincère et empressé, d'un gouvernement qui ait la pleine conscience de l'œuvre à accomplir. Sans doute saurons-nous mettre à profit l'expérience acquise, et éviter que se renouvellent dans l'avenir les lenteurs peu justifiées d'une première réalisation.

Le rôle du Comptoir. — La mission confiée à l'organisme ainsi constitué appelle certaines observations.

Il est désirable tout d'abord que l'État use de la faculté qu'il s'est réservée de faire par l'intermédiaire du Comptoir National ses achats de reconstitution. Rien n'est plus funeste, en cette matière, que des initiatives dispersées, souvent contradictoires, toujours sans cohésion et sans compréhension suffisante des ensembles. Laisser à chaque département ministériel son autonomie complète en cette matière, c'est s'exposer à des à-coups, à des maladresses, à des doubles emplois, à de fausses manœuvres. Il n'y a qu'une intéressée : la Belgique, agissant à la fois au nom de l'intérêt public et des intérêts privés qu'elle représente. Il n'y a qu'un fournisseur : le marché des pays alliés et des pays neutres, envisagé dans toutes ses disponibilités éventuelles. Il ne doit y avoir qu'un agent d'exécution : le Comptoir.

En établissant au mois d'août dernier les grandes lignes de cet exposé, nous ajoutions :

« Cette considération même montre qu'il est désirable que cette institution — qui, pour avoir adopté une forme privée, n'en est pas moins d'intérêt public — envisage bien moins des opérations à effectuer pour le compte d'acheteurs déterminés, que la constitution d'une réserve globale, mise à la disposition de la Belgique au moment de la paix.

« Belges vivant à l'extérieur, nous ne sommes guère qualifiés pour statuer d'ici sur la façon dont cette réserve devra être ultérieurement répartie entre les intéressés. Quand le pays sera libéré, il se constituera de grands groupements économiques dont l'objet sera d'assurer la mise en marche progressive et méthodique de l'activité productrice. Après que l'État aura prélevé sur les disponibilités les quantités indispensables au fonctionnement des services qu'il assure, le surplus doit être mis à la disposition de ces groupements pour être distribué au mieux, sous le contrôle de l'État, sans injustice, et sans que pussent être méconnus les intérêts légitimes de la moyenne et de la petite industrie.

« Telle est, pensons-nous, la volonté de nos compatriotes. Il est utile que nous nous la rappelions, en ces heures difficiles où nous devons, loin d'eux, prendre les résolutions les plus graves, engager tout leur avenir. »

Il semble bien que ces prévisions étaient conformes à la réalité.

II

LE CRÉDIT DE RECONSTITUTION

Les capitaux. — Pour que les entreprises anciennes puissent revivre, pour que des entreprises nouvelles puissent se créer, il faut que leurs chefs disposent de capitaux et, par conséquent, dans l'état actuel des choses, de crédit.

Pour la plupart, la base de leur droit au crédit pourra être trouvée dans le droit incontestable de tous les Belges à la réparation ultérieure du préjudice qu'ils ont subi par le fait de la guerre. Les producteurs cependant, qu'ils soient ou non préjudiciés, auront besoin d'une assistance spéciale et immédiate.

Lorsque nous aurons envisagé séparément ces deux hypothèses, il nous restera à dire quelques mots de l'état du marché financier, question connexe, bien que d'ordre spécial, puisque l'emploi utile du crédit obtenu en dépendra dans une large mesure.

Le problème de la réparation. — La réparation des dommages de guerre est à l'ordre du jour en tous pays. Elle est complexe. Elle nécessite une étude approfondie qui présente à la fois des aspects juridiques, économiques, financiers, sociaux. Son étude comprend celle du dommage fait aux personnes, aussi bien aux militaires tués ou demeurés invalides qu'aux civils emprisonnés, brutalisés, déportés, fusillés, — et celle du dommage causé aux biens. Elle oblige à discriminer les causes de dommage sujettes à réparation : dommage direct, dommage certain, dommage matériel. Elle entraîne à rechercher les conséquences de la hausse générale des prix et les indemnités supplémentaires qui peuvent être dues de ce chef. Elle se complique du point de savoir si l'indemnité sera totale ou forfaitaire ; si les taux et les conditions d'indemnisation devront varier selon la nature du préjudice ; enfin si l'indemnité, en tout ou en partie, doit être subordonnée à une obligation de remploi, et, dans l'affirmative, de quelle nature sera ce remploi et dans quelles conditions il devra être effectué. Elle pose la question formidable de l'indemnisation de chômage. Elle conduit à l'institution de juridictions spéciales chargées d'évaluer et de « dire le droit ». Elle soulève le vaste problème des répercussions financières, les disponibilités devant être telles qu'elles permettent de faire face intégralement aux créances dont l'exigibilité serait solennellement proclamée.

Ainsi défini, le problème est si vaste que le Parlement français, bien qu'il se soit attaché au seul aspect des dommages causés aux biens, n'a pu encore aboutir à l'élaboration d'un texte définitif, malgré plusieurs années de travail assidu. Le projet de loi, voté par la Chambre des Députés, profondément amendé par le Sénat, se trouve actuellement renvoyé devant la Chambre.

Pour nous, Belges, la question se complique encore du fait que l'indemnisation sera fort différente quant à son étendue, selon les réparations qui pourront être exigées de l'auteur de l'attentat dirigé contre nous et selon les décisions que prendront vis-à-vis de la Belgique les Alliés résolus à la restituer *ad integrum* dans ce qu'elle a perdu par son sacrifice héroïque. Si nous avions à faire face à notre préjudice en ne faisant appel qu'au principe de la solidarité nationale, la réparation qui pourrait être accordée serait hors de toutes proportions avec l'étendue du dommage; elle ne pourrait suffire à notre relèvement. Au surplus, au dehors nous n'étions pas en mesure d'entreprendre immédiatement un travail de pareille envergure. Les éléments premiers nous faisaient défaut. Nous n'avions pas d'ailleurs de Parlement, même prorogé, qui pût valablement se réunir et délibérer. Et c'eût été, de toute évidence, empiéter sur les droits de la Belgique occupée, que de prétendre lui imposer arbitrairement, sans l'avoir entendue, un régime dont nous aurions déterminé à notre gré les bases et la portée. La réparation des dommages de guerre est le premier d'entre les grands problèmes qui doivent être résolus, aujourd'hui que s'est réalisé le retour de nos institutions législatives à leur fonctionnement normal.

La constatation et l'évaluation des dommages. — Est-ce à dire qu'il fût permis à nos gouvernants de s'en désintéresser? Évidemment non. Le principe du droit à la réparation n'était pas contestable : il devait être proclamé. Telle en est l'évidence, que la discussion ne peut porter que sur le taux, les modalités, les conditions de l'indemnisation.

Dès lors, il fallait organiser sans aucun retard la constatation et l'évaluation des catégories de dommages qu'il est, en toute hypothèse, impossible d'exclure de la réparation : un arrêté-loi, après plusieurs tentatives non suivies d'effet, a été promulgué. Sujet à revision, il consacre cependant des principes fondamentaux dont le législateur ne saurait s'écarter sans péril.

La juridiction doit être simple, compétente, expéditive. La procédure doit être rapide, peu coûteuse, sinon même gratuite. Les décisions doivent être susceptibles de recours, mais ceux-ci ne peuvent être suspensifs du droit éventuel dans la mesure où il n'est pas contesté. Pour restreindre le nombre des litiges, il semble opportun d'imposer au préjudicié l'affirmation sous serment de sa demande et de punir de la déchéance totale ou partielle l'affirmation faite avec une évidente mauvaise foi.

Il faut aussi — c'est la chose capitale — que cette juridiction soit totalement soustraite aux influences politiques, tant directes qu'indirectes. Non seulement « la loi doit prévoir la déchéance du préjudicié, totale ou partielle, alors qu'il est prouvé qu'il a tenté de modifier l'opinion du juge par des démarches faites en marge de la procédure », mais encore « il serait dangereux de conférer à des mandataires publics le mandat délicat d'apprécier le mérite des réclamations qui seraient formulées par les citoyens ». Ces deux principes énoncés avec force par M. Brunet, hier ministre, ne sauraient être suffisamment mis en lumière : s'en écarter, c'est exposer la justice aux pires soupçons et créer dans la nation un sentiment redoutable d'insécurité et de malaise.

Le crédit aux producteurs sinistrés. — La constatation faite, l'évaluation obtenue, il importe d'envisager une situation spéciale : celle des producteurs sinistrés. De quoi leur servirait une réparation mûrement étudiée, mais tardive, aboutissant à mettre le capital de reconstitution aux mains des intéressés, mais sans qu'ils aient pu faire revivre immédiatement leurs entreprises avant que les places libres soient envahies et que le « rush » international vers l'expansion ait déjà produit ses effets? Au surplus, comment, à défaut de ces ressources, la reprise de l'activité nationale aura-t-elle pu être tentée? Et que sera devenue dans l'intervalle, condamnée au chômage, la main-d'œuvre? Il y a donc lieu de prendre les mesures qui s'imposent pour que, dès le moment opportun, nos producteurs disposent des moyens d'action indispensables.

Il est impossible, psychologiquement, pour éviter de créer entre les citoyens des inégalités qui, même justifiées, prêteraient à équivoque, — d'instituer au profit de qui que ce soit un privilège quant au paiement des indemnités : la liquidation de celles-ci ne pourra commencer qu'après la promulgation de la loi qui réglera le droit à la réparation et la décision judiciaire qui, pour chacun, en fixera le montant. Tout cela ne peut s'improviser : et c'est donc un mode spécial de paiement anticipé, un crédit spécial, qu'il faut organiser : nous en déterminerons de façon générale la portée et les conditions.

Le bénéfice doit en être accordé par une juridiction dont l'impartialité et le discernement soient au-dessus de toute critique, aux préjudiciés qui justifient d'une utilisation des sommes allouées présentant un intérêt de reconstitution économique. L'obligation du remploi n'apparaît point ici contestable, puisqu'elle est la justification de l'avantage accordé à celui qui sollicite un appui financier. Le remploi devra se faire en Belgique. Mais il ne devra nullement être identique à la nature du bien qui aura subi le dommage, et la juridiction disposera à cet égard de la liberté d'appréciation la plus étendue. Il serait absurde, en effet, de poursuivre, dans la reconstitution, la reproduction en quelque sorte photographique de l'état de choses antérieur. Les circonstances peuvent parfaitement justifier soit la substitution d'une industrie à une autre, soit le transfert d'un lieu à un autre d'une exploitation. Il se concevrait par exemple qu'un métallurgiste soit autorisé à remployer le montant du crédit pour la fondation, sur un autre point du territoire, d'une fabrique de produits chimiques, — s'il démontre que ce projet est utile et qu'il est en mesure de le réaliser.

Le paiement anticipé serait accordé jusqu'à concurrence de la valeur estimée. Il conviendrait même d'y comprendre les frais supplémentaires tenant compte de la cherté : car il est impossible de ne pas aller jusque-là, si l'on entend mettre l'impétrant en mesure de reprendre immédiatement son activité. Mais en compensation d'un tel avantage, il doit être entendu que les sommes avancées demeureront gagées conjointement, et par privilège, tant sur l'indemnité éventuellement due que sur la chose créée ou acquise en remploi. Il en résulte que celui-ci sera contrôlé et que les avances ne seront faites qu'à mesure des besoins justifiés.

L'organisation du crédit de reconstitution. — Il faut donc envisager une institution de crédit, dont l'objet soit tout d'abord d'assurer, dans les conditions que nous venons d'exposer, le service des avances de cette nature. Mais on peut considérer plus largement la sphère de son activité.

D'une part, après l'allocation des indemnités définitives, il y aura lieu, pour toutes, d'en organiser le paiement anticipé. L'État ne sera en effet en mesure de se libérer de la dette colossale qu'il aura assumée que par annuités ! qu'on songe que des évaluations prudentes n'estiment pas à moins de 12 milliards le montant du préjudice matériel, déduction faite du chômage, que la Belgique a subi. Le terme généralement prévu est de dix années. L'État ne fera remise immédiate que de titres représentatifs, productifs ou non d'intérêts, mais probablement au porteur. Il s'agira d'en assurer l'escompte et de rendre ainsi les capitaux liquides, utilisables et productifs.

D'autre part, comme l'a indiqué avec force le Comité belge d'enquête économique de Paris, il faudra reconstituer, pour ceux mêmes qui n'ont point de préjudice « chiffrable », le fonds de roulement. Il faudra en outre, dans les circonstances exceptionnellement difficiles du moment, pourvoir aux besoins en capitaux des entreprises nouvelles.

Nous traiterons amplement, à son heure, de l'organisation générale du crédit : il n'est point trop tôt cependant pour nous poser la question de savoir sous quelle forme le crédit de reconstitution devra s'organiser. La fondation d'une institution financière spéciale, étant donné qu'il s'agit de parer à un besoin bien déterminé, nouveau, temporaire, lié à l'économie de transition, apparaît inévitable. Mais la Belgique — comme d'ailleurs les autres nations — aura le choix entre deux solutions, selon qu'elle aura recours soit à un organisme spontanément créé par l'association des banques, soit à un organisme institué avec le concours financier et par conséquent sous l'autorité de l'État. M. Buffet, dans le beau livre qu'il a consacré au régionalisme financier, se prononce pour la première. Il signale le danger que la création d'institutions bancaires engageant l'État, ayant vraisemblablement la faculté d'émettre des bons ayant cours légal et de créer ainsi une nouvelle monnaie fiduciaire, fait courir au jeu régulier du mécanisme financier et à l'état du marché monétaire. Sans négliger cet argument, il importe cependant de soustraire à la spéculation financière l'exploitation d'un besoin exceptionnel. Il serait possible peut-être d'y faire face par l'association des banques. Mais alors, les banques associées devraient disposer effectivement des ressources voulues et accepter que le contrôle des Pouvoirs publics s'exerce sur leur activité pour assurer une répartition du crédit impartiale et conforme à l'ordre de priorité dicté par les nécessités de la reconstitution économique.

Remarquons d'ailleurs qu'il est désirable qu'un chef d'entreprise n'ait de rapports constants qu'avec un seul banquier, dont il soit connu et apprécié, qui puisse lui faire confiance, suivre la marche de ses affaires, lui prêter opportunément assistance. Il se concevrait donc parfaitement que l'institution centrale ait surtout une fonction de répartition du crédit disponible, l'impétrant gardant la liberté de désigner la banque qui servira à la collectivité bancaire d'agent d'exécution pour le service des prêts.

Ainsi la liberté serait conciliée avec la nécessité générale de la concentration des ressources et de leur distribution équitable et rationnelle.

L'exemple français. — Il faut signaler à l'attention de ceux qui doivent déterminer les solutions pratiques ce qui, dès à présent, a été fait en France, dans ce domaine, en faveur des régions libérées.

Depuis juillet 1917, la France a organisé pour elles un « service des avances pour fonds de roulement ». Celles-ci n'étaient d'abord accordées aux sinistrés que sous l'obligation d'avoir auparavant fait reconnaître en justice, à titre provisoire, le dommage prévu par la loi du 5 juillet 1917. L'accomplissement de cette condition imposait de multiples délais; de plus, l'élévation des frais qu'entraînait la procédure était susceptible d'empêcher certains sinistrés de formuler même leur demande. Une circulaire du ministre du Blocus et des Régions libérées, en date du 5 avril 1918, a donc supprimé cette condition. Le recours préalable à la procédure d'évaluation n'est plus requis que lorsque la commission chargée d'accorder les avances le juge indispensable. En tout autre cas, il suffit d'une déclaration attestée par deux témoins, certifiée par le maire, sommairement vérifiée, s'il y échet, par le préfet ou par des techniciens désignés par la commission (1).

(1) Doc. écon. nº 196.

Au surplus, l'Office de reconstitution peut, aux termes d'un arrêté ministériel, consentir un crédit aux préjudiciés pour « les achats de matières premières, d'outillage, d'articles et produits d'entretien, nécessaires à la remise en marche des exploitations et établissements industriels ». La condition générale est que le montant de la cession ne dépasse pas la fraction disponible et correspondante de l'indemnité de dommages de guerre qui aura été définitivement allouée par les commissions d'évaluation. En cas d'urgence cependant, et après entente avec le préfet, l'Office pourra, avant évaluation régulière, consentir des cessions, lorsque les informations recueillies permettent d'affirmer que le matériel cédé reste inférieur en importance au matériel détruit [1].

Un projet de loi fort intéressant, déposé le 30 juillet dernier, prévoit en outre — assimilant l'usine qui produit les matériaux de reconstitution à l'usine de guerre — que des avances pourront être allouées pour la création et le développement de leurs installations ou de leur outillage, aux industriels titulaires de marchés ayant pour objet la reconstitution des régions libérées [2].

Au surplus, le Crédit Foncier de France offre dès à présent de faciliter la réparation des dommages de guerre par des émissions d'obligations garanties

(1) Journal *Le Temps*, 2 octobre 1918.
(2) Documents parlementaires. Chambre 1918. Annexe n° 4960, p. 952-953.

à la fois sur hypothèque et par l'engagement de l'État (1). Enfin, le Conseil directeur du « Comité national d'action pour la réparation des dommages de guerre », tout en insistant sur la nécessité du vote prochain d'une loi définitive et générale, appelle l'attention sur la nécessité d'internationaliser la question. Il estime que des opérations financières d'une telle envergure devront se faire « sur les grands marchés de capitaux du monde entier », et que le plus pratique serait de créer un « office financier interallié » spécialement chargé de prévoir les formidables disponibilités qui seront requises (2).

Le marché financier. — Nous en arrivons ainsi à indiquer sommairement la nécessité d'assainir immédiatement le marché financier : car il ne saurait être question pour nous d'élargir encore le champ, si vaste déjà, de cette étude.

L'unification et la réduction de la circulation fiduciaire s'imposent tout d'abord. Celle-ci dépasse très sensiblement les besoins auxquels il faut répondre pendant la période de reconstitution proprement dite, c'est-à-dire de « remise en marche ». A notre retour, nous avons trouvé dans les mains du public des billets de plusieurs espèces : billets émis, sur l'ordre de l'envahisseur, par la Société

(1) M. Lebon. Discours à l'Assemblée du Crédit Foncier de France, 27 avril 1918 (Doc. écon. n° 257).
(2) Journal *Le Temps*, 27 mai 1918 (Doc. écon. n° 286).

Générale ; aussi plusieurs catégories de billets émis par notre grande institution financière, la Banque Nationale. Le département d'émission de la première doit être repris par la seconde. En même temps, il faut effectuer le retrait de tous les marks, métal ou papier, se trouvant en Belgique : opération importante qui doit être très rapide si l'on veut éviter la spéculation.

Le rétablissement du change belge sur les marchés étrangers exige en outre des mesures multiples de contrôle et de protection. Il faut faire rentrer les billets belges circulant au dehors, et par conséquent obliger nos ennemis à rembourser en billets belges le montant de leurs billets nationaux; à s'acquitter de même de toutes nos créances tant sur les États que sur les particuliers. Il faut encore adopter un organe régulateur du change; faire appel à l'assistance financière des puissances alliées; réduire les paiements au dehors en « mobilisant », s'il le faut, les créances des particuliers sur l'étranger; envisager même, si elle est reconnue nécessaire, la « mobilisation » générale des valeurs mobilières étrangères se trouvant aux mains de nos nationaux. Enfin, il semble bien que l'émission à l'étranger d'un emprunt de reconstitution soit indispensable aussi bien pour le maintien du change que pour le règlement des immenses achats qu'impose notre restauration économique.

Cette tâche eût dû faire, dès longtemps, l'objet

d'études approfondies, méthodiques, documentées, qui ne pouvaient être que collectives. Ce n'est pas à l'heure des décisions urgentes qu'il est possible d'enquêter, de réfléchir et de délibérer.

III

LE PERSONNEL DE RECONSTITUTION

Ce qu'il nous faut. — Le problème de la restauration soulève une question de personnel dont il est impossible de méconnaître la gravité. L'œuvre qui nous est imposée présuppose d'une part la direction éclairée, ferme, agissante des entreprises; d'autre part une main-d'œuvre productive, laborieuse, compréhensive de ses intérêts véritables, aussi soucieuse de ses devoirs que de ses droits.

Envisageons sans optimisme la situation qui nous est faite à ce point de vue. Sans doute, il n'appartient pas à l'État d'y remédier à lui seul; tout au plus est-il possible de réclamer de lui des mesures administratives opportunes. Encore cependant peut-il contribuer largement au succès, en pratiquant une politique nettement nationale et réaliste, de nature à développer la confiance des citoyens dans l'avenir économique de la patrie; aussi, en usant maintenant et plus tard de sa puissante influence pour mettre en valeur les jeunes initiatives, pour les encourager et les soutenir, et pour former rapidement le personnel de remplacement et de renfort dont nous avons le plus urgent besoin.

Le personnel dirigeant. — On a vanté, à juste titre, la capacité, le savoir, la probité, l'audace prudente de nos chefs d'entreprise, de nos ingénieurs, de notre état-major industriel et commercial. Ne nous dissimulons pas les pertes qu'il a subies en hommes, en valeur, en recrutement.

Une élite intellectuelle, animée par son patriotisme du plus noble esprit de sacrifice et d'exemple, a été prématurément fauchée sur les champs de bataille. Parmi ceux d'entre ces « volontaires de guerre » qui survivent, combien ont dû interrompre leur formation professionnelle, soit qu'ils fussent encore aux études, soit qu'ils aient été surpris au début de leur carrière ! En vain, pour l'achèvement de leur préparation théorique, a-t-on tenté d'instituer aux armées un semblant — très méritoire d'ailleurs — d'enseignement universitaire : les années perdues ne se regagnent point. Il faut cependant prévoir. Ne serait-il pas possible d'envoyer les jeunes ingénieurs actuellement sous les drapeaux faire immédiatement un stage technique dans les usines? S'il importe de ne pas éloigner l'intellectuel du combat, où sa présence a une valeur incontestable, ne pourrait-on du moins l'écarter de l'arrière ? Ne vaudrait-il pas mieux envoyer les jeunes ingénieurs se perfectionner dans l'industrie, que leur faire conduire des automobiles ou grossoyer des copies? Ces questions, d'ordre pratique, méritent incontestablement examen.

A l'autre extrême, nous constaterons sans doute un fléchissement prématuré des énergies. Quel retentissement n'auront pas eu sur la santé intellectuelle et physique des chefs d'industrie ayant dépassé l'âge mûr, les chagrins, les angoisses, les épreuves dont la guerre a été pour eux et pour les leurs la cause ou l'occasion? Quelle dépression n'aura pas déterminée chez certains le spectacle de l'effondrement d'une œuvre à laquelle ils avaient consacré leur vie? Diminution d'autant plus redoutable, que la tâche nouvelle réclamera de ceux qui l'entreprendront l'ardeur, la santé, l'enthousiasme, le labeur d'une seconde jeunesse.

Enfin, pour tous, il y a le problème de l'expatriation. Partout, la guerre sanglante a multiplié ses ravages; partout les places seront offertes aux hommes probes et expérimentés en des pays où l'outillage économique subsiste, mais où le capital humain a souffert davantage. Ainsi la tenta tion est grande, la sollicitation multiple. Que dire alors de ceux qui, exilés pendant quatre années, ont bien dû finir par « s'installer » quelque peu dans la guerre, qui ont trouvé à l'étranger l'emploi rémunérateur de leurs aptitudes, souvent même de leurs capitaux! Des intérêts grandissants les attachent; des perspectives d'avenir assurées s'ouvrent devant eux. Nous leur demandons cependant, au nom de la patrie douloureuse, de venir reprendre leur place, de se soumettre avec nous à l'épreuve grandiose du renouveau à conquérir.

Notre voix sera d'autant mieux écoutée que l'on aura davantage prévu, organisé, donné des directions, « aménagé » la patrie de demain pour qu'elle soit bonne, accueillante à tous ses enfants, préparée à de nouvelles destinées. Gardant ainsi les forces que nous avons conservées ; recrutant, par une sage prévoyance, ce que nous avons appelé personnel de remplacement et de renfort ; nous confiant surtout aux qualités éminentes de notre race ; — nous pouvons affronter sans inquiétude le moment qui décide de notre existence nationale.

La main-d'œuvre. — Si la demande de main-d'œuvre doit être immédiate et considérable dans les industries de la construction, il n'en est pas de même pour les autres industries, qui ne pourront réembaucher des travailleurs qu'après réoutillage, rééquipement et réorganisation financière, et qui ne reprendront leur activité totale que lorsque nous nous serons assuré à nouveau des clientèles et des débouchés. Il en résulte qu'il se produira dans les débuts une pléthore de l'offre qui entraînerait forcément à un dangereux chômage, si la prévoyance gouvernementale n'établissait pas à l'avance un programme de travaux publics dont l'exécution immédiate permette l'emploi de tous les bras valides et désœuvrés.

Encore cependant importe-t-il de ne pas perdre de vue, ici encore, le danger de l'expatriation, surtout en ce qui concerne les « skilled workmen », les ouvriers d'élite, les spécialistes. Ceux-ci trouveront au début peu d'emplois à leur mesure; ils sont cependant des éléments d'une importance extrême; l'étranger les sollicitera, eux aussi. Beaucoup ont obtenu dans l'exil des situations incomparablement plus belles que leur situation antérieure : on signale des ouvriers belges gagnant en Angleterre des salaires qui atteignent 150 à 200 francs par semaine; des ouvrières, dont le gain hebdomadaire atteint 100 francs, alors qu'en Belgique ils ne pourront pas, dans les débuts surtout, en gagner le quart [1]. Il faut donc déterminer le retour des absents, empêcher l'embauchage en masse de nos travailleurs. Et ce problème requiert — ne nous le dissimulons pas — une attention très grande et une extrême prudence de la part de ceux qui doivent le résoudre.

Craignons d'autre part que la pléthore en quantité ne s'accompagne d'une régression de la productivité de la main-d'œuvre. Anémiés par les privations, ayant pour la plupart enduré dans la déportation d'affreuses souffrances physiques et morales, les ouvriers demeurés en Belgique sont affaiblis. Ne nous dit-on pas qu'en vain les verre-

(1) Voir M. Chardin-Ricourt dans la revue *Anglo-Belgian Exports*, février 1918 (Doc. écon. n° 72).

ries de Jumet ont essayé, ces temps derniers, de rallumer un de leurs fours? « Les ouvriers, insuffisamment nourris, n'étaient plus physiquement capables de fournir l'effort nécessaire (1) ». Sans aucun doute, il faudra une convalescence collective pour rétablir cette admirable robustesse de la classe ouvrière belge, qui la classait au premier rang dans le monde et était l'un des facteurs essentiels de notre prospérité. Si l'on songe par ailleurs aux ouvriers qui sont sous les drapeaux, il faut prévoir encore une perte de capacité : on a estimé à 60 °/o la dépréciation des ouvriers qui depuis plusieurs années ont « lâché l'outil pour le fusil » (2). Encore n'est-ce pas toujours le fusil qu'on leur donne et pouvons-nous répéter ici ce que nous disions des ingénieurs. Encore eût-il été possible d'annexer à nos établissements de guerre des écoles d'apprentissage. Encore pourrait-on former méthodiquement un personnel de remplacement et de renfort...

« *Caveant consules!* » — Ainsi, de quelque côté que l'on se tourne, le problème du personnel présente un caractère des plus sérieux. Nous en avons volontairement négligé l'aspect moral. Certains ont redouté parfois une fermentation, des impatiences,

---

(1) Sur 146 verriers examinés, 16 sont déclarés « bons », 5 « assez bons », 51 « mauvais », 24 « très mauvais » (Enquête des Drs Bronquart et Herman. *Indépendance belge*, 7 août 1918).
(2) Chardin Ricourt. *Ibid.*

une incompréhension redoutable des conditions particulièrement dures dans lesquelles se fera la reprise du travail.

Faisons confiance à la sagesse de la classe ouvrière, à son patriotisme robuste, dont elle a donné la preuve éclatante pendant son long martyre. Néanmoins, prenons garde de développer, de soutenir, d'élever encore s'il est possible le moral admirable de la nation. Nous vivrons des années de peine, de crise, d'effort, dans l'attente des premiers résultats. Il faut en réduire l'aléa au minimum; il faut aussi surexciter les énergies, décupler les rendements, hausser le peuple entier au niveau des circonstances exceptionnelles qu'il doit traverser. Ce n'est point chose impossible : mais il n'y a pas de faute à commettre. Et la grandeur de la tâche qui incombe à nos hommes d'État n'a d'égale que l'étendue de leurs responsabilités.

CHAPITRE III

LE FONCTIONNEMENT DE L'ÉCONOMIE DE GUERRE ET DE TRANSITION

Nous n'en saurions donner ici qu'une esquisse informe, si nous entendions entreprendre de faire, pour chaque pays, l'exposé détaillé de son économie. Ce qui nous importe, ce sont les généralités. Nous voulons voir à l'œuvre, rencontrer dans la pratique les préoccupations et les tendances qui régissent l'économie de guerre et de transition. C'est à travers le monde, pour définir les aspects des choses, que nous aimerons à glaner les faits caractéristiques.

Nous envisagerons donc successivement les institutions, la discipline économique, et les mesures de protection nationale et de préparation de l'avenir (1).

Il nous sera permis cependant de négliger les dispositions prises, en tant qu'elles concernent le

---

(1) La documentation dont il est fait ici un fréquent usage est extraite de la *Documentation économique* publiée, sous les auspices du ministère belge des Affaires économiques, par M. Van Langenhove, directeur du cabinet du ministre. Constituée par le dépouillement attentif et l'analyse des actes législatifs et des publications, elle est établie avec un soin, une clarté, une précision, auxquels nous tenons à rendre un hommage sincère et mérité.

ravitaillement en denrées alimentaires et la restriction de la consommation : car nous songeons principalement à la reconstitution économique, en vue de laquelle le problème de l'alimentation doit être, dès l'abord, supposé résolu.

I

LES INSTITUTIONS

Les départements ministériels. — Reichswirtschaftsamt en Allemagne ; ministère de la Restauration en Angleterre; en Belgique, ministère des Affaires économiques : ces institutions représentent fort bien le type de l'organisation gouvernementale. La pensée directrice est de centraliser sous une même autorité l'étude et la solution des problèmes ; c'est en Allemagne, semble-t-il, que sa réalisation fut la moins imparfaite. Ailleurs — et la Belgique n'y a point manqué — des départements subsistent, qui gardent des attributions connexes. Nous avons même imaginé un instant d'en créer un nouveau, sous le titre séduisant de ministère de la Reconstitution nationale — alors que nous gardions, en outre des Affaires économiques, le ministère de l'Industrie et du Travail, et qu'au surplus la plupart de nos nombreux départements prétendaient s'occuper à leur guise de tout ce qui pouvait se rattacher à leur domaine. Pareille dispersion

— avec tout ce qu'elle comporte de tracasseries administratives, d'incohérences, de lenteurs, de négociations « interministérielles », d'irresponsabilités — est évidemment funeste : et l'on n'a pas tardé, heureusement, à s'en apercevoir. En se chargeant du portefeuille des Affaires économiques, M. Cooreman a semblé avoir compris la nécessité impérieuse de la concentration. On y parviendra — par étapes.

Il est cependant impossible de ne pas laisser subsister certaines connexités d'attributions. Le Reichswirtschaftsamt allemand est en collaboration étroite avec la Kriegsrohstoffabteilung, ou département des matières premières nécessaires pour la poursuite de la guerre, qui fait partie du ministère de la Guerre. Et sans doute n'est-il point de gouvernement au sein duquel le ministère de la Guerre soit sans action sur la réglementation de la production ; point non plus de ministère des Finances dont la collaboration ne soit requise pour l'établissement des programmes financiers et la détermination des disponibilités. Ce qui importe, c'est de réduire au minimum le nombre des autorités intéressées : la clarté et la suite dans les idées, la promptitude et la sûreté dans l'exécution — tout en dépend.

En France, après quelques tâtonnements, la plupart des attributions qui se rattachent à la restauration ont été centralisées au ministère du Commerce. Depuis janvier 1918, les attributions de contrôle des achats et des importations ont été plus spécialement réunies aux mains d'un sous-secrétaire d'État.

Les parlements économiques. — L'idée apparut bientôt qu'il était nécessaire, pour que ces départements soient en mesure de remplir opportunément leur tâche, que leur chef soit au contact direct d'un organisme consultatif où la voix des intéressés puisse se faire entendre. De cette préoccupation est issu, en Belgique, le Conseil économique. Nous le retrouvons en Allemagne avec l'Uebergangswirtschaftsparlament; en Angleterre, avec le Conseil consultatif général.

Ces institutions ont le défaut de n'être point électives : défaut auquel, dans l'état actuel des choses, la Belgique n'eût d'ailleurs pu parer. Elles sont, dans la pensée de leurs organisateurs, à la disposition du ministre, qui demeure libre d'en faire tel usage qu'il juge convenable. Dépourvues de l'autorité que donne la représentation de la collectivité manifestée par un libre choix, elles n'ont de prestige ni vis-à-vis de ceux dont elles sont censées être les interprètes ni vis-à-vis du Gouvernement. Et leur composition, laissée au bon plaisir des désignations ministérielles, est loin de permettre à toutes les voix autorisées de se faire entendre.

Il est vrai qu'en Angleterre, le Conseil consultatif possède, dans une certaine mesure, un droit d'initiative. En Belgique, le Conseil économique n'est consulté que lorsque le ministre juge utile de prendre ses avis : encore se réunit-il rarement et est-il advenu, notamment en matière de réparation des dommages de guerre, que le Gouvernement le dessaisisse en fait d'une étude commencée pour élaborer lui-même, en dehors de son concours, de nouveaux projets. En Allemagne, le ministère des Affaires économiques annonçait « qu'il ne compte pas réunir l'Uebergangswirtschaftsparlament », fort de ses quatre cents membres : il préférerait, disait-il, s'en référer à un comité restreint, composé de quelques membres, auquel il donnerait même le droit de « faire des propositions ».

Ainsi ces institutions apparaissent plutôt comme la manifestation embryonnaire d'une organisation future. On conçoit la présence, à côté du ministre, d'un conseil élu par les intéressés groupés en catégories. Conseil consultatif, sans doute, mais dont les avis doivent obligatoirement être demandés. Conseil qui jouisse du droit de prendre des initiatives, de soumettre des projets au Gouvernement. On comprendrait même que ces conseils fussent autorisés, lors de la discussion parlementaire des projets de loi, à être représentés au sein de l'assemblée par un délégué, chargé d'exposer et de défendre leur point de vue. Nous aurons l'occasion d'y revenir.

Le principal obstacle, semble-t-il, à l'établissement de ce régime, se trouve dans la rivalité qui s'établit forcément entre les bureaux du ministère et les commissions du Conseil — les uns et les autres s'appliquant à étudier et à résoudre les mêmes questions et cherchant à faire prévaloir auprès du ministre leur point de vue. Il est profondément regrettable de voir ainsi entrer en conflit des fonctionnaires souvent du plus haut mérite, choisis à raison de leur science et de leurs capacités exceptionnelles — avec des spécialistes, des techniciens, des professionnels souvent rompus aux affaires, et dont nul ne songe à discuter la probité intellectuelle et la compétence. Ce vice ne provient-il pas d'une absence de liaison dans les rapports nécessaires ? Si l'initiative vient du ministre, ce sont ses bureaux qui ont préparé le projet ; celui-ci reflète donc le résultat de leur étude ; pour que le Conseil dès lors puisse donner un avis sérieux, il faut qu'un examen en commission mixte ait permis à ceux qui ont préparé les textes de défendre leur conception auprès de ceux qui vont s'en faire juges. De même, inversement, si l'initiative émane du Conseil, la décision du ministre sera évidemment précédée d'une étude incombant aux bureaux et exigeant la discussion contradictoire. Ainsi se démontre la nécessité de créer un contact ; d'établir entre le Conseil et les bureaux d'une part, et le ministre de l'autre, des commissions d'études mixtes chargées d'élaborer les rapports au Conseil sur les initiatives du ministre, les rapports au ministre sur les initiatives du Conseil. La collaboration ainsi étroitement établie ne manquerait pas de faire disparaître les préventions des uns et des autres.

Les comités. — Les organismes d'exécution s'inspirent généralement en Allemagne de la pensée de réaliser cette collaboration. A la tête de chacune des sections du *Reichskommissariat für Uebergangswirtschaft* se trouve un délégué du commissaire impérial assisté de commissaires spécialistes. Il en existe vingt-trois, dont le nombre des membres varie entre 7 et 30. D'autre part, de nombreux comités exercent au nom de l'État l'autorité et le contrôle. Citons le *Kriegsausschuss der Deutschen Industrie;* toutes les *Zentrale* et *Stellen* qui concernent le ciment, le pétrole, le charbon, les matières grasses et les huiles, les matières premières en général; la *Zentrale Einkauf-Gesellschaft* qui s'occupe des importations de vivres; les organismes concernant les produits chimiques, les textiles, les peaux, le caoutchouc et les jutes, le papier; enfin, toutes les *Zentralstellen für Ausfuhrbewilligungen* qui régissent les exportations.

En France, un décret du 13 décembre 1917 a institué le « Comité exécutif des importations »; celui du 3 mars 1918 a créé la « Commission supérieure des achats à l'étranger ». Le premier met en concordance les programmes d'achat avec les ressources en tonnage; la seconde arrête les programmes généraux dans les limites des disponibilités financières. Le sous-secrétariat d'État fondé en janvier 1918 lui soumet ses propositions. Jusqu'alors, les achats pour l'approvisionnement des particuliers et des groupements avaient été soumis au « Service des approvisionnements à l'étranger ». Ceux de l'État avaient été réglementés par le « Service interministériel des dépenses à l'étranger ». Ce dernier service fut supprimé et ses attributions furent concentrées aux mains du Service des approvisionnements. Les achats des particuliers furent ainsi groupés. Comme ceux de l'État, ils se font maintenant sous le couvert du ministère, ce qui leur assure la disposition certaine des moyens de transport et des possibilités de paiement, et la mise à l'abri des réquisitions arbitraires dont ils avaient souffert jusqu'ici (1).

Des comités interministériels furent constitués pour la réglementation d'industries spéciales. On peut citer, à cet égard, en janvier 1918, ceux de la jute et du lin; en février, celui du coton; en avril, celui des machines-outils et de l'outillage mécanique. La représentation des intéressés y est mise en concordance avec celle de l'Administration. Le dernier-né comprend notamment cinq représentants des chambres syndicales françaises utilisant les machines-outils; trois commerçants français en machines-outils et outillage mécanique; deux fabricants français en machines-outils; un fabricant français d'outillage mécanique.

Ainsi, comme le fait remarquer justement M. Maxime Leroy (2), l'alliance entre l'Administra-

---

(1) Lettre au journal *Le Temps*, 24 juin 1918.
(2) M. Leroy, *Pour gouverner*, p. 130 et suiv.

tion et les grandes catégories professionnelles s'affirme, et la forme, la tendance de leur collaboration présente un caractère nouveau. Tels les « répartiteurs » accordant les licences de circulation des céréales, et qui sont des négociants. Tel l'Office central des céréales, qui comprend dix-huit minotiers et boulangers. Tel le Comité central de la marine marchande, composé pour moitié de fonctionnaires et d'armateurs. Tel le Comité des dérogations ou prohibitions, comportant la présence de parlementaires, de fonctionnaires et de professionnels. Tel le Comité central de répartition de l'avoine dans la Seine, composé de grainetiers et d'entrepreneurs de transports sous la présidence d'un technicien. Et M. Leroy en cite bien d'autres exemples encore, tous caractéristiques.

Il s'affirme ainsi, de façon remarquablement nette, une tendance, une orientation, dont nous aurons à tenir compte dans nos conclusions. La Commission Balfour, constituée en juillet 1916 par le ministère Asquith, pour examiner la politique économique de l'Angleterre après la guerre, y adhère nettement lorsqu'elle déclare que « partout où ce sera praticable, le contrôle devra être exercé par le commerce et l'industrie eux-mêmes. Ce n'est là qu'un idéal susceptible de réalisation future. Le War Trade Department, pour citer un exemple de l'organisation anglaise, régit tout ce qui concerne les exportations réglementées et subordonnées à l'octroi de licences. Ses commissions sont composées de fonctionnaires représentant les divers départements intéressés. « Au besoin », cependant, des experts commerciaux leur sont adjoints [1].

Plus proches, dirons-nous, des idées exposées par M. Maxime Leroy, nous trouvons, aux États-Unis, les commissions régionales industrielles dépendant du War Industries Board — organisme dont un « Executive Order » du président Wilson, en date du 28 mai 1918, a fait un organe exécutif du Gouvernement. Les commissions, correspondant à la division du pays en vingt régions industrielles, sont présidées par un représentant — nommé par le Board — des Chambres de Commerce intéressées. Elles se composent de délégués désignés par les industriels de la région. Elles ont pour fonction de documenter le Board sur les ressources industrielles que la région présente; d'étudier leur développement et leur adaptation meilleure aux nécessités de la guerre; de donner des conseils sur le placement des commandes dans chaque région. « Tous les représentants régionaux, qui ont été nommés », dit le *Journal of Commerce,* « sont des hommes d'affaires expérimentés ayant beaucoup de relations dans le monde industriel de leur région respective » [2].

---

(1) Doc. écon. n° 489.
(2) *Journal of Commerce,* 7 juin et 10 juillet 1918. Doc. écon. n° 492.

La syndicalisation économique. — Pour être complet, nous devrions relater ici comment se constitue, avec un caractère mi-privé, mi-public, la syndicalisation, sous l'égide de l'État, des grandes forces économiques.

Ce serait aussitôt mettre en parallèle la conception allemande de la Wirtschaftstelle et la conception française du Consortium. Mais l'étude détaillée de ces types trouvera plus opportunément sa place lorsque nous envisagerons les modalités désirables de la syndicalisation économique (1).

Bornons-nous à constater ici le fait nécessaire et universel de la constitution de ces groupements, lequel est certainement l'un des éléments principaux, sinon le plus important, de l' « expérience forcée ».

II

LA DISCIPLINE NATIONALE

Les frontières de la liberté. — Ainsi, la discipline nationale est instituée. Le producteur, le commerçant, le banquier, si jaloux de leur totale indépendance, sont placés sous le joug des nécessités de la guerre. Ils ne le supportent pas sans révolte.

---

(1) Voir IIe partie, chap. IV.

En France, la campagne du *Temps* est caractéristique. En Allemagne, les trois plus puissantes organisations industrielles, en constituant le « Deutscher Industrierat », lui ont assigné notamment pour objet d' « arriver à la suppression progressive des organisations économiques à caractère obligatoire, nées pendant la guerre, et au rétablissement de la libre activité du temps de paix ». En Angleterre, la Commission Balfour reconnaît la nécessité de « maintenir les mesures restrictives dans les plus étroites limites possibles »; elle ajoute que « les restrictions légales en matière d'industrie devront disparaître le plus vite possible après la conclusion de la paix ».

L'attitude des gouvernements. — A ces protestations, les gouvernements répondent en promettant la fin du régime dès que le permettront les circonstances.

En Allemagne, dès février 1918, le ministère faisait annoncer par la *Frankfurter Zeitung* qu' « il s'abstiendrait de tout excès d'organisation et d'intervention de l'État dans les affaires privées ». A la séance constitutive de l'Industrierat, le secrétaire d'État au ministère des Affaires économiques et le ministre prussien du Commerce, présents tous deux, se déclaraient « partisans d'une étroite collaboration du Gouvernement et de l'Industrie dans tous les grands problèmes qui se présenteront dès la cessation des hostilités, et particulièrement dans la question du retour, le plus rapide et le plus étendu possible, à une complète liberté d'action de l'initiative privée en matière économique ». Et le 14 avril 1918, le Dr Weber, ancien membre du commissariat impérial, déclarait que « la politique du ministère des Affaires économiques s'inspire du principe qu'il convient de laisser aux intéressés toute la liberté compatible avec la sauvegarde de l'intérêt général » et que « le Gouvernement ne songe plus à créer des syndicats obligatoires ayant un caractère durable ». Cette affirmation devait se retrouver encore, en mai 1918, dans les déclarations du secrétaire d'État, lors de la discussion de son budget par le Reichstag.

Des protestations analogues ont été faites en France, notamment par M. Clémentel. Mais il est permis cependant de penser que telle n'est point, sinon la volonté, du moins la tendance des dirigeants. N'est-ce pas leur pensée profonde qu'exprimait le secrétaire d'État von Stein lorsque, devant le Reichstag, il reconnaissait « souhaiter que l'expérience de guerre ne soit point perdue au point de vue de l'organisation de la production, et que les syndicalisations forcées auxquelles le Gouvernement a dû procéder soient suivies à l'avenir de syndicalisations libres, les intéressés renonçant ainsi volontairement aux dangers d'une concurrence excessive ». Ainsi les affirmations rassurantes apparaissent plutôt comme des concessions faites au malheur des temps.

L'exemple américain. — Au surplus, ce n'est pas sans surprise que l'on trouve, au premier rang des arguments invoqués pour faire accepter la discipline, l'exemple américain. A la Chambre française, M. André Tardieu a fait clairement comprendre que c'est pour mettre en concordance avec les organisations de guerre américaines les demandes françaises d'importation qu'il a fallu recourir à une centralisation croissante du pouvoir économique. Dans la séance du 28 juin dernier, il montre le Gouvernement américain donnant à une série d'organismes, nés de la guerre, un pouvoir général de réquisition et de fixation des prix. De ces pouvoirs, ils usent souvent comme d'une menace pour imposer des ententes « amiables ». C'est l'autorité qui dicte l'ordre des productions dans les usines. Les permis de fabrication ne sont accordés que pour les articles indiscutablement nécessaires à la guerre.

Le War Industries Board groupe un certain nombre d'organismes de cette nature. Il comprend notamment un Price Fixing Committee; l'Allied Purchasing Commission; la Priorities Division et le Priorities Board; d'autres sections encore, celle des stocks par exemple; et des sections spécialisées par industrie. Nous pouvons le voir à l'œuvre par la convention conclue avec l'American Iron and Steel Institute, association représentant les producteurs d'acier, de fonte et de fer des États-Unis. Les livraisons doivent se faire sur certificat émanant de la Priorities Division. Ce n'est qu'après y avoir satisfait que les usines peuvent utiliser matières premières et moyens de production pour exécuter les commandes de leurs clients, mais en tenant compte des besoins classés dans un ordre préférentiel que la convention stipule expressément. S'agit-il de besoins non classés, l'autorisation du « Director of Steel Supply » est préalablement requise. Enfin, une étude générale des besoins de l'industrie sera entreprise en commun, « dans le but de stimuler et accroître la production ».

A défaut d'entente, le War Industries, Board procède par voie de réglementation : il en a été notamment ainsi avec la plus extrême sévérité, pour le commerce et la répartition de la laine (1).

La grande République américaine, terre classique de la liberté et de l'individualisme, à peine entrée dans le conflit mondial, a donc compris aussitôt la loi qu'il impose. Elle en a accepté l'application dans toutes ses conséquences logiques. Résolue à « gagner la guerre », elle en exige l'observation, par tous procédés légitimes, des pays qu'elle considère comme ses associés dans la bataille commune.

L'obéissance universelle. — Toutes les nations en guerre s'y sont soumises. En Italie, par exemple, des décrets du 2 et du 9 juin dernier ont para-

(1) *Journal of Commerce*, 21 mai 1918.

chevé l'organisation. D'une part, pour la durée de la guerre, le Comité technique interministériel des approvisionnements; de l'autre, pour la période de transition, le comité d'approvisionnement : importation, tonnage, crédit, sont désormais, comme partout ailleurs, centralisés, disciplinés, nationalisés.

A la discipline nationale se superpose, nous l'avons dit, la discipline internationale. Les organismes interalliés régissent, dans son ensemble, toute l'économie de guerre.

Le Conseil interallié des achats de guerre et des finances, dont la première séance s'est tenue à Londres le 15 décembre 1917, réglemente l'ensemble des relations des puissances alliées avec les États-Unis au point de vue des demandes de marchandises et de crédit. Les États-Unis, la France, la Grande-Bretagne et l'Italie s'y trouvent représentés.

Le Conseil interallié des transports maritimes, datant du 3 décembre 1917, intéresse les mêmes puissances. Il discute les programmes d'importation, les met en concordance avec les programmes interalliés, prend au sujet des moyens de transport les décisions nécessaires. Il pare au déficit de tonnage soit en réduisant les importations, soit en cherchant à acquérir du tonnage supplémentaire, soit encore en réalisant un emploi plus efficace du tonnage existant.

Enfin l'« Interallied Chartering Executive », où les États-Unis ne sont pas représentés, monopolise l'affrètement chez les neutres et le répartit suivant les besoins.

Les frontières de la contrainte. — Ainsi, contrainte pesant sur tout ce qui concerne le ravitaillement industriel : acquisition, transport, paiement, distribution. Contrainte sur l'activité de l'industrie : détermination des commandes auxquelles il est permis de satisfaire, et de l'ordre dans lequel elles doivent être exécutées. Contrainte sur l'activité commerciale : prohibition d'importation et d'exportation; mainmise sur le tonnage; contrôle des paiements à l'extérieur; fixation des prix de vente.

D'autre part, appel à la liberté, à l'initiative, pour préparer l'économie future. Promesse que la contrainte sera levée aussitôt que le permettront les circonstances. Désir universel cependant de ne point retourner à un état désastreux d'anarchie économique; de conserver à la production une organisation rationnelle; de ne se libérer de l'obéissance passive que pour lui substituer l'ordre, la méthode, la cohésion.

Parmi les mesures déjà prises ou à l'étude, mesures de protection et de préparation, certaines méritent un examen plus attentif. Nous nous y arrêterons successivement.

III

LES MESURES DE PROTECTION ET DE PRÉPARATION

Les prohibitions d'exportation. — Ces prohibitions partent d'un principe qui se résume dans l' « égoïsme sacré » dont les peuples désormais entendent se prévaloir, aussi bien en matière économique qu'en matière politique. Ils veulent que les ressources nationales soient avant tout mises en œuvre pour satisfaire aux besoins nationaux. Ils entendent qu'après y avoir pourvu, il leur soit possible de répartir l'excédent de façon à ne plus favoriser l'activité conquérante des puissances ennemies, et à stimuler au contraire la production des puissances alliées. Dans un rapport spécial, la Commission Balfour prévoit par exemple que, pour l'Angleterre, cette prohibition devra être complète, sauf licence, pour certains textiles et pour les filés de laine, pendant un terme d'environ douze mois après la conclusion de la paix. Il serait fastidieux d'énumérer, pendant la guerre, les catégories sujettes à semblable prohibition dans le monde entier.

Mais l'une d'elles requiert quelques explications : c'est la prohibition d'exporter les capitaux. Instaurée en Angleterre et en Italie dès novembre 1917, aux États-Unis depuis janvier 1918, elle a été établie en France par la loi du 30 avril dernier. Celle-ci interdit, sauf autorisation écrite du ministre des Finances et sous réserve de certaines dispositions spéciales : 1° toute opération financière impliquant un transfert quelconque de capitaux, fonds ou titres hors de France ; 2° toute importation de titres (actions, obligations ou bons). La loi, a dit son rapporteur, se légitime par l'obligation de maintenir sur le sol français tout ce qui est nécessaire à la défense nationale. Elle vise essentiellement à empêcher l'émigration des capitaux. Elle doit empêcher du même coup la spéculation sur le change et la spéculation sur marchandises constituées en stocks. Des exceptions bien étudiées parent à l'avance aux inconvénients des dispositions qui seraient d'application trop absolue.

Ainsi cette mesure se rattache aussi à la défense du change. L'Allemagne le comprend. Au cours d'une réunion tenue, le 9 février dernier, sur cet objet, par les délégués des banques, du commerce et du Reichstag, le principe fut admis qu' « il faut maintenir les mesures propres à entraver, pendant la période de transition, un emploi à l'étranger de crédits et de capitaux que ne justifie pas l'intérêt général du commerce allemand » (1).

La prohibition ne peut d'ailleurs être efficace que si elle s'accompagne d'une réglementation sévère du change, et notamment de la tenue obli-

---

(1) *Frankfurter Zeitung*, 12 février 1918.

gatoire d'un répertoire des opérations de change, prescrite en France depuis juillet 1917.

Les stocks. — Ne procède-t-elle point aussi de l' « égoïsme sacré », l'idée de favoriser et d'encourager la constitution de stocks destinés à répondre aux besoins de l'après-guerre ? Sage prévoyance, dirons-nous, mais qui handicapera singulièrement — aujourd'hui que les achats extérieurs sont devenus impossibles — les peuples qui, en règle générale, ne disposent pas de leurs ressources propres ou qui n'ont pas su s'y prendre en temps utile.

L'Angleterre a constitué dans ce but, sous l'autorité du ministère de la Restauration, une « Commission des risques financiers résultant de la constitution des stocks ». Le principal obstacle à la constitution de ceux-ci est en effet la crainte des industriels de voir les produits, achetés au cours de guerre, se déprécier au moment de la paix. La tâche de la Commission sera de « faire enquête et rapport sur les mesures propres à permettre financièrement aux industriels de constituer des stocks pour après la guerre, et à donner aux détenteurs une sauvegarde raisonnable, quant aux pertes financières pouvant résulter d'une dépression des prix succédant à la période de hausse ».

La même préoccupation existe en Allemagne. Le Commissariat impérial allemand, dans son rapport à la Commission du commerce et de l'industrie, indique qu'il s'est préoccupé de faire placer en lieu sûr les matières premières en dépôt à l'étranger pour compte de l'Allemagne, en vue d'assurer, dès la fin des hostilités, leur expédition dans le pays, avec la participation des groupements professionnels. Et le Dr Weber, parlant à la Fédération des Industriels de l'Allemagne centrale, a fait connaître que « le ministère des Affaires économiques prend l'engagement, au cas où les marchandises mises en stock feraient l'objet d'une saisie, de sauvegarder de la façon la plus complète les intérêts des acheteurs. Ceux-ci seront en particulier couverts du prix de revient de la marchandise, de tous les frais qui auront été faits, et recevront en plus une prime correspondant aux risques courus ».

Les industries nouvelles. — Égoïsme sacré encore, que la résolution prise par tous les peuples — mis par la guerre en présence des lacunes de leur économie nationale — d'y pourvoir désormais par la création des industries qui leur manquent et le développement de celles dont la puissance s'est révélée insuffisante.

Préoccupation que traduisent en Angleterre la demande formulée par la Commission Balfour de voir protéger les « pivotal industries »; la création d'une commission ayant pour objectif l'instauration d'industries nouvelles; l'inscription de cet objet au programme du ministère de la Restauration. On demande « l'action de l'État pour favoriser et protéger les industries de première nécessité dont dépendent d'autres industries ». Déjà des mesures d'exécution sont prises, notamment pour la fabrication des produits chimiques et pour la production du zinc.

La même idée a rencontré en France un accueil enthousiaste. M. Touron, vivement approuvé par ses collègues, disait, le 7 février dernier, au Sénat français : « Il faut que la France fasse tout ce dont elle a besoin ; il ne faut pas qu'elle soit tributaire d'aucune nation, fût-ce d'une nation amie ou alliée. » Et M. Clémentel, ministre du Commerce, déclarait dans sa réponse : « Je suis tout à fait d'accord avec vous, lorsque vous dites que nous devons chercher un programme économique qui nous rende tout à fait indépendants. »

Cette politique produit déjà des effets prestigieux. La mise en œuvre en est favorisée par la nécessité de pourvoir aux besoins de la guerre. « Les usines ont doublé, quintuplé, décuplé, souvent plus encore. Fait d'extrême importance, car l'avenir industriel est à la très grande industrie. Les travaux de la guerre en sont évidemment la cause principale, mais l'outil créé restera ; l'application à d'autres usages sera presque toujours extrêmement facile. La guerre aura doté le pays d'un nombre important d'ateliers de grande envergure, pouvant tout entreprendre (1). »

Adaptation facile en effet. M. Paul Razous le

(1) Maurice Barrès (*Écho de Paris*, 3 août 1918).

montre de façon très claire dans une étude qu'il a donnée au *Journal de la Société de Statistique de Paris* (1). Elle est aisée à concevoir pour les établissements métallurgiques. Les tréfileries feront des câbles de transporteurs aériens, des toiles métalliques, des fils pour fleurs artificielles, pour câbles électriques, etc., selon leurs spécialités de guerre. Les usines de fabrication d'obus pourront faire de la construction de machines. Celles qui fabriquaient cuisines, réservoirs, cuves, récipients, feront de la chaudronnerie, produiront des chaudières. Les fabricants de moteurs d'avions feront des moteurs d'automobiles; les ateliers de constructions mécaniques sortiront des tracteurs agricoles. Les usines comportant le travail du bois avec emploi de ferrures (fabrication d'avions par exemple) pourront se spécialiser dans la fabrication des machines agricoles. Celles qui produisaient des hangars et des remorques aiguilleront leur fabrication vers la construction et la réparation du matériel roulant des chemins de fer. Les ateliers de production de gamelles, bidons, ustensiles, grenades, casques, pourront être transformés en usines de fabrication d'ustensiles de ménage. Enfin les usines qui répondent aux besoins de la chimie de guerre, produisant de l'acide sulfurique, répondront à la nécessité de fabriquer les superphosphates et les sulfates que réclame l'agriculture.

(1) Mai 1918.

Tableau rapide, dont nous ne donnons qu'un bref résumé. Il suffit à montrer combien les conditions de la concurrence internationale seront profondément modifiées dans l'après-guerre : et ce fait, pour la Belgique, présente le plus haut intérêt.

La marine marchande. — La solution du problème du fret a nécessité partout la concentration du tonnage, soit aux mains d'organismes privés, soit aux mains de l'État, par voie de réquisition.

En Allemagne on a entendu « réserver principalement le tonnage allemand aux besoins des importateurs au lieu de le mettre à la libre disposition du commerce ». Plutôt que de créer une centrale officielle, on a préféré s'en rapporter « à une organisation autonome des armateurs, dont la compétence a été fixée par la loi et qui aura le contrôle de l'utilisation des navires et la ratification de tous les contrats d'affrètement » : c'est le « Comptoir pour la répartition du tonnage ». Pas de transit : tout le fret doit être réservé à la satisfaction des besoins allemands. Les chargeurs feront connaître ceux-ci ; les autorités les classeront par ordre d'urgence ; les armateurs fourniront les bateaux.

Une solution semblable prévaut en Autriche-Hongrie où, par ordonnance du ministre du Commerce, en date du 30 janvier 1918, deux syndicats maritimes sont établis, embrassant toutes les entreprises : l'un groupera les tramps, ces « vagabonds » de la mer ; l'autre les lignes régulières de navigation à vapeur. Un comité mixte les dirige, composé de trois membres nommés par le ministre et de quatre membres élus par les intéressés. A ce comité appartiennent des attributions d'intérêt général allant jusqu'au contrôle rigoureux des constructions navales. Il doit aussi coopérer « à la réglementation du trafic maritime, spécialement en ce qui concerne la répartition et l'utilisation du tonnage ».

La flotte marchande anglaise est contrôlée, comme d'ailleurs l'industrie des constructions navales. Mais ce contrôle est supporté avec ennui. Un comité spécial, constitué en mars 1916 par M. Runciman, conclut en demandant la suppression du contrôle dès le lendemain des hostilités. « Il est en opposition avec le génie anglais », déclare le rapport. « Nous devons rester fidèles à nos anciens principes et nous en rapporter à l'esprit d'initiative privée (1). » Si, comme partout ailleurs, la vente des navires sous pavillon anglais aux étrangers est interdite, ce Comité demande dès à présent la suppression de cette interdiction au jour de la conclusion de la paix.

En France, par décret du 15 février 1918, la flotte marchande a été réquisitionnée. L'exploitation organisée par l'État n'est point cependant sans être encore, pour les compagnies, très sérieusement rémunératrice. M. Bouisson, commissaire à la

(1) Journal *Le Temps*, 28 juin 1918.

Marine marchande, a pu signaler à la Chambre, le 2 août dernier, l'importance des bénéfices réalisés : 59 % du capital pour la Compagnie transatlantique, 33 % pour les Affréteurs réunis !

Aux États-Unis, la loi du 15 juin 1917 a organisé simultanément la saisie des navires ennemis : 800.000 tonnes, — la réquisition de la marine marchande : 4 millions de tonnes, et la construction d'une flotte commerciale, à laquelle s'emploient, en 1917, 61 chantiers et 819 cales, devant produire pour 1918, selon les prévisions, 3 milliards 500.000 tonnes flottantes.

La main-d'œuvre. — La question de la main-d'œuvre a fait l'objet, elle aussi, d'études attentives et de mesures de prévoyance.

Nous n'envisagerons pas maintenant celles qui touchent à la réglementation du travail, à la protection ouvrière, aux conditions de prestation de la main-d'œuvre. Leur examen trouvera sa place dans l'exposé d'une politique sociale.

Mais il y avait à prévoir comment il serait pourvu par la démobilisation aux besoins de l'industrie; aussi à veiller à ce qu'un emploi puisse être trouvé par l'ouvrier démobilisé.

Le rapport du Comité de guerre anglais pour l'année 1917 montre que le ministère de la Restauration s'en est préoccupé. « Le ministère de la Guerre est responsable des hommes jusqu'au moment où ils quittent l'armée; le ministère du

Travail jusqu'au moment où ils ont trouvé un emploi. Les ministères de la Guerre, du Travail et de la Restauration ont établi un ordre de priorité entre les différentes industries, suivant l'importance respective de celles-ci. » En France, M. Boret insiste sur « la nécessité de préparer dès maintenant la reprise du travail après la guerre, et d'assurer le remploi immédiat du personnel ouvrier qui, après avoir contribué à la victoire, devra retrouver sans aide des moyens d'existence » (1). En Allemagne, M. Adolf Loewe, dans un article publié par la *Wirtschaftszeitung der Zentralmächte* (2), annonce que « l'Administration militaire a élaboré un plan étendu de démobilisation, suivant lequel aucun homme ne sera, contre sa volonté, renvoyé dans ses foyers s'il n'a trouvé un emploi : un délai de quatre mois, à partir du jour de la démobilisation normale de sa classe, lui sera accordé pour lui permettre de se procurer du travail. En outre, la démobilisation se fera progressivement, en tenant compte de l'utilité économique du travail des intéressés ».

D'autre part, dans le monde entier, il y aura lieu de prévoir ce que M. Loewe appelle « la période véritablement critique de la transition économique » : le moment où, par défaut de matières premières, par défaut aussi d'outillage dans cer-

---

(1) Boret, *La Bataille économique de demain*, p. 163.
(2) 18 janvier 1918.

taines régions, les industries seront paralysées. Que faire alors de la main-d'œuvre? Comme nous l'avons fait pour la Belgique, M. Loewe conclut à l'élaboration d'un programme de travaux publics.

Les États-Unis ont été jusqu'à établir un contrôle général de la main-d'œuvre, — l'autorité du « Board » s'étendant à la répartition, aux salaires, aux heures et aux conditions de travail. Telle est la discipline imposée, qu'elle s'étend à la main-d'œuvre aussi bien qu'aux matières premières ou aux moyens de transport, et qu'elle s'exerce d'après les mêmes principes en suivant un ordre de priorité. Les conflits du travail sont tranchés par le *National War Labour Board* investi d'une juridiction étendue et dont les sentences ont force obligatoire.

La question de la main-d'œuvre, dans l'après-guerre, se complique encore de la hausse formidable des salaires. Le fait, dans les pays alliés, est d'une évidence telle qu'il est superflu d'apporter des précisions. En Allemagne il en est de même : de mars 1914 à septembre 1917, les salaires ont, de façon générale, plus que doublé, passant de 100 à 209,1 pour les hommes et à 212,7 pour les femmes [1]. Cette augmentation du prix de la main-d'œuvre pourra-t-elle se maintenir dans l'après-guerre? Ne faut-il pas prévoir une crise redoutable? Comment y parer? Nous nous souviendrons de ce

---

(1) Données statistiques du « Kaiserliche statistische Amt » (Revue *Deutsche Oekonomist*, 25 mai 1918).

problème, lorsqu'il s'agira d'envisager tous les modes d'augmentation du rendement utile des producteurs.

L'avenir. — Nous achevons ainsi la fresque rapide que nous avons entendu esquisser, avant d'entreprendre de dégager, de cet exposé objectif du présent, la leçon de l'avenir.

Celle-ci ne saurait être énoncée encore de façon abstraite, être condensée en textes précis. La meilleure méthode sera d'isoler les différents aspects de notre économie future. Qu'il faille « organiser », point de doute. Mais comment? Former d'abord le producteur. Puis lui tracer les directions de sa politique de production. Voir comment le crédit sera en mesure de lui prêter l'assistance indispensable. Enfin rechercher quel profit individuel et collectif peut être retiré de l'association. D'autre part, l'État, rompant avec ses traditions d'inertie bureaucratique et de traditionalisme inintelligent, est appelé à adapter son action aux nécessités de cette économie organisée. Quelle sera sa politique douanière? Directeur suprême du transport, que saura-t-il en faire? Comment assurera-t-il l'ordre, la sécurité, la paix sociale? Comment concevra-t-il, au dehors, son rôle de protecteur, d'initiateur, de guide? Tout ceci nous amènera à nous demander, pour conclure, comment il se transformera lui-même, afin d'être en mesure d'accomplir la tâche formidable et nouvelle qui lui est imposée.

Tel est l'itinéraire de notre voyage. A chaque pas, nous nous rappellerons de ce qui existait hier, ce qui a surgi aujourd'hui, pour déterminer les bases robustes sur lesquelles Demain devra se construire...

II

LES FACTEURS DE L'ORGANISATION

CHAPITRE I

LE PERSONNEL

Il y a lieu, pour apprécier les conditions de la formation du personnel, de se placer d'abord à un point de vue général.

C'est après avoir déterminé une conception d'ensemble, que doivent être utilement envisagées d'une part l'organisation de l'enseignement technique, de l'autre celle de l'enseignement commercial.

Enfin, il faut se demander comment l'État est en mesure de s'intéresser à la meilleure répartition, dans les professions diverses, des aptitudes individuelles.

I

L'ENSEIGNEMENT EN GÉNÉRAL

Des hommes. — Des écoles, avons-nous dit ailleurs. Beaucoup de bonnes écoles. Pas d'ignorants. Des méthodes d'enseignement réalistes et modernes. L'accès des cours supérieurs ouvert aux meilleurs élèves, sans condition de fortune.

Instruire. Développer. Cultiver. Former des hommes : des intelligences et des caractères.

Plus de savoir vrai. — Le défaut général de l'enseignement était de s'adresser trop à la mémoire. Qu'il s'agisse, à quelque degré que ce soit, d'histoire, de littérature, de physique, combien de maîtres exigent le mot à mot, la répétition machinale, les dates superflues, les noms sans intérêt qui seront bien vite oubliés ! Peu importe que l'élève ait compris : l'essentiel est qu'il répète. Il ne faut pas qu'il se soit fait une représentation exacte des choses ; il faut qu'il puisse les définir dans la forme imposée. Peu de réflexion. Pas d'initiative. Aucune prime à l'effort personnel. Si bien que les lauréats des distributions de prix sont parfois les fruits secs de la vie.

La curiosité de l'enfant n'est pas un défaut : elle doit être le moteur principal de l'intérêt qu'il prendra aux études. Loin de la réprimer, cherchons à l'éveiller afin de pouvoir la satisfaire. Sachons développer en lui la « soif de connaître » qui fait partie de ses tendances instinctives. Loin de chercher à enfermer tous les esprits dans un même moule, à créer une ressemblance artificielle des pensées et de leurs expressions, que le maître respecte la précieuse personnalité de l'élève ; qu'il prenne soin d'individualiser son enseignement de manière telle que chacun soit à même de le suivre.

Aussi, la méthode doit avant tout être intuitive.

Sans doute, il faut exercer la mémoire, dans laquelle le savoir s'accumule pour être soumis ensuite à l'action coordinatrice et généralisatrice de l'intelligence : mais que ces exercices soient spécialisés. Qu'au contraire, tout l'enseignement repose sur ce principe : expliquer la chose inconnue, par la chose connue en maintenant sans cesse l'explication théorique en contact aussi étroit que possible avec la vision directe de la réalité, — et laisser ensuite à l'élève la liberté d'exprimer à sa guise — cette expression dût-elle être imparfaite et par conséquent complétée et corrigée — sa compréhension de ce qu'il vient d'apprendre.

Ainsi nous aurons formé tout d'abord des esprits indépendants et sûrs d'eux-mêmes.

L'enseignement primaire. — Faut-il insister ici sur la nécessité pour chacun de posséder tout au moins ce minimum de savoir sans lequel l'homme demeure étranger à son milieu et à son époque? Évidemment non.

Encore est-il utile de marquer la nécessité d'exiger que cette instruction soit effective. Et cela comporte le contrôle de la fréquentation scolaire; des mesures contre les parents qui ne veillent pas à l'assiduité; des garanties sérieuses, vis-à-vis des maîtres, de capacité et de zèle; une surveillance constante de la valeur réelle de leur enseignement.

Il importe aussi de prolonger la durée des études

primaires et de rendre obligatoire le « quatrième degré ». L'enseignement primaire est divisé en Belgique en trois degrés, comportant chacun deux années d'études; dans les derniers temps, un quatrième degré tendait à se généraliser. La controverse existait sur le point de savoir si ces cours complémentaires devaient avoir un caractère de culture générale ou un caractère professionnel. Nous penchons pour la première solution. Il n'est pas excessif qu'avant de commencer sa formation professionnelle, l'enfant de six à quatorze ans ait acquis des connaissances étendues, limitées d'ailleurs, dans le choix des branches, à celles qui sont d'un intérêt constant et immédiat. Car il faut constituer avant tout une base solide, sur laquelle il soit possible de construire la formation plus directement adaptée à la « destination » sociale de l'élève.

Citons à cet égard l'avis conforme de M. Boret : « Notre système scolaire abandonne dès la treizième année l'immense majorité des enfants auxquels est due la moindre quantité d'instruction. Ne pénètrent dans les écoles primaires supérieures ou dans les lycées que les élèves qui paient ou que l'État recueille à titre de boursiers. Les autres enfants sont considérés comme ayant acquis, à douze ans, le bagage des connaissances générales nécessaire et suffisant pour la traversée de la vie. Ce serait un éloge flatteur pour la précocité de la race française, si l'expérience de chaque jour ne montrait les lacunes profondes que laisse souvent chez l'homme fait un enseignement aussi court et aussi hâtif (1). »

L'enseignement moyen. — C'est au sujet de l'enseignement moyen que trouve sa place — pour une simple indication d'ailleurs — le débat sur la culture classique, que l'on cherche à opposer à la culture scientifique.

Hâtons-nous de dire que cette opposition n'existe pas. Il n'y a pas, à nos yeux, deux cultures. Former intellectuellement un homme, c'est doter son esprit des aspirations vers le bien, le beau, le vrai; c'est l'orner de tout ce qu'ont donné de chefs-d'œuvre les civlisations passées; c'est développer, par la connaissance de ce qu'il est convenu d'appeler les « belles-lettres », sa puissance d'expression concurremment avec l'élévation de sa pensée. Mais que serait tout cela sans la science? Quelle meilleure gymnastique du raisonnement que les mathématiques? Ne doit-il pas, cet homme complet, avoir pénétré les réalités de la nature, compris les secrets merveilleux de la physique et de la chimie, acquis, en même temps que la connaissance intellectuelle du monde dans lequel et pour lequel il va vivre, sa connaissance matérielle? A quoi correspond-elle donc, l'antinomie dans laquelle on veut opposer une formation de philosophes, de rêveurs, de poètes, de théoriciens, — à une forma-

(1) Boret, *La Bataille économique de demain*, p. 42.

tion d'hommes d'action, d'hommes de réalisation, d'hommes d'affaires?

Non pas. Ce qu'il faut, c'est, comme le dit M. Herriot, « rechercher pour l'élève moins l'entassement des connaissances que le développement de ses facultés » ; c'est encore former « des esprits qui, sans rien perdre des essentielles traditions de la race, soient armés pour maîtriser les événements et tout d'abord pour les comprendre » (1).

La réforme de l'enseignement moyen est certes, mais dans une certaine mesure, une question de programme ; c'est surtout une question de méthode et un problème de pédagogie.

L'enseignement supérieur. — Reste enfin l'enseignement supérieur, auquel on peut demander de ne pas poursuivre le recrutement d'un « mandarinat » de docteurs, — et de former au contraire des hommes supérieurement développés à la fois dans leur préparation théorique et dans leur préparation pratique. Cette préoccupation s'avérera utile dans toutes les facultés : le docteur en droit lui-même s'aperçoit bien vite, en entrant au Barreau, de l'abîme qui sépare sa science livresque des réalités judiciaires, et certaines universités n'ont pas hésité à annexer à la Faculté de droit des cours de pratique professionnelle.

Mais elle est d'un intérêt primordial à la Faculté

---

(1) Herriot, *Agir*, p. 369 et suiv.

des sciences. L'ingénieur ne doit pas, ne peut pas être un théoricien : il est absurde, lorsqu'on songe à lui donner une formation pratique, que ce soit pour lui conférer par le grade légal la reconnaissance de son aptitude à devenir un fonctionnaire.

Il faut donc que nos universités orientent plus nettement leur enseignement dans ce sens, en accentuant la spécialisation des techniciens qu'elles forment. Elles se rapprocheront ainsi, dans leur enseignement, des facultés techniques supérieures dont nous aurons bientôt à dire la raison d'être.

II

L'ENSEIGNEMENT TECHNIQUE ET COMMERCIAL

Science et technique. — La formule de M. Victor Cambon est heureuse : « Il faut mettre la science à la base de toute profession, étant entendu que ce mot de science a le sens très large de connaissance théorique et pratique de tout ce qui a trait à la profession, quelle qu'elle soit (1). »

Dès que l'on cherche à déterminer les moyens de traduire cette formule dans les faits, on est frappé de la valeur toute spéciale en cette matière de l'exemple allemand. En 1900 déjà, M. Haller montrait en l'invoquant « ce que peut un peuple qui a su mettre au service d'une volonté tenace un outil

(1) Victor CAMBON, *Notre Avenir*, p. 110.

merveilleux : la science alliée à la technique » [1]. A tous les degrés, la formation professionnelle est complétée en Allemagne par une solide préparation théorique, enseignée selon des méthodes intuitives, mais nettement spécialisée vers l'application pratique : l'industrie elle-même s'y est pénétrée de la « religion du doctorat ». Elle s'unit à la science, non par « une union purement formelle, bonne à fournir des thèmes aux orateurs officiels », mais par « une association intime pour un objet précis » [2]. C'est ainsi qu' « entre les professeurs des universités, entre les représentants de la science pure et les industriels, il existait des relations étroites et suivies, et un échange de communications théoriques et pratiques » [3]. Nous aurons bientôt à y revenir.

Ce qui nous manque. — Il nous manque d'abord des ouvriers joignant aux remarquables qualités d'endurance, de force, d'intelligence de l'ouvrier belge cet équilibre, cette aptitude au perfectionnement, cette sûreté de soi que donne une formation appropriée. Le travail « machinal » — le mot fait image : il assimile l'homme à la chose — ne vaudra jamais le travail « compréhensif ». Il n'est pas susceptible, comme ce dernier, de perfectionnement spontané. Il fatigue, parfois même il épuise, sans

(1) Hauser, *Les Méthodes allemandes d'expansion économique*, p. 33.
(2) Id., *ibid.* p. 29.
(3) Lysis, *Pour renaître*, p. 48.

intéresser. Et la question présente ainsi un aspect social d'une réelle gravité.

Il nous manque des contremaîtres qui ne soient pas « arrivés » par le fait du hasard, mais au contraire qui soient préparés à leur tâche de commandement, de distribution, de contrôle; il nous manque des ingénieurs subalternes instruits de façon à savoir tout ce qui leur est nécessaire, sans avoir la détestable attitude intellectuelle des « faux savants ».

Il peut nous manquer — il nous manquera probablement — des « capitaines ». Les chefs se recrutent parfois par l'ascension spontanée des capacités exceptionnelles : les circonstances actuelles ont pu favoriser ce phénomène accidentel; mais normalement il deviendra d'autant plus rare que la concentration sera plus grande et que le caractère scientifique de la direction sera plus accentué. Plus souvent, ils se recrutent par hérédité : mais les fils, sans avoir nécessairement l'intelligence exceptionnelle de leurs pères, se sont-ils tout au moins constitué toujours un acquit personnel suffisant par le travail et l'étude? Ne parlons pas de ceux qui n'ont pas voulu apprendre; mais les autres ont-ils toujours pu apprendre? Ont-ils trouvé l'enseignement qu'il fallait? Les faits démontrent le contraire : l' « ingénieur » sera bien marri, porteur de son diplôme légal, s'il ne peut faire son apprentissage avant d'être placé à la tête d'une entreprise importante. Enfin, les chefs se recrutent dans l' « état-major » industriel à qui la culture supérieure est indispensable. Ainsi tout se résume à la nécessité d'un enseignement technique supérieur, égal en rang à l'enseignement des facultés universitaires, mais plus nettement orienté vers la pratique de professions déterminées.

La Commission américaine, dans son rapport auquel nous avons déjà fait allusion, dit à la France ce qu'elle en pense, avec une rude franchise dont la Belgique peut faire son profit. « On admet que le but de la culture physique, de la formation académique et technique, est de rendre l'individu moyen aussi efficace que ses dons naturels le permettent, et de procurer à l'État des serviteurs bien dressés pour les situations intermédiaires entre les chefs qui conçoivent, développent, coordonnent le travail, et la masse des hommes de capacités variées qui l'exécutent. On insiste sur l'absolue nécessité de mieux éduquer le travailleur ordinaire pour éviter toute déperdition d'énergie. On ne manque heureusement pas de chefs en France ; mais on manque parfois de sous-chefs, de directeurs techniques, de sous-directeurs, de contremaîtres, qui sont indispensables dans le monde de la concurrence moderne. Le système d'éducation français ne produit pas suffisamment d'hommes de cette classe. Pour une unité donnée de population, la Suisse a 300 chimistes, l'Allemagne 250, la France seulement 7 (1). »

(1) *Le Commerce franco-américain*, p. 224.

Combien la Belgique en avait-elle ? Pour garder l'exemple de la chimie, nous trouvons le Comité belge d'enquête économique de Londres demandant : la création de chaire d'électro-chimie dans les universités belges ; le développement des laboratoires, des encouragements à la carrière d'ingénieur chimiste ; le renforcement et l'augmentation des cours de chimie dans les écoles industrielles et professionnelles pour la formation des contremaîtres chimistes, avec des encouragements nombreux vers cette carrière. Ainsi du reste...

L'exemple allemand. — L'Allemagne avait créé 11 hautes écoles techniques, analogues aux facultés universitaires ; 547 écoles industrielles ; 85 écoles commerciales ; 2.313 cours de perfectionnement industriel ; 522 cours de perfectionnement commercial. En 1902, plus de 400.000 jeunes Allemands recevaient l'enseignement technique (1). Ajoutons qu'il existait en outre 22 universités, peuplées de 40.000 à 50.000 étudiants.

Des facultés supérieures, la dernière, celle de Breslau, fut inaugurée en 1910. Toutes forment des praticiens : M. Victor Cambon insiste avec raison sur le caractère réaliste et spécialisé de leur enseignement (2). « Pour un peu, on se croirait dans une usine ; le matériel technique y tient beaucoup plus de place que les amphithéâtres. » Il existe « un

(1) HERRIOT, *Agir*, p. 352.
(2) Victor CAMBON, *Notre Avenir*, p. 111 et suiv.

nombre prodigieux de professeurs » donnant des cours infiniment diversifiés. A Hanovre, pour 1911, il y a 1.750 élèves et 239 cours donnés par plus de 120 professeurs, lesquels souvent sont eux-mêmes des ingénieurs ou des industriels, « qui viennent là, à jour fixe, enseigner quelque spécialité où ils sont passés maîtres ». Tous les élèves, même médiocres, suivent, car la pédagogie allemande « se place à la portée des intelligences les plus moyennes, grâce à la forme très explicite et très concrète de l'enseignement ». Aussi, après bataille, de telles facultés ont conquis le droit de conférer le titre, vénéré en Allemagne, de docteur-ingénieur avec indication de la spécialité à laquelle l'élève est plus spécialement préparé.

Les technicums secondaires répondent, au degré moyen, aux mêmes préoccupations. Caractère pratique de l'enseignement, destiné à faire face à l' « obligation imposée à chaque adolescent d'apprendre son état ». Réduction au minimum de la scolarité. Matériel colossal pour les études et l'apprentissage. Cela coûte de l'argent? Il faut des machines? Les industriels eux-mêmes donneront l'un, fourniront les autres : ils ont compris leur intérêt capital.

Enfin, les écoles professionnelles. L'industriel est obligé d'y envoyer les adolescents, de quatorze à dix-huit ans, qu'il occupe. L'atelier d'apprentissage est à côté de la salle de cours. Des cours du soir et du dimanche sont à la disposition de ceux qui désirent compléter encore leur formation. L'école est ainsi un centre autour duquel se groupent un service de placement des élèves, une bibliothèque, des services d'hygiène physique, et même parfois un office destiné à guider les élèves dans le choix de leur profession.

Ab hoste doceri. Sans doute d'heureuses initiatives avaient été prises en Belgique. Secondée par de magnifiques générosités privées, l'Administration provinciale du Hainaut avait réalisé la splendide « Université du Travail » de Charleroi. Celle de la province de Liége allait suivre. Bruxelles, ayant achevé l'élaboration d'un projet remarquable, était sur le point d'en aborder la mise sur pied. Mais ces exécutions dispersées ne sauraient suffire. Il faut systématiser et généraliser l'enseignement technique ; lui imprimer vigoureusement une direction et un essor. Cette tâche incombe à l'État.

L'enseignement commercial. — L'enseignement commercial ne peut être établi sur les mêmes bases que l'enseignement technique. Trop théorique, il formerait dans ses cours supérieurs non point des praticiens du commerce, mais des fonctionnaires et des consuls ; dans ses cours inférieurs, des « perroquets » qui n'auraient pu saisir, à défaut de contact avec les réalités de la vie, et souvent aussi à défaut de préparation générale suffisante, ce qu'on a voulu leur apprendre — et qui limiteraient leur ambition à devenir des employés de bureau.

M. Victor Boret insiste avec raison sur la nécessité de former des commerçants pour le combat économique (1) : il ne suffit pas de lutter par le nombre ; sur les marchés étrangers comme sur le champ de bataille, si le gros effectif est nécessaire, il n'apporte pas à lui seul la victoire. Il faut remarquer d'autre part que le futur commerçant doit avoir reçu, de six à quatorze ans, l'enseignement primaire élargi dont nous avons marqué le caractère ; et qu'il ne s'agit pas, lorsqu'on lui donnera sa formation théorique, de le transformer en étudiant.

Souscrivons donc au système que M. Boret préconise. Au sortir de l'enseignement primaire, le futur commerçant ira directement à l'apprentissage : employé dans une maison de commerce, il saisira sur le vif le fonctionnement des réalités commerciales ; et des cours supplémentaires l'aideront à posséder toutes les connaissances d'un bon employé.

A-t-il l'étoffe pour devenir un négociant véritable : chef, agent, voyageur, représentant à l'exportation ? C'est le moment, vers la vingtième année, de lui donner sa formation théorique, dans une école commerciale supérieure, à laquelle auront également accès les intellectuels ayant reçu l'enseignement moyen et qui s'y sentiront appelés par leur vocation. Que dans ces écoles le « cours de commerce » ne soit pas une branche accessoire !

(1) Boret, *La Bataille économique de demain*, p. 26 et suiv.

On y apprendra les langues vivantes, la législation commerciale, la législation fiscale. On y traitera à fond des questions douanières, de la géographie économique et commerciale du globe. On y approfondira la théorie et la pratique de la banque et de la finance. Toutes les questions de transport y feront l'objet d'un examen attentif. Enfin, des cours spécialisés prépareront plus directement l'élève à la profession commerciale qu'il compte entreprendre. Ajoutons-y des bourses de voyage et de séjour à l'étranger : nous aurons formé des commerçants qui feront preuve d'initiative et d'activité personnelle ; qui oseront s'expatrier ; qui cesseront de recourir aux intermédiaires étrangers « à cause de l'ignorance des choses étrangères » dans laquelle aujourd'hui ils restent trop volontiers.

Ainsi nous apparaît, proposée à notre énergie réalisatrice, une œuvre considérable qu'il ne serait point si difficile d'accomplir.

III

LE CHOIX DES PROFESSIONS

Halle-sur-Saale. — A l'école professionnelle de Halle-sur-Saale se trouve annexé un service qui mérite de retenir notre attention. « J'ai vu, nous dit M. Victor Cambon, organisé par la municipalité et par la Chambre de Commerce, un bureau qui donne aux adolescents des renseignements précis sur les métiers les plus facilement accessibles, et un dispensaire gratuit où des médecins indiquent à chacun, après auscultation, la profession à laquelle sa constitution serait le mieux adaptée [1]. »

L'idée vaut d'être élargie. Sans doute, il ne peut s'agir d'exercer sur les vocations une contrainte. Mais est-il possible que l'État se désintéresse, dans la société productrice qu'il dirige, de ce point capital : l'utilisation, au mieux de leur rendement, de toutes les capacités? S'il importe que l'individu reste maître d'obéir à ses préférences, ne faut-il pas aussi qu'il soit éclairé sur ses aptitudes et sur la valeur du débouché vers lequel il se dirige?

Fixation des choix. — Il faut donc, pour guider les choix, instituer et, comme il s'est fait à Halle, annexer aux écoles techniques, des bureaux spéciaux où des personnalités compétentes, assistées de médecins, puissent engager le jeune homme, après examen physique et en tenant compte des données fournies par les cours qu'il suit avec un fruit plus ou moins grand, à adopter la profession qui convient le mieux à ses dispositions.

Son choix fait, il faut qu'aussitôt les moyens lui soient donnés pour qu'il soit aussi fructueux que possible : envoi en apprentissage, bourses de voyages, dons de livres et de matériel.

Mais ces bureaux eux-mêmes ont besoin d'être

---

(1) Victor Cambon, *Notre Avenir*, p. 119.

éclairés. Pour cela, il existera un « Office central des professions », contrôlé par l'État, qui les tiendra au courant sans cesse de tous les besoins en personnel des professions industrielles et commerciales. Cet office les renseignera de la sorte sur les débouchés les plus favorables, — aussi bien du point de vue de l'intérêt personnel que du point de vue de l'intérêt social, — vers lesquels il est désirable d'orienter les intéressés.

Puis, à l'œuvre! — Lorsque nous aurons ainsi formé, pour la meilleure carrière, le meilleur personnel, il restera pour celui-ci à se mettre à l'œuvre. L' « affaire » l'attend : comment va-t-il la diriger ou y collaborer? Quels seront ses principes, ses méthodes, ses tendances? C'est ce qu'il nous reste à examiner.

CHAPITRE II

LA DIRECTION DES AFFAIRES

Supposons une direction instruite, énergique, expérimentée, capable d'initiative, prompte et sûre dans la décision, assurée de collaborations utiles, apte à obtenir le meilleur rendement des moyens dont elle dispose.

Étudions-la. Examinons l'organisme directeur lui-même. Puis voyons-le agir : dans la gestion intérieure d'abord, dans la politique extérieure de l'affaire ensuite.

I

L'ORGANISME DIRECTEUR

La modestie nécessaire. — Le chef d'entreprise moderne se pénétrera avant tout d'une indispensable modestie. Nous le supposons, bien entendu, ayant des conceptions vastes et des ambitions puissantes ; ne se contentant point de vivre au jour le jour ; ayant repoussé d'avance la conception mesquine et rétrograde du grand bénéfice sur la petite affaire; envisageant le développement progressif de sa firme jusqu'à ce qu'elle ait pris l'ampleur qu'il lui destine.

Qu'il soit alors convaincu de l'impossibilité pour « le cerveau unique qui dirige d'embrasser la pleine connaissance de tous les éléments de l'exploitation » (1). Qu'il admette, pour les chefs aussi, la division du travail. Qu'il distingue la branche technique proprement dite de la branche commerciale; mais que le chef de la première soit à même cependant de comprendre les directives de la politique extérieure de l'usine et d'y prêter un concours éclairé, tandis que celui de la seconde sera parfaitement au courant de la fabrication qu'il est chargé d'orienter vers les débouchés accessibles. C'est ce dernier qui, plus que le technicien, sera l'homme d'affaires.

La direction technique elle-même doit être subdivisée en spécialités, de façon qu'il y ait pour chacune d'elles quelqu'un qui « prépare le progrès de demain ». M. Cambon nous montre dans l'usine allemande les chefs de service se tenant au courant de toutes les nouveautés; la bibliothèque où sont réunis les ouvrages et les périodiques de tous pays relatifs aux travaux qu'ils poursuivent; le ou les bibliothécaires tenus de dépouiller toute cette littérature et d'aviser par écrit chaque service des livres ou des articles suscep-

---

(1) Victor Cambon, *Notre Avenir*, p. 19.

tibles de l'intéresser. Ainsi sera établi le contact étroit entre la science et l'action. Ainsi, avec Hauser, nous admirerons le spectacle du professeur d'université mêlé à la direction industrielle, y trouvant l'emploi rémunérateur de son savoir, y acquérant d'ailleurs un esprit et une expérience pratiques dont il imprégnera son enseignement pour le plus grand profit de ses élèves.

Concluons : il est impossible aujourd'hui d'être universel. Tout en possédant la connaissance générale d'une question, l'homme intelligent doit s'y assigner un domaine particulier qu'il possédera de manière approfondie, et recourir pour le surplus au concours éclairé et, disons-le, intéressé au succès, de compétences spécialisées.

La mentalité du chef. — Comme nous le disions dans notre rapport destiné aux parlementaires belges réunis sur la terre d'exil, il faut que le chef d'entreprise, pour réussir, « ait tous les scrupules et pas de préjugés ».

Tous les scrupules. Celui de faire de son entreprise l'objet d'une étude constante, d'une attention toujours en éveil, s'étendant aux plus humbles rouages, avec le souci d'en assurer le meilleur fonctionnement et la parfaite coordination. Celui d'être en toute chose exact, ordonné, méthodique ; de classer aussi bien ses idées que ses documents ; de donner à toute l'administration qu'il dirige l'exemple d'une ponctualité qu'il obtiendra d'elle, de la sorte, sans contrainte. Celui d'encourager les initiatives; de s'interdire toute faveur personnelle, toute injustice; de récompenser le mérite : il donnera ainsi à son personnel le sentiment de son droit respecté, et il en obtiendra un concours d'autant plus zélé que chacun saura le souci constant d'en tenir compte. Car le temps n'est plus aux improvisateurs, aux impulsifs, aux fantaisistes. Point de succès sans discipline. Pour discipliner les autres, il faut d'abord se discipliner soi-même.

Point de préjugés. Pas le préjugé de l'immobilisme : la volonté ferme au contraire de se tenir constamment à jour du progrès, quand bien même il y faudrait quelque audace. Pas le préjugé des affaires faciles : la bonne affaire est souvent difficile à conclure et à mener à bien. Pas le préjugé géographique : la bonne affaire peut souvent se trouver fort loin.

Mais l'absence de préjugés s'impose surtout lorsqu'il s'agit des rapports entre le chef, le patron et les ouvriers qu'il emploie.

Pourquoi le syndicat serait-il l'ennemi? Pourquoi traiter ses promoteurs et ses dirigeants comme des fauteurs de désordre, des meneurs, des révoltés? Le syndicat n'est-il donc pas l'usage légitime de la liberté d'association? Si la direction refuse de le comprendre ou l'oublie, le groupement ouvrier ne s'en créera pas moins; mais il prend la forme d'un « syndicat de guerre ». Il guettera l'heure opportune, le moment où le succès de l'entreprise dépendra d'un redoublement d'efforts, pour chercher à imposer sa loi ; c'est à ce moment critique qu'il agira, qu'il provoquera la suspension du travail. Tel n'eût pas été le rôle d'un syndicat respecté dans ses actes légitimes, d'une trade-union selon la forme anglaise ; c'est à ce même instant que, collaborateur compréhensif et consciencieux, il eût au besoin consenti des concessions de nature à assurer la victoire.

Cette attitude vis-à-vis du groupe ouvrier doit être manifestée par l'établissement, au sein de l'usine, d'une atmosphère de confiance et de sympathie réciproques. Le chef doit parler à l'homme ; il doit chercher le contact de sa pensée et de ses sentiments ; il doit être un psychologue averti, capable d'avoir vis-à-vis de chacun l'attitude qui convient. Il doit s'intéresser au bien-être, aux besoins moraux, à la famille de l'ouvrier, à sa vie privée. Il sera un protecteur toujours, parfois un guide, quelquefois un ami, sans cesser d'être le chef, parce qu'il aura su éviter que l' « homme » ne soit un numéro, une entité inconnue et sans importance. Sans doute, le nombre peut empêcher que le chef ne s'acquitte par lui-même d'une telle tâche : il doit alors imprégner ses subordonnés, à tous les degrés de la hiérarchie, du même sentiment de leur devoir. L'armée industrielle n'est point différente de l'autre, et la déroute a atteint celle où le soldat détestait l'officier, où l'officier méprisait le soldat.

On répond : c'est une utopie. Mais nous invoquerons pour nous en défendre quatre années de vie militaire en campagne, dont deux passées dans un commandement d'unité combattante. Il doit être bien entendu cependant qu'une telle ligne de conduite ne saurait réussir que si elle s'inspire d'un altruisme sincère, qui malheureusement n'est pas dans toutes les âmes. Aussi qu'elle comprend le prestige, l'autorité, la sévérité même dans la répression des fautes volontaires. La discipline repose sur le respect, l'attachement, la confiance. On conquiert le premier, lorsqu'on a su mériter le second et que, par une pratique rigoureuse de la justice, on a obtenu la troisième.

L'honnête homme. — Résumons. Le chef d'entreprise doit être l' « honnête homme » au sens que les classiques donnaient à ce terme. Ils y comprenaient, avec la probité, l'instruction et le travail.

II

LA GESTION INTÉRIEURE

Le prix de revient. — Nous nous placerons surtout, dans cette étude, au point de vue plus spécial de l'industrie. La leçon qui en est la conséquence s'appliquera — *mutatis mutandis* — aux autres manifestations de la vie économique.

La gestion tout entière doit être imprégnée de l'idée que M. Ernest Solvay appelle l'idée productiviste : réaliser le meilleur produit dans les meilleures conditions, au plus bas prix de revient. Mais il faut tout d'abord connaître celui-ci ; et ce n'est pas chose facile, bien que la sévérité de la concurrence et la complexité de la fabrication l'exigent impérieusement. Il faut ajouter, avec M. Biard d'Aunet, que cette exigence sera d'autant plus absolue, dans l'après-guerre, que l'on ne pourra se référer utilement aux estimations antérieures, la perturbation ayant augmenté le prix des matières premières et bouleversé le taux des changes.

Mais le *cost finding* « est devenu l'application d'une science basée sur le choix des types (standardisation) et leur application méthodique » (¹). L'industriel se méfiera donc de lui-même. Il recourra à des techniciens qui en aient fait l'objet de leurs études et de leur pratique. Tel est, aux États-Unis, l'usage courant.

Les matières premières. — C'est tout d'abord du côté des matières premières que doivent être poussées les recherches tendant à l'abaissement du prix de revient.

Où les trouver au meilleur prix, dans les meilleures conditions de qualité, de transport, de livraison, de paiement ? Cela nécessite l'étude comparative des marchés où elles existent ; la connaissance de leurs conditions, l'examen de la possi-

(1) Biard d'Aunet, *La Politique et les Affaires*, p. 38.

bilité d'ententes collectives pour réduire le coût de la marchandise ou du transport. Que d'améliorations à obtenir, si le chef d'entreprise n'est pas routinier, s'il ne décide pas *a priori* qu'ayant toujours eu tel fournisseur, le mieux est qu'il continue !

Mais une autre interrogation apparaît. Cette matière première est-elle bien utilisée dans toute la mesure où elle est productive ? N'est-il pas possible de lui demander un rendement industriel nouveau, d'éviter une déperdition ? Sans sortir de l'objet général de l'entreprise, ne pourrait-on en retirer d'autres produits dont la fabrication serait moins coûteuse, dont la vente serait plus rémunératrice ? Le produit lui-même ne peut-il être amélioré ? Enfin, n'existe-t-il pas une matière première moins coûteuse, ou plus abondante, ou dont le rendement soit supérieur, et qui permette d'obtenir des produits équivalents ?

Peu d'industriels peuvent se vanter d'avoir tâché de répondre à un tel interrogatoire. Pour ne parler que des sous-produits, l'industrie belge a perdu des fortunes à négliger de traiter les résidus de sa fabrication, tandis que les Allemands réalisaient des merveilles rien qu'en traitant les sous-produits de la houille. Ce sont eux qui montrent au plus haut degré ce que peut donner, à ce point de vue, l'étude technique attentive et spécialisée. Comme le rappelle M. Hauser, leur industrie chimique s'est appliquée, par exemple, à l'exploitation et au perfectionnement méthodique de la découverte — faite en France et en Angleterre — de la fuchsine et du violet d'aniline. Ils entreprirent d'exploiter le privilège que leur conférait leur production énorme de goudron de houille — 300 millions de tonnes en 1914 — pour effectuer l'extraction des matières colorantes. La Badische Anilin fit l'alizarine synthétique. En 1880, elle acheta les brevets de Bayer pour l'indigo artificiel et mit dix-sept années de recherches minutieuses à poursuivre la mise au point industrielle de cette découverte. Dès 1895, la production de l'alizarine montait à 13 millions de tonnes; celle des autres couleurs de goudron à 68 millions. « En vingt-cinq ans l'industrie chimique allemande avait devancé toutes les autres (1). » En même temps, le prix de revient descendait dans des proportions fantastiques : le kilogramme d'alizarine, vendu 17 francs en 1870, se vendait, en 1890, moins de 2 francs.

L'outillage. — Partout le génie humain est à l'œuvre. Machines nouvelles qui remplacent le travail de l'homme par un travail plus régulier, plus rapide, moins coûteux. Machines anciennes auxquelles, par une transformation imprévue, on pourra demander de faire mieux ou davantage. Évolution en perpétuel mouvement, dont l'industriel ne peut pas se désintéresser. Le Germain

(1) Hauser, *Les Méthodes allemandes d'expansion économique*, p. 35.

laborieux et tenace s'en est rendu compte. Son industrie relativement récente s'est trouvée, par le fait même et dès le début, en avance sur ses concurrentes au point de vue de l'outillage. Par la suite, elle n'a pas hésité à se tenir à jour, à renouveler les machines surannées, sans reculer devant des sacrifices momentanés et très lourds d'apparence. C'est ainsi, par un enchaînement irrésistible — l'outil nouveau devant être amorti par une production intense; la production identique exigeant l'adoption de types définis; le nombre des machines devant être restreint au minimum; les pièces fabriquées devant rester interchangeables — qu'elle a été amenée à se spécialiser d'une part dans une standardisation sans cesse plus étroite, à jeter d'autre part sur le marché mondial des quantités énormes de produits dont il a fallu à tout prix imposer l'absorption. Mais cette méthode provoque cependant « un abaissement considérable du prix de revient et, en supprimant pour chaque concurrent isolé les études préparatoires, permet de livrer beaucoup plus vite » (1).

Nos industriels — pas plus que les industriels français — n'ont pas toujours compris ces avantages : et les industriels américains, pénétrés au contraire de ceux-ci, n'ont pas manqué de le leur dire lors de leur visite. Ils ont affirmé le principe

---

(1) Hauser, *Les Méthodes allemandes d'expansion économique*, p. 41.

que « la prodigalité peut être économique, et qu'il peut être avantageux d'abattre de vieilles usines et de les remplacer par des neuves; d'abandonner des usines mal situées et d'en bâtir d'autres dans des endroits favorables, et de jeter aux ordures un outillage périmé ». Ils ont insisté sur ce fait que dans l'après-guerre, « plus que jamais on aura besoin de machines économisant la main-d'œuvre et d'instruments perfectionnés ». L'un de leurs ingénieurs disait avec franchise : « Vous aimez trop vos machines; vous prolongez trop leur vie; une machine âgée est une fuite constante d'énergie. La matière doit être digérée régulièrement, sans à-coup, par une usine comme par une ville (1). »

Puisse la leçon nous être utile !

La taylorisation. — C'est ici que doit trouver place un exposé sommaire du taylorisme, qui n'est autre chose que la théorie productiviste, mais appliquée, comme l'a dit M. Herriot, à la recherche et à la suppression des temps morts. La taylorisation consiste dans l'étude et l'application à une usine déterminée d'une réforme générale intéressant toutes les branches de l'exploitation, de la direction à la main-d'œuvre, en passant par les machines, les magasins, les ateliers d'exécution, les ateliers de dessin, la distribution du travail, le classement et la répartition des commandes, la comptabilité, le service extérieur des représentants

(1) *Le Commerce franco-américain*, p. 54, 67, 276.

et des agents — l'ensemble taylorisé devant former un tout indivisible.

L'importance de ce caractère indivisible est grande. Rien de plus dangereux que le pseudo-taylorisme, que M. Hourst appelle un « terrible organe de pressuration » (1), et qui se restreint à la main-d'œuvre. Il consiste le plus souvent à chronométrer le temps mis par un ouvrier exceptionnel à faire, dans des conditions exceptionnelles, un travail déterminé ; puis à prétendre exiger de tous les ouvriers, travaillant dans des conditions ordinaires, le même travail dans le même temps. Parodie de l'idée de Taylor, qui conduit à des résultats désastreux et provoque à l'insurrection ouvrière contre, selon le mot d'Émile Pouget, l'« organisation du surmenage ».

Il faut d'abord que la disposition des bâtiments et des ateliers permette de supprimer les manœuvres inutiles. C'est la « taylorisation des bâtiments », sans laquelle il y a mouvement superflu, déperdition de temps et d'énergie, diminution du profit. Écoutons encore ce délégué américain répondant, en anglais heureusement, à un manufacturier français, fier de montrer sa vieille bâtisse, âgée de cent cinquante ans et demeurée sans changements : « Qu'attendez-vous pour la mettre par terre (2) ? »

(1) Hourst, *Le Problème de la main-d'œuvre*, p. 23.
(2) *Le Commerce franco-américain*, p. 264.

Puis vient l'organisation du travail. Elle consiste à ne faire faire à l'ouvrier que le travail qui répond strictement à ses capacités et à le placer dans les meilleures conditions possibles d'exécution de ce travail. Le chef d'entreprise commencera donc par décomposer, dans un travail déterminé, les divers éléments. Prenant ensuite chacun de ces éléments, il en séparera ceux qui peuvent être confiés à un ouvrier inférieur ou à une machine : ce qui explique aussi l'indignation d'un autre délégué américain, entrant dans un atelier où se fabriquaient des boîtes à conserve. « Cette femme-ci et cette femme-là peuvent être remplacées par quelques petits bouts de fonte et d'acier qui marcheraient pendant quarante ans », dit-il, faisant remarquer durement, dans la pénurie de la main-d'œuvre, que ces femmes « pourraient être employées chez elles à faire œuvre de femmes ou continuer à être employées industriellement, mais dans une fonction nécessaire » (1).

Les éléments de cette catégorie une fois éliminés, on déterminera les meilleures conditions matérielles du travail et le moyen de les réaliser, de supprimer toutes recherches, tout effort inutile, toute perte de temps et de fatigue : dans ce but, l'exécution sera répétée, en faisant varier les conditions et en chronométrant les temps, parfois même en cinématographiant, jusqu'à ce que soit trouvé

(1) *Le Commerce franco-américain*, p. 275.

« le temps le meilleur, non seulement relatif, mais total pour un temps déterminé ». A cet effet, les aides nécessaires seront donnés à l'exécutant; les outils, exactement appropriés à la besogne pour laquelle ils doivent servir, seront apportés sur place, au moment voulu; le travail sera continu, fait sans interruption d'attention, sans flânerie, mais avec les repos que rendent nécessaires la fatigue physique et la tension intellectuelle du travailleur.

Une fois le travail type ainsi déterminé, l'observation stricte en sera prescrite. Les ouvriers aptes seront sélectionnés : ils acquerront par la spécialisation rigoureuse du travail l'habitude et la facilité. Les autres seront affectés à des besognes supérieures ou inférieures selon leurs caractéristiques, de façon qu'aucun ouvrier ne soit employé en tout ou en partie à un travail supérieur ou inférieur à ses capacités techniques, qu'il n'y ait ni surproduction ni moins-value. Pour encourager la régularité, le salaire comprendra un système de primes — simple et de calcul facile — établi de manière telle que la prime s'annule si le déficit dépasse un pourcentage fixe et étroitement calculé.

D'autre part, le travail mécanique remplacera dans toute la mesure utile le travail humain. A la machine même sera demandé de façon permanente le rendement maximum compatible avec sa conservation normale, son entretien, la perfection de son travail. Point de machines inoccupées. Le nombre de machines travaillant en concours sera calculé de façon que leurs vitesses relatives leur permettent de travailler toujours toutes à pleine action. Ainsi le groupe que constituent la machine et l'ouvrier sera « taylorisé » lui-même, par la mise en relation du travail taylorisé de l'ouvrier avec les conditions de rendement maximum de la machine.

Mais pour que l'ouvrier et la machine reçoivent de façon continue la matière à travailler, il faut que la préparation du travail soit parfaite, grâce à une étude *a priori* « en vue de fournir à chaque atelier, organisme, machine, ouvrier, par consignes écrites, les ordres détaillés d'exécution de chaque travail élémentaire, et en chiffrant, grâce à la connaissance exacte du rendement, les conditions de quantité, d'époque et de temps » (1). Il en résulte que le rapport du nombre d'employés au nombre de travailleurs se modifie au profit des premiers : Taylor l'évalue en moyenne de 1 à 7. Si cette augmentation entraîne une charge, elle assure d'autre part un gain de temps énorme. La préparation est faite dans les bureaux par des spécialistes, après étude. Elle n'est plus improvisée par des contremaîtres dans le « brouhaha de l'atelier ». Et l'exécution se fait sans à-coups, sans engorgements, sans interruptions provenant de prévisions erronées concernant les manutentions, les transports, le matériel ou le personnel. L'augmentation du nombre d'employés provient ainsi de ce que le taylorisme

(1) Hourst, *Le Problème de la main-d'œuvre*.

« fait exécuter exclusivement par des employés une besogne d'employés ».

Les bureaux de répartition de travail — bureaux de réception, de classement des commandes, de distribution, de dessin — sont eux aussi taylorisés. Ils assurent l'étude des travaux à faire, la préparation de l'exécution, sa répartition régulière de façon qu'un nouveau travail remplace aussitôt pour chaque ouvrier un travail terminé, que la machine devenue libre soit immédiatement réutilisée. Mais la condition de la régularité d'exécution sera l'afflux régulier des commandes ; et par conséquent l'organisation de la vente, la recherche des ordres, le contrôle de la clientèle, les services de publicité doivent avoir une activité constante, obéir à une discipline rigoureuse et minutieuse : à leur tour, les organes qui en ont la charge sont taylorisés.

Pourquoi tout cet ensemble est-il indivisible ? C'est parce que le but poursuivi est de porter au maximum le rendement productif de l'entreprise, et que seul ce dernier permet de donner à l'ouvrier l'avantage pécuniaire évident qu'il faut pour qu'il « accepte de bonne grâce » la taylorisation, ayant aperçu son intérêt. Or l'augmentation de rendement est énorme. L'ouvrier dût-il même profiter de la totalité du bénéfice résultant de celle-ci, la direction retirerait encore avantage de la réduction proportionnelle des frais généraux, de la perfection des produits, de la régularité industrielle et commerciale du fonctionnement de l'entreprise. Taylor estime qu'en tout cas les salaires doivent être, dans l'usine taylorisée, augmentés de 30 à 75 %. Majoration qui n'a rien d'impossible, le rendement du travail pouvant être plus que doublé, puisque le Bethleem Steel taylorisé produisait avec 2.700 ouvriers ce qui, auparavant, exigeait le concours de 8.000 travailleurs. Dans la période qui suivra la guerre, période de vie chère pour une classe ouvrière qui, nous l'avons vu, a pris l'habitude des hauts salaires, cette considération sera d'une extrême importance.

Que deviendront cependant les ouvriers éliminés? Considérons d'abord que l'usine, produisant mieux, vendant moins cher, étendra sa production et augmentera ses ateliers; d'autant plus que l'abaissement du prix a pour conséquence l'accroissement de la demande. Si le coût des souliers s'abaisse, ceux qui en portent en achèteront plus souvent; ceux qui n'en portent pas commenceront d'en porter. N'oublions pas ensuite, comme le demande Taylor, que beaucoup d'ouvriers auront été « éliminés par en haut » et qu'ils auront trouvé un emploi plus rémunérateur; que d'autres, « éliminés par en bas », ayant maintenant un travail à leur mesure, vivent mieux et plus aisément. Et disons enfin que le seul remède à cette situation — identique d'ailleurs pour tous les progrès industriels qui tendent à modifier les conditions d'emploi de la main-d'œuvre — se trouve dans une politique énergique d'expansion au dehors, dès que la capacité d'absorption du marché intérieur se trouve remplie. De même répondra-t-on à l'argument tiré du caractère machinal d'un travail toujours identique, que l'ouvrier initiatif s'éliminera un jour « par en haut », et que l'ouvrier médiocre arrivera tout de suite à une habileté, à une exactitude de rendement, qu'il n'eût peut-être jamais atteinte. Tous deux profiteront de leurs beaux salaires, de l'accroissement de la richesse et du bon marché général de la vie.

Le procédé Taylor — que nous venons d'exposer d'après l'excellente étude que M. Hourst lui consacre — nous vient d'Amérique. M. Victor Cambon, parti sceptique pour les États-Unis, en est revenu convaincu de son efficience : il y voit « le seul moyen pour la moyenne industrie de lutter contre la grande ». Nous constaterons, en outre, que — comme tous les éléments qui conduisent à l'abaissement du prix de revient — il mène d'une part à l'établissement de types, à la spécialisation, d'autre part à la production par masses, à la concentration.

Spécialisation et standardisation. — La concentration agit sur la réduction au minimum possible de pourcentage des frais généraux. La spécialisation favorise, comme l'observe fort bien M. Biard d'Aunet, le perfectionnement continu de la technique. Elle permet de simplifier la machine et par conséquent de pousser à l'extrême la division du travail. Elle dispense d'un personnel nombreux. Surtout, elle facilite la réalisation de progrès nouveaux, par la poursuite de recherches et d'expériences localisées et systématisées. Son action sur le prix de revient est décisive : le Comité belge d'enquête économique de Paris, s'occupant de l'abaissement de celui-ci, n'hésite pas à écrire : « C'est là qu'est le salut. » Pour ne citer qu'un exemple, le Trust américain du feuillard et des lamelles, en passant à une même usine des commandes considérables d'un même type, réalise une économie d'un dollar à un dollar et demi par tonne (1).

Est-il possible, en Belgique, d'espérer le développement de la spécialisation? C'est une question qui dépend exclusivement de la possibilité où nous serons d'aborder largement les marchés étrangers, d'avoir une politique d'exportation de grande envergure : car notre marché intérieur est très étroit, et il ne permettrait pas la production par masses qui est à la fois la condition et la conséquence de la spécialisation. M. Hauser a puissamment analysé ce phénomène. Il montre que le rythme de la production est réglé « non plus par la demande, mais par l'outillage » (2). Le technicien a pour mission d'établir des types, et ensuite de réaliser l'outillage

(1) De Rousiers, *Les Syndicats industriels de producteurs*, p. 64.
(2) Hauser, *Les Méthodes allemandes d'expansion économique*, p. 40 et suiv.

qui permettra de répéter ces types à un nombre indéfini d'exemplaires. La fabrication en série permet à son tour d'amortir l'outillage; seule, elle peut se faire à bas prix; elle conduit ainsi à la production par masses. De là rupture d'équilibre entre la production et la consommation; de là le besoin d'expansion à tout prix; ainsi, l'engrenage. M. Hauser nous montre l'Allemagne obligée « de produire toujours plus pour vendre davantage; de vendre toujours plus pour subvenir aux nécessités d'une production toujours plus intense ». Et de la sorte, il nous fait toucher du doigt une des causes, la plus directe peut-être, de la guerre européenne.

Ajoutons cependant que la Belgique doit considérer la spécialisation industrielle comme d'autant plus nécessaire, que son industrie rencontrera, sur le marché mondial, des industries rivales qui toutes seront spécialisées. Des types unifiés, dits *standards,* étudiés, puis adoptés par les grandes associations industrielles, servent de base à une production intensive, à bon marché, assurent en outre l'interchangeabilité des pièces. Loin de s'arrêter, l'Allemagne poursuit vigoureusement dans cette voie; notamment dans la construction des machines. La *Frankfurter Zeitung*, en mars dernier, nous apprenait la constitution, avec le concours du ministère des Affaires économiques, d'un comité d'études ayant cet objet : à ce comité siègent les délégués de toutes les Associations de constructeurs (1). Nous connaissons déjà par une communication faite ces temps derniers à l'Association des constructeurs allemands le résultat de ses travaux. Ils sont conduits en coopération étroite avec les autorités, les acheteurs et les milieux scientifiques. Ils tendent à la détermination et à la multiplication des standards dont la liste sera périodiquement revisée. L'action des comités de standards va être étendue à l'industrie du papier, à l'industrie textile, à l'ameublement, à l'industrie chimique. « On espère que la standardisation soulagera beaucoup les fabriques d'outils et de machines-outils; qu'elle facilitera et accélérera les constructions tout en diminuant les prix; qu'elle réduira les stocks à garder en magasin et, d'une façon générale, qu'elle abaissera le coût de la production industrielle. La standardisation si impérieusement exigée par les conditions de la guerre sera pour l'Allemagne un facteur de grande importance dans la lutte économique de l'après-guerre (2). »

En France, par décret du 10 juin 1918, une commission technique permanente a été instituée, ayant pour mission d' « étudier toutes les mesures susceptibles d'assurer l'unification des types dans la construction mécanique et métallique ». Cette commission a tenu sa première réunion le 14 septembre dernier, sous la présidence de M. Clé-

(1) Doc. écon. n° 147.
(2) Doc. écon. n° 323.

mentel. Elle a constitué de nombreuses sous-commissions qui intéressent notamment la métallurgie et la construction métallique, le matériel de chemins de fer et de tramways, le matériel de mines; les constructions électriques; l'industrie textile, le matériel pour l'industrie chimique, les moteurs, les constructions navales, l'automobile et l'aviation (1).

En Angleterre, des études sont activement poursuivies par l'Engineerings Standard Committee; et la Commission Balfour se prononce formellement pour la spécialisation systématisée des industries.

Ainsi, les gouvernements n'ont plus le droit de se désintéresser de la spécialisation, qui, comme l'affirme M. Clémentel dans son exposé des motifs, est aujourd'hui « une nécessité inéluctable ».

III

LA POLITIQUE EXTÉRIEURE

L'esprit de progrès. — Ce que nous venons de dire montre l'intérêt qui s'attache à l'extension du marché hors frontière. Dans une certaine mesure, celle-ci ne dépend pas de la volonté du chef d'entreprise : elle obéit à des nécessités de fait; elle est soumise aux répercussions de la politique

(1) Doc. écon. n° 533.

douanière de la nation qui exporte et des nations clientes. Il n'en est pas moins vrai qu'elle sera aussi conditionnée par l'existence chez les particuliers, d'un esprit commercial largement ouvert à toutes les initiatives et à tous les progrès.

Le personnel. — Il faut tout d'abord un personnel commercial capable, bien payé, qui fournisse au chef d'entreprise non seulement des employés, mais des collaborateurs. M. Hourst veut que ceux-ci soient aptes à discuter les idées de leur patron au lieu de les adopter aveuglément, et qu'ils soient rémunérés en fonction de leur rendement intelligent et productif, et non de leur sueur.

Que ce soit à l'intérieur du pays ou au dehors, il faut que le représentant de commerce se sente dirigé, soutenu, encouragé, récompensé. Pour pouvoir discuter avec la clientèle, il faut qu'il ait fait un stage dans l'usine qui fabrique le produit qu'il place. Sans avoir la servilité insinuante du voyageur allemand, il doit posséder son acquit, son information, sa liberté d'action qui permet de conclure immédiatement, fût-ce au prix d'un léger sacrifice, des affaires souvent importantes.

Les procédés commerciaux. — Abandonnons les procédés commerciaux surannés. Éliminons cette conception singulière, qui faisait apparaître l'acheteur comme une sorte de solliciteur qui, tenté par la valeur du produit, ayant pris soin par lui-même d'en connaître l'existence et d'en apprécier les mérites, doit être trop heureux qu'on veuille bien le lui donner en échange de son argent.

Les Allemands ont assis leur concurrence sur l'erreur psychologique que nous commettions. Ils ont au contraire mis tout en œuvre pour conquérir, entraîner, séduire, satisfaire la clientèle. Imitons-les. Telle modification souhaitée du produit est-elle réalisable? Hâtons-nous de la faire, si nous pouvons répondre ainsi aux goûts de nos clients. Désire-t-on tel emballage, telle présentation, telles conditions de livraison et de paiement? Soyons empressés d'y acquiescer, dès lors que c'est possible. Organisons la réclame : semons pour récolter. C'est la condition du succès.

M. Hauser établit par un exemple frappant l'influence que les modalités des conditions de vente peuvent avoir sur l'acheteur. Il oppose le Français qui vend *fob* à l'Allemand qui vend *caf*. Dans le premier cas, c'est à l'acheteur de peiner sur les tarifs douaniers, de se renseigner sur les manutentions, pour arriver au bout d'innombrables calculs à ne pas savoir au juste combien sa marchandise lui coûtera quand elle arrivera. Dans le second, l'acheteur est tranquille ; il n'a rien d'autre à faire que recevoir la marchandise et payer le prix à l'échéance stipulée. Même si le prix est supérieur, sait-on de quel côté se portera son choix? Et ce choix est-il douteux, si l'affaire se présente de part et d'autre à conditions égales?

L'exportation. — Cet exemple est tiré de l'exportation. C'est là que le modernisme commercial est indispensable.

Sans doute, la tâche est énorme. Il faut envisager le problème à résoudre comme un problème de sciences exactes dont les éléments — signalés par Hauser — sont le climat, la production indigène, le régime politique, social, monétaire et douanier, l'organisation des transports, la psychologie des habitants, leurs besoins, leurs goûts, leurs habitudes, leurs rapports avec leurs fournisseurs actuels, les moyens de supplanter ces fournisseurs.

Sans doute, de façon générale, la solution d'un tel problème excède-t-elle les forces d'un chef d'entreprise isolé. Aussi, en exposant la raison d'être et la mission des groupements économiques, en définissant la tâche qui dans ce domaine incombe à l'État, il apparaîtra lumineusement combien leur action est indispensable. Encore faut-il connaître les données; consacrer à la préparation les études nécessaires; être prêt à risquer de l'argent autant qu'il faudra. Nos hommes d'affaires doivent être familiarisés avec toutes ces idées, car c'est à cette condition qu'ils sauront consentir, à l'heure voulue, les sacrifices apparents et momentanés qui détermineront la réussite de leurs efforts.

Nous traiterons bientôt du crédit à long terme : ce sera l'occasion de nous en souvenir.

CHAPITRE III

LE CRÉDIT

Après avoir déterminé dans ses grandes lignes la mission du crédit, nous l'étudierons successivement sous ses divers aspects : crédit commercial ordinaire, crédit à long terme, crédit industriel.

Il ne nous restera dès lors qu'à développer quelques considérations générales sur les bases de son organisation.

I

LA MISSION DES BANQUES

L'exportation des capitaux. — Les banques, avant la guerre, ont-elles toujours eu de leur mission une conscience suffisante? Il est permis d'en douter. C'est pourquoi il est utile de fixer leur attention sur cette affirmation : les banques sont les agents nécessaires de l'exportation des capitaux; elles manquent à leur devoir lorsqu'elles s'y prêtent sans avoir pourvu d'abord à tous les besoins de l'économie nationale et à tout ce qu'exige son développement au dehors. Les banques doivent être patriotes. L'argent doit avoir une patrie.

Les affaires hors territoire. — Gardons-nous de dire que toute exportation du capital national soit nécessairement nuisible. L'exemple allemand protesterait aussitôt contre cette affirmation.

L'Allemagne avait compris l'intérêt qui s'attache à l'établissement à l'étranger de sièges industriels. Il peut se faire en effet que le régime douanier des pays importateurs établisse à l'entrée des droits qui deviendraient prohibitifs ou encore que les conditions de la production soient plus favorables en s'installant auprès de la clientèle que dans la métropole. Mais dans la création de pareilles affaires, elle prenait soin de n'engager que le minimum de capital indispensable. Aussi bien lorsqu'il s'agissait d'une fondation nouvelle que lorsqu'il était recouru à la reprise totale ou partielle d'une firme indigène, les capitaux étrangers se trouvaient appelés à s'associer au capital allemand. Ce dernier tend même bientôt à se dégager, à se libérer, à redevenir ainsi disponible pour, selon le mot de Hauser, être transporté, comme une armée, « sur un autre front ». Ce qui importe à l'intérêt germanique, c'est que la mainmise nationale sur la direction de l'usine et de ses filiales éventuelles soit définitive. De la sorte l'Allemagne exportera et placera un personnel, depuis les chefs supérieurs jusqu'aux employés, aux contremaîtres, aux ouvriers d'élite, personnel pourvu aussitôt de moyens d'existence aux frais de l'étranger. Ses matières premières et ses produits seront utilisés pour la fabrication : elle restera, quoi qu'il advienne, le fournisseur régulier. Ses banques assureront le service financier, et la direction, complice, en augmentant leur bénéfice, réduira le dividende à distribuer au capital associé. Par la création de filiales, en appliquant la « méthode de la chaîne », en recourant au besoin, par l'abaissement artificiel des prix de vente, à ce qu'on a nommé le dumping intérieur, elle tentera l'accaparement du marché indigène. Celui-ci ne s'en apercevra même pas, puisque les firmes ont un masque national, une étiquette qui porte « société française » ou « société italienne », et que, pour constater la réalité, il faudrait pénétrer les secrets de leur conduite industrielle, commerciale et financière.

Ce tableau montre le péril mortel auquel s'exposent, en présence de l'activité entreprenante d'un rival sans scrupule, les nations sans méfiance : l'Italie en avait fait, avec la Banca Commerciale et ses créations, la dure expérience. Mais il montre aussi, à l'action légitime et normale de l'expansion économique, une zone praticable, dans laquelle les banques pourront servir d'agents de pénétration : ceci, bien entendu, à la condition qu'il n'y ait pas entreprise systématique et dissimulée de conquête et d'asservissement économique.

Le danger de l'exportation des capitaux est

ailleurs. Nous avons dit déjà que, partout dans le monde, des mesures ont été prises pour la réglementer sinon l'interdire. Les affaires de l'étranger sollicitent l'afflux des capitaux nationaux : et leur demande répond en apparence à l'intérêt du banquier. Elles paient bien l'intermédiaire. Leurs titres se placent aisément, car, comme le fait remarquer un auteur, la clientèle est séduite par l'éloignement, grâce auquel il est possible de faire miroiter à ses yeux des perspectives de bénéfice éblouissantes. La solidité de l'affaire, son passé, son prestige, y contribuent. C'est ainsi qu'il est souvent, pour le banquier, plus difficile, plus pénible et moins rémunérateur de contraindre le public à chercher en son pays des prophètes...

Les émissions étrangères. — Mais le mal est plus grave encore lorsque le banquier se prête complaisamment au placement d'emprunts d'État ou de fonds publics étrangers. Si le mal — comme il advient en France — se généralise, il conduit alors à un véritable drainage de l'épargne au profit de la concurrence étrangère; c'est-à-dire à la mise en état d'infériorité certaine de la nation assez imprudente pour ne pas s'en défendre en temps utile.

Du 1er janvier 1909 au 30 juin 1914, les placements en France de valeurs étrangères ont atteint 20 milliards — soit 68 % du total des émissions — alors qu'en 1902 déjà la créance française sur l'étranger dépassait 30 milliards [1]. La cruelle expérience russe montre aujourd'hui à quels risques effrayants la nation est exposée, lorsque les peuples débiteurs s'offrent la fantaisie de complications intérieures : le Gouvernement français en sera réduit à faire lui-même le service des coupons des emprunts russes, dont le Gouvernement bolchevick refuse insolemment de reprendre la charge ; lors de l'émission de son dernier emprunt il en a posé le principe.

Un mouvement d'opinion violent demande qu'il soit mis un terme à de tels faits. M. Lucien Brocard disait déjà en 1912 à ses compatriotes qu'en agissant de la sorte « ils se comportent comme un industriel qui, ayant des capitaux disponibles, les mettrait à la disposition de ses concurrents et laisserait, faute de ressources, végéter sa propre entreprise ». Aujourd'hui, M. Herriot y insiste avec énergie, dans son livre heureusement intitulé *Agir*. M. Buffet proclame le devoir des banques de « disposer de leurs ressources, de leur influence, de leur crédit exclusivement, ou plutôt avant tout, en faveur des intérêts nationaux » et de « donner la preuve, attendue peut-être avec trop de scepticisme, que patriotisme et finances sont deux mots qui ne jurent pas d'être associés ». Enfin, M. Ribot, ministre des Finances, affirmait, le 7 mai 1915, à la

(1) Buffet, *Du Régionalisme au Nationalisme financier*, p. 50 et suiv. Berger-Levrault, éditeurs.

tribune de la Chambre, qu'« un grand pays se tromperait singulièrement, s'il croyait que l'abondance des capitaux qu'il peut exporter est une mesure de sa richesse ».

En songeant à la Belgique, aux graves difficultés de sa reconstitution économique, nous ne pouvons nous empêcher de penser que les banques comprendront leur devoir. Le Gouvernement devrait d'ailleurs leur en imposer le respect, si elles venaient, par impossible, à le méconnaître.

Le rôle du crédit. — Tout l'exposé que nous allons faire doit avant toute chose être compris dans cette pensée, qu'il importe de mettre en lumière : le crédit comporte le risque ; il faut tout faire pour réduire ce risque au minimum, mais il faut l'accepter.

Sans doute, le crédit sur garanties certaines, le crédit réel proprement dit, est utile. Mais il suppose que le demandeur de crédit possède déjà le capital qui lui est nécessaire, dont il s'agit seulement de faciliter la mobilisation ; il ne saurait donc jouer qu'un rôle limité, au profit seulement de ceux auxquels à la rigueur il ne serait pas indispensable.

Crédit vient du latin *credere*, croire, faire confiance. Ce qu'il faut, c'est le crédit de confiance ; c'est une banque faisant confiance au demandeur de capitaux : soit à raison de sa personne, de sa valeur, de ses aptitudes, de son passé, — soit à raison de l'état de ses affaires, de la nature de ses entreprises, de leurs perspectives d'avenir, — soit à raison de l'un et de l'autre. Le crédit de confiance ainsi entendu n'exclut pas l'octroi de garanties. Mais il les dépasse, les excède, accepte le risque après l'avoir étudié. Il commence lorsque le banquier admet à l'escompte les promesses du crédité ou les effets non acceptés, sur la foi qu'ils sont provisionnés par une créance réelle. Et il atteint son plus haut degré lorsqu'il conduit à mettre à la disposition du crédité des sommes énormes qu'il gardera à longue échéance; ou à lui faire confier des capitaux considérables, la banque engageant son intérêt pécuniaire et sa responsabilité morale dans la création ou le relèvement d'une entreprise dont le crédité sera le chef.

En période de reconstitution, c'est ce crédit-là, ce crédit de confiance, qu'il importe d'établir et de développer, si l'on veut permettre le rapide renouveau des affaires, si l'on veut aussi empêcher le désastre de la petite bourgeoisie industrielle et commerçante. Mais il ne faut pas se dissimuler à quels obstacles il se heurte. Connaître l'homme; connaître l'affaire; suivre l'un et l'autre; surveiller, assister, juger du moment où il faudra limiter les engagements de la banque ou au contraire les élargir : quelle œuvre! quelles capacités et quel travail elle exige! Quelle organisation technique et commerciale elle entraîne! Il importe de s'en rendre compte, en ce moment où nous demandons aux banques d'être prudentes, d'étudier et de réduire le risque avant de l'accepter, mais aussi de renoncer à s'en tenir aux sûres garanties, de ne plus restreindre dangereusement, avec l'étendue de leurs affaires, l'efficacité de leur assistance économique.

La vraie richesse. — Pour comprendre parfaitement leur mission, que nos gouvernants et nos financiers méditent cette parole de Lysis : « La richesse d'un pays ne s'inscrit pas en argent ou en valeurs ; elle s'exprime en chevaux-vapeur, en machines industrielles ou agricoles, en usines, c'est-à-dire en capacité de production (1). »

II

LE CRÉDIT COMMERCIAL ORDINAIRE

L'escompte à court terme. — Le premier des besoins auxquels doivent répondre les banques, c'est, dans le domaine commercial, celui de la mobilisation immédiate des créances à terme, par l'escompte des effets qui les représentent.

La banque ne saurait faire face aux exigences de ce crédit par le seul recours à son capital. Elle sera donc en même temps banque de dépôts et pourra disposer de la sorte du montant de ceux-ci. Seule-

(1) Lysis, *Pour renaître*, p. 25.

ment, ses dépôts seront à vue, ou à quinzaine, ou en tout cas à échéance rapprochée ; elle doit par conséquent rester en tout temps en mesure de faire face aux remboursements qui lui seront demandés. S'il est vrai que l'intérêt qu'elle paie à ses déposants suppose qu'elle aura le droit d'engager dans ses affaires les fonds qui lui sont confiés, elle ne pourra cependant le faire qu'à concurrence d'un certain taux et en tout cas dans des opérations dont le terme soit extrêmement rapproché. Car il faut tenir compte de ce qu'à certaines heures, en temps de crise par exemple, les remboursements des dépôts peuvent être demandés simultanément en grand nombre.

En dehors de son capital et de ses dépôts, la banque disposera en outre de la faculté de réescompter les effets aux grandes institutions nationales qui assument la fonction régulatrice du crédit : telles la Banque de France, la Banque d'Angleterre, la Reichsbank ; en Belgique, la Banque Nationale. Mais ces institutions, en raison du caractère même qui s'y attache et du rôle plus vaste qui leur incombe, ne peuvent accepter au réescompte que les valeurs créées à court terme, la limite maxima étant généralement fixée à 90 jours.

Ainsi, à tous égards, la banque — étant donné que son capital propre sera de peu d'importance en comparaison de son chiffre d'affaires — sera amenée à ne pratiquer que le crédit commercial ordinaire, à trois mois de date au maximum.

L'extension du crédit commercial. — Il semble bien que le nombre d'institutions de ce genre et leur importance répondent — en Belgique comme ailleurs — à l'importance des besoins auxquels il faut faire face.

Mais ici se pose la question du crédit personnel. Les grandes entreprises obtiennent aisément le crédit : ce sont là clientes recherchées. De même, celles qui peuvent donner des garanties réelles importantes et sûres. Mais il faut songer à une extension correspondant, dès l'après-guerre, aux nécessités de la moyenne et de la petite industrie; du moyen et du petit commerce.

M. Boret reproche à cet égard aux banques de ne pas connaître et suivre leurs clients, de les considérer comme des numéros à qui des règlements trop administratifs accordent automatiquement telle ou telle marge de crédit, sans qu'il soit possible aux représentants, fussent-ils directeurs d'agence, d'y ajouter suivant les besoins, suivant les cas, suivant les individus, aucune distinction n'étant faite entre le crédit réel et le crédit personnel (1). A ce grief, il est possible, a-t-on montré, de parer par la régionalisation de l'action des banques, dont M. Buffet s'est fait l'apôtre. Elle permet de connaître le client, de connaître et de suivre l'affaire; elle autorise ainsi l' « audace prudente »; elle facilite aux banques une action tutélaire par la mise à la disposition de

(1) Boret, *La Bataille économique de demain*, p. 115.

leur clientèle, de leurs facultés d'investigation, de contrôle, de surveillance, d'expertise en matière industrielle et commerciale (1). Et ce n'est point le seul cas où nous reconnaîtrons les avantages de la proximité du banquier et des affaires dont il a la surveillance.

Cependant, le crédit de confiance comporte un risque, qui sera plus considérable évidemment s'il s'accorde à une clientèle peu fortunée et nombreuse, à la clientèle de petite bourgeoisie. La solution sera dans la mutualité soit des banques, soit des clients, soit des unes et des autres. Que les banques régionalisées s'assurent mutuellement contre les accidents commerciaux; que les solliciteurs de crédit se groupent en associations de caution mutuelle; qu'eux-mêmes au besoin deviennent leurs propres banquiers, en se procurant tous ensemble les capitaux nécessaires. M. Boret suggère la fondation, dans chaque région, de sociétés ou de banques de crédit mutuel, qui seront réunies entre elles par une banque centrale. Incontestablement, les formes juridiques que de telles associations peuvent revêtir sollicitent l'attention du législateur. Car le secours à donner à la petite bourgeoisie sera avant tout affaire de crédit : et nous estimerons avec M. Chapsal que si de façon générale le problème du crédit à court terme est résolu, il serait difficile de soutenir qu'il en est de

(1) Biard d'Aunet, *La Politique et les Affaires*, p. 50.

même en ce qui concerne les petits commerçants et les petits industriels (1).

Régionalisation et mutualité : telles sont donc les deux idées directrices, dans ce domaine, de la politique bancaire.

III

LE CRÉDIT COMMERCIAL A LONG TERME

L'exemple allemand. — Pas d'exportation sans crédit à long terme : l'Allemagne l'a compris, et sa politique bancaire a profondément influencé son prodigieux développement. Sans doute, dans les pays ayant une santé financière solide et des traditions, les habitudes commerciales sont en faveur du crédit à court terme. M. Hauser observe avec raison qu'il importe de ne pas y porter atteinte par une contagion inopportune (2). Mais il n'en est pas de même dans les pays où nous devons chercher notre expansion et pour lesquels « nos termes de 90 jours et même de six mois sont trop courts ».

M. Bellet nous montre le commerce allemand accordant en Tunisie des crédits de 5, 6, 8, 10 mois contre traite acceptée, et renouvelant éventuellement ces délais sans intérêt de retard (3). M. Hauser

(1) Boret, *La Bataille économique de demain*, p. 138 et suiv.
(2) Hauser, *Les Méthodes allemandes d'expansion industrielle*, p. 212.
(3) Bellet, *Le Commerce allemand*, p. 222.

nous le montre en Serbie, vendant à 9 et 12 mois parce que « le Serbe accepte volontiers de surpayer pourvu qu'on ne réclame pas le paiement immédiat » ; en Roumanie à 6, 9 et 12 mois ; en Équateur à 6 et 9 mois, sinon davantage ; au Brésil, où les pianos germains se paient de 20 à 30 francs par mois (1).

Certes, le commerçant allemand ne peut pas, plus que le nôtre « attendre de longs mois le paiement de ses factures, puisque lui-même doit faire face à ses engagements qui sont en principe à 90 jours ». Mais il escompte à une banque allemande à l'étranger et « muni d'une traite de cette nature, souscrite à n'importe quelle échéance, trouve toujours dans son pays une banque quelconque pour la lui escompter » (2).

Cependant les capitaux allemands eux-mêmes ne suffisaient pas pour financer le formidable commerce extérieur de la nation : c'est pourquoi l'astuce germanique faisait appel pour y pourvoir aux capitaux étrangers, parfois même à ceux du pays importateur. Des banques anglaises pratiquaient l'escompte à long terme : M. Biard d'Aunet voit les Allemands, par l'intermédiaire de succursales établies à Londres, se servir de ces banques pour se faire faire l'avance de l'escompte pendant la période de recouvrement des traites tirées sur le

(1) HAUSER, *Les Méthodes allemandes d'expansion industrielle*, p. 212.

(2) ID., *ibid.*

crédit des acheteurs extra-européens ([1]). Tel fut, dès l'origine, le but de la création par la Deutsche Bank de la « German Bank of London ». M. Herriot les dénonce, lorsqu'ils parviennent à faire financer leurs importations en Russie par la Banque d'État russe elle-même, pour l'escompte du papier de 6 à 9 mois ([2]). Le réescompte ainsi compris, lorsqu'il était fait par morcellement en traites échelonnées du crédit accordé aux acheteurs étrangers, transformait le crédit à long terme en crédit bancaire international à courte échéance. Il conduisait même « à encaisser les bénéfices sur la différence entre l'intérêt à la charge de l'acheteur et l'intérêt payé aux banques étrangères » ([3]).

Exemple imposant, qui ne manquera pas d'impressionner la Belgique, dont le commerce extérieur, évalué à 7 milliards environ, n'était transacté que pour une partie peu importante par les banques belges. Pour le surplus, il était principalement aux mains des banques allemandes : ce qui, en dehors du bénéfice direct sur les transactions, constituait pour elles une source inépuisable de renseignements, une occasion unique d'espionnage commercial, qui leur permettait de livrer notre clientèle à la concurrence des producteurs germaniques.

C'est à cette situation qu'il importe de mettre un terme.

---

(1) Biard d'Aunet, *La Politique et les Affaires.*
(2) Herriot, *Agir*, p. 330.
(3) Biard d'Aunet, *op. cit.*

L'action convergente. — L'octroi du crédit à long terme repose avant tout sur la connaissance parfaite par le banquier de la solvabilité du client étranger, des conditions de l'affaire, et de celles du marché sur lequel l'affaire est traitée.

Il suffit d'énoncer cette vérité pour qu'apparaisse l'intérêt qui s'attache à la présence du banquier, non pas auprès du vendeur — obligé qu'il est alors de se fier aux renseignements de ses correspondants — mais auprès de l'acheteur. C'est ce que met en lumière un auteur anonyme cité par M. Henri Urban, lorsqu'il oppose l'action convergente des banques allemandes installées à l'étranger à l'action rayonnante des banques françaises, installées en France et exerçant leur activité dans le même sens que l'acheteur (1). Le grand principe de la Deutsche Bank, pour son expansion à l'étranger, indépendamment de la participation à la direction d'importantes sociétés, était de créer à l'étranger peu de succursales proprement dites, mais d'y établir de nombreuses banques à personnalité en apparence indépendante, mais qui étaient en fait sous le contrôle direct des délégués de Berlin. Les autres grandes banques allemandes adoptèrent toutes ce système (2).

Il importe donc de prévoir l' « essaimage » de nos banques vers les marchés qui sollicitent

(1) URBAN, *L'Effort de demain*, p. 219.
(2) *Rapport de la Federal Trade Commission des États-Unis, 30 juin 1916*. Doc. écon. n° 527.

notre activité, bien moins par la fondation de succursales que par la création de filiales autonomes. La banque devient alors, dit Siemens, le pionnier de l'industrie nationale et le point de départ de relations ininterrompues (1). Elle se trouve placée à côté du consul : celui-ci est pour elle un protecteur, un guide, un informateur de premier ordre. Elle organise sur place la documentation à laquelle la clientèle étrangère fournira spontanément les premiers éléments à l'appui de ses demandes de crédit. Elle devient le centre autour duquel se groupent les divers éléments de ce qu'on a appelé le point d'appui économique, analogue, dit M. Anciaux, à ces stations de charbon dont l'Angleterre a jalonné la route des Indes. « En même temps qu'elles participent à des créations bancaires destinées à promouvoir des affaires industrielles, les banques participent directement à des créations industrielles à l'étranger (2). »

C'est donc avec raison que M. Urban — d'accord en ceci avec le Comité belge d'enquête économique de Londres — prévoit l'extension des banques belges en dehors de nos frontières, soit par la création de succursales, soit par la création d'établissements de crédit étrangers, mais avec des capitaux et une direction belges. Et déjà nous souscrirons à l'indication qu'il donne que pour

---

(1) Hauser, *Les Méthodes allemandes d'expansion industrielle*, p. 44.
(2) Id., *ibid.*, p. 95.

cette œuvre, entre les banques, des ententes seront utiles « soit pour la création à frais communs des succursales nécessaires, soit pour la délimitation des zones d'action de nos différents établissements de crédit » (1). La « Banca commerciale italiane » était filiale, en coopération, des cinq grandes banques allemandes. Nous nous arrêtons ainsi, une fois de plus, au seuil de la syndicalisation économique...

Idée syndicale qui se confirme encore, lorsqu'on songe que la liaison doit s'établir, au point d'arrivée, entre la banque, le commerce et l'industrie : puissance de la production ; nature et présentation du produit ; conditions de vente, de livraison, de paiement ; disposition des capitaux en vue de financer les affaires, — tout s'enchaîne. M. Buffet propose donc, comme la solution la meilleure, la constitution de comptoirs d'exportation, réunissant des éléments financiers et industriels puissamment organisés (2).

Les institutions de crédit à long terme. — Mais il y a à résoudre pour les banques de cette catégorie la grave question des capitaux. La banque de crédit à long terme ne peut compter, pour ses disponibilités, que sur son avoir propre. Elle ne

---

(1) Urban, *L'Effort de demain*, p. 222.
(2) Buffet, *Du Régionalisme au Nationalisme financier*, p. 84.

peut pas, pour les raisons que nous avons dites, disposer des dépôts ni faire appel au réescompte par l'Établissement national régulateur.

C'est sur ce dernier point que se porte d'abord l'attention. N'est-il pas possible d'autoriser ce réescompte? M. André Lebon l'a pensé : il propose d'instituer à l'organisme de réescompte, pour le couvrir de tout risque résultant de ses opérations à long terme, au moyen d'une majoration du taux de l'intérêt, un fonds d'assurance, renforcé en outre par la garantie que donnerait l'État. Une autre solution consisterait dans l'autorisation, pour l'organisme de réescompte, d'ouvrir aux banques un crédit de promesses à court terme, moyennant le paiement par celles-ci d'un intérêt et la remise en garantie des effets à long terme escomptés, dont les promesses représenteraient le montant : la formule du Gouvernement français se rapproche, nous le verrons, de cette idée.

Allant vers les solutions radicales, on a plus généralement prévu, pour résoudre le problème, la fondation d'institutions nouvelles, dotées de ressources financières formidables — soit que ces ressources soient obtenues par la simple association des banques, soit qu'elles proviennent sous une forme quelconque du Trésor public.

Cependant, il faut tenir compte d'un avertissement que donne en cette matière M. Boret. Il signale combien la solution qui consiste à proposer immédiatement un organe nouveau pour chaque besoin signalé est à la fois trop simpliste et trop compliquée. Il montre qu'elle manque aussi bien d'originalité vraie que de sens pratique, et qu'elle entraîne, avec l'immobilisation de personnel et de capitaux que réclament les affaires, l'augmentation de la concurrence et la méconnaissance du rendement des organismes actuels. Il faut cependant admettre qu'un problème tel que celui-ci dépasse la limite de ce qui doit être réservé aux initiatives individuelles : et qu'on n'en aperçoit pas de solution puissante, si ce n'est dans le groupement volontaire ou forcé des forces éparses et dans le concours direct de la puissance publique.

Le seul effort des banques associées serait-il suffisant ? M. Polac, dans son rapport au Comité républicain du Commerce et de l'Industrie, défend ce point de vue. Mais son avis ne saurait prévaloir contre celui de M. Buffet, qui — proposant la constitution d'un comptoir d'exportation fédératif, — se prononce avec force pour l'intervention de l'État, si « anti-interventionniste » que cet auteur se déclare. Pourquoi ? Parce que ce concours exercera une autorité de nature « à entraîner et coordonner les initiatives privées encore trop hésitantes et trop divisées sur la matière ». Le mode en est d'ailleurs moins dans la formation du capital — M. Berrogain la propose cependant par l'État à concurrence de 40 % — que dans l'octroi d'une subvention unique ou périodique, ou dans l'attribution d'avances récupérables sur les bénéfices (1).

Signalons à l'autre extrême, en France, la suggestion faite par la Société de Géographie commerciale de Paris (2). Son projet repose sur la création d'une banque dont le capital, fourni tout entier par l'État, approcherait d'un demi-milliard. Les disponibilités financières seraient constituées par l'ensemble des avances consenties par le Trésor aux usines qui travaillent pour la guerre, à mesure que ces avances seraient remboursées. L'organisme serait divisé en autant de compartiments qu'il y a de régions principales d'exportation. Il serait destiné à étendre sur le monde un réseau de correspondants, de succursales et de filiales.

Le projet Clémentel. — M. Clémentel, ministre du Commerce, vient de faire connaître sa solution. Elle s'inspire de l'ensemble de ces idées et plus spécialement, nous l'avons dit, de l'organisation du réescompte.

Elle prévoit la création du « Crédit national du commerce extérieur de France » constitué sous la forme d'une société anonyme par actions, au capital de 100 millions, souscrit entièrement en espèces par le commerce, l'industrie et la banque. L'établissement ne fera pas directement d'opérations de

(1) BUFFET, *Du Régionalisme au Nationalisme financier*, p. 165 et suiv.
(2) HERRIOT, *Agir*, p. 332 et suiv.

crédit à long terme : il se bornera à opérer la transformation de l'effet à long terme, qui lui sera remis par les banques, en traites à 90 jours qu'il acceptera et qui seront renouvelées à l'échéance jusqu'à libération de l'acheteur étranger; pour le couvrir, la créance à charge de celui-ci lui sera déléguée. La Banque de France, sans rien changer à ses dispositions statutaires, réescomptera les effets de remplacement, en tenant compte de la surface du tireur, de l'établissement accepteur et de la banque escompteuse; elle ne courra donc aucun risque nouveau. Ainsi, grâce au réescompte de la créance à long terme transformée, les disponibilités financières seront obtenues sans modification des statuts de la Banque de France, sans engager les finances de l'État, mais néanmoins grâce à son appui et à son patronage (1).

On en arrive ainsi à l'heure des réalisations. Leur conséquence sera de modifier profondément les conditions de la concurrence mondiale. La Belgique, à moins de se pénétrer de cette vérité en temps utile et d'y conformer sa politique économique ne pourra s'y présenter désormais que dans un état manifeste d'infériorité.

---

(1) Discours de M. Clémentel à la Chambre des Députés, 24 juillet 1918 (Doc. écon. n° 410).

IV

LE CRÉDIT INDUSTRIEL

Les formes du crédit industriel. — L'industrie a besoin — elle aura besoin plus que jamais pendant la période de restauration — de capitaux. Et ce besoin se manifeste sous des formes diverses auxquelles doit s'adapter le crédit industriel.

D'une part, il faut faire face aux nécessités des entreprises existantes, celles du moins qui sont suffisamment valides pour continuer à subsister sur elles-mêmes, lorsque leurs nécessités dépassent les besoins normaux à caractère commercial. Ceci concerne spécialement la tenue de l'outillage industriel à jour des derniers progrès — point dont M. Clémentel signalait hier encore l'importance pour l'abaissement du prix de revient. L'outillage ne « paie » qu'après un temps donné d'exploitation : il faut donc une avance. Elle prendra la forme d'une ouverture de crédit et reposera sur la confiance dans l'emprunteur et dans l'affaire qu'il dirige. C'est ici du crédit industriel à long terme qu'il s'agit.

D'autre part, une entreprise peut être sur le point de disparaître : ses chances de survie et de succès dépendent d'un concours financier important qui permette sa réorganisation profonde. Ou bien un homme d'affaires, ayant une idée, des relations, des options, des capacités, mais peu de capitaux, peut attendre l'auxiliaire indispensable. L'intérêt le plus évident s'attache à ce que l'entreprise existante soit empêchée de mourir, à ce qu'on fasse naître l'entreprise nouvelle.

Il s'agit alors d'investir un capital pour une très longue durée. L'intervention de la banque pourra se manifester sous deux formes susceptibles d'ailleurs de se combiner. Une société à forme commerciale étant constituée, la banque, faisant du crédit industriel proprement dit, y engagera ses capitaux propres. Ou bien, faisant de l'émission, engageant auprès de sa clientèle sa responsabilité morale, elle proposera à celle-ci, par souscription, de s'intéresser à la proposition dont elle se fait l'intermédiaire.

En aucun cas, en tout ceci, il ne sera possible à la banque de compter sur autre chose que sur ses propres ressources ou sur celles qu'elle pourrait amener ses clients à engager dans un but bien déterminé.

Les institutions de crédit industriel. — Il existe en Belgique des banques importantes qui s'occupent de procurer à notre industrie les disponibilités financières dont elle a besoin. Il n'y a point de doute, si l'exportation des capitaux est soumise à un contrôle sévère, qu'elles ne voient promptement grandir leur influence et s'accroître l'importance absolue et relative de leurs placements industriels.

Il est à remarquer cependant que le crédit industriel rencontre pour principal obstacle la difficulté qui s'attache à l'appréciation personnelle des hommes, à l'appréciation technique des affaires, au contrôle industriel, commercial, comptable, financier qu'il est nécessaire de maintenir sur leur activité, si la banque veut pouvoir opportunément leur conserver son concours.

On a proposé pour y parer — telle est notamment la pensée de M. Buffet (1) — de restreindre l'activité de la banque soit à une branche déterminée, soit à une aire géographique délimitée. Cette politique n'est pas sans écueil : car la banque sera dès lors à la merci d'une crise, que celle-ci soit locale ou particulière à une industrie, en l'absence de répartition de ses risques.

Il est juste de dire cependant qu'il faut ne pas trop embrasser pour bien étreindre ; ou plus exactement qu'il faut que les banques qui pratiquent le crédit industriel soient suffisamment puissantes pour pouvoir embrasser beaucoup, c'est-à-dire créer et soutenir l'énorme organisation qui est indispensable à leur fonctionnement. Nous en venons de la sorte à l'idée que pour promouvoir le crédit industriel, c'est encore à l'association, au groupement, à la coordination des efforts qu'il faut recourir. Ainsi, dès qu'on enveloppe du regard les ensembles, on aperçoit que l'économie mondiale est

(1) Buffet, *Du Régionalisme au Nationalisme financier*, p. 72.

orientée, en quelque domaine que l'on se place, vers la syndicalisation économique.

V

LE CRÉDIT ORGANISÉ

La spécialisation des banques. — Le reproche que Schäffle adressait aux banques allemandes, — banques à tout faire, « filles de la nécessité », — est-il fondé? C'est se demander quels sont, pour les banques, les avantages et les inconvénients de la spécialisation.

Je dirais volontiers de celle-ci qu'elle représente théoriquement l'idéal. Selon que les banques s'occupent de crédit commercial, de crédit à long terme, de crédit industriel proprement dit ou d'émission, tout diffère : rôle, disponibilités, clientèle, organisation. On imagine sans peine que la direction d'une entreprise bancaire, exigeant une telle étendue de connaissances, une telle dépense de travail et d'énergie, ne peut que gagner à restreindre le champ de ses préoccupations. De plus la « cloison étanche » empêche que le banquier ne compromette les départements divers de sa firme dans un même cataclysme, de manière telle que, ruiné par la chute d'une affaire, il soit par exemple hors d'état de rembourser ses déposants.

Mais il y a loin de la théorie à la pratique. En

Belgique, — pays de faible étendue, au marché intérieur restreint, aux ressources limitées — les banques ont-elles l'espace qu'il faudrait pour qu'elles puissent se spécialiser? C'est une question à laquelle il serait imprudent de répondre sans une étude approfondie, dont les intéressés eux-mêmes devront fournir les principaux éléments.

Il existe d'ailleurs une autre objection. Est-il désirable qu'une même firme ait, pour des aspects différents de ses affaires, plusieurs banquiers : l'un qui lui procurera son capital; l'autre chez qui elle fera l'escompte de ses effets à l'exportation; un troisième qui assurera le mouvement normal de ses relations avec la clientèle intérieure? L'objection est sérieuse. Nous voulons imposer au banquier le crédit de confiance; il demande en échange à tout connaître, à tout contrôler, à être le seul régulateur financier de l'entreprise. Peut-on le lui refuser? Et d'autre part, comment le chef d'entreprise pourra-t-il bénéficier, dans cette pluralité, du concours que la banque devrait lui prêter pour l'assister au point de vue comptable, ainsi que nous l'avons souhaité ailleurs?

On voit qu'il n'est pas possible de formuler une règle absolue, et qu'au surplus les solutions pourront varier, dans les divers pays, selon les conditions internes de leur économie.

Concentration et syndicalisation. — Sous quelles formes se réalisera la tendance centralisatrice et syndicalisatrice à laquelle le crédit, pour répondre à sa tâche formidable, sera certainement contraint d'obéir ?

On a constaté, en Angleterre surtout, l'orientation des banques vers la fusion ; et ce fait n'a pas été sans soulever de graves inquiétudes. Une commission spéciale fut constituée pour en étudier les conséquences (1).

Son rapport présenté au Parlement britannique met en parallèle, en ce qui concerne les banques commerciales, les avantages et les inconvénients de la concentration. Il signale que de la sorte se réalise — dans certaines limites il est vrai — l'exploitation des ressources en capital tirées des régions où la vie économique stagne au profit de celles où la vie économique s'épanouit. Il met en lumière que la constitution d'organismes financiers puissants répond aux besoins des très grandes entreprises, tout en se demandant cependant si à ces besoins ne sauraient faire face les banques isolées ou associées. Mais d'autre part, il redoute la diminution des garanties qu'entraînent les réductions globales de capital auxquelles donne lieu la fusion des entreprises. Et sa grande crainte est de conférer à un petit nombre de grands capitalistes la maîtrise incontestée du marché commercial : car de la sorte se réduit le nombre d'accepteurs de premier ordre pour les traites ; surtout, il se crée une oligarchie capable d'en arriver à la

(1) Doc. écon. nos 106 et 284.

constitution d'un trust financier. « La sécurité financière du pays et les intérêts des déposants ou des commerçants dépendent ainsi d'un petit nombre d'individus qui n'auront naturellement en vue que l'intérêt des actionnaires » — et qui tendent à déposséder la banque d'Angleterre de sa fonction régulatrice du marché. Ces considérations justifient la proposition de subordonner les fusions de banques, ouvertes ou dissimulées, à l'autorisation d'une commission gouvernementale, dont les décisions s'inspireraient de l'intérêt et du but réels des projets qui seraient soumis à son approbation.

A la fusion, nous préférerons toutes les formes d'association qui peuvent être réalisées à des degrés divers, et dont la banque allemande nous donne des exemples nombreux et probants.

M. Hauser cite à cet égard les *Interessengemeinschaften* constituées soit pour l'exploitation d'une branche industrielle, soit pour la direction de banques secondaires au dehors. Telles les cinq grandes banques allemandes : Deutsche Bank, Disconto, Dresdner, Darmstädter, Schaffhausen, dont l'association représente en capital, dépôts et réserves, un total de près de 3 milliards de marks (1). La Reichsbank exerce sur l'ensemble son action régulatrice.

Mais l'entente des banques ne doit pas toujours

---

(1) Hauser, *Les Méthodes allemandes d'expansion économique*, p. 58.

être écrite. Tacite, elle aura pour objet principal d'unifier leur programme et de solidariser leur action. « Unies comme par une sorte de quasi-contrat, formant comme un syndicat tacite, les grandes banques peuvent s'élever au-dessus de la pure politique des dividendes, tenir compte des intérêts généraux, nationaux, adopter un plan industriel, diriger le placement des capitaux, les affaires coloniales, d'exportation, de canaux, de navigation, de câbles. » Riesser, à ce propos, va — non sans quelque impudence — jusqu'à montrer la finance « contrôlant la presse et l'opinion » ; ce qui est la constatation d'un danger grave et malheureusement trop réel contre lequel il importe de se tenir en éveil et en garde.

M. Buffet, pour sa part, plaide vigoureusement la cause de l'association. Peu importe la forme qu'elle prendra : syndicat ou société anonyme, les banques y trouveront la force et la richesse. « Il ne peut être question dans l'avenir que de banques associées pour un effort et vers un but communs. A vouloir agir isolément — ou parallèlement — elles se condamneraient à l'impuissance, elles n'aboutiraient tout au plus qu'à des résultats incomplets, dans une certaine mesure incohérents, et par cela même inefficaces et stériles. Elles ne tarderaient pas à justifier et même à faire regretter ces projets d'institutions spéciales dont nous avons essayé de signaler les inconvénients et les dangers. La moindre des tâches inscrites au programme de restauration économique leur est défendue en marche dispersée ; sa réalisation intégrale leur sera rendue possible, facile même, par le groupement et la cohésion. »

Que leur demande-t-on ? d'associer leurs efforts entre elles, puis de s'allier elles-mêmes à l'industrie et au commerce. Seule cette collaboration intime et continue peut permettre une œuvre féconde, qui réponde au but qu'il s'agit d'atteindre.

Aussi, l'idée est en marche : le 8 mai 1917, 22 banques françaises, représentant un capital de 800 millions, mettaient leur association à l'étude (1).

La finance. — Quoi qu'il en soit, le fait de la constitution d'une finance nationale et internationale, s'il n'est pas sans justifier des inquiétudes, ne saurait être contesté. Il obéit à une loi ; il est l'aboutissement nécessaire d'une évolution que déterminent des nécessités économiques. M. Urban, voulant définir son rôle par une comparaison audacieuse, nous dit que, « si les traités de commerce nouveaux formeront le squelette de l'Europe économique future, les banques des différents pays seront les artères qui donneront la vie à ce squelette » (2). Rien de mieux, pourvu qu'elles s'acquittent honnêtement de leur fonction d'artères,

(1) Buffet, *Du Régionalisme au Nationalisme financier*, p. 86, 108, 123 et suiv.
(2) Urban, *L'Effort de demain*, p. 143.

qui est de faire circuler un sang clair et que ne vicie aucune souillure.

Les institutions fiduciaires. — Le crédit de confiance est l'œuvre capitale des banques, nous l'avons dit. Il sera grandement facilité par les institutions fiduciaires, dont existent déjà des types nombreux. En Allemagne, les Treuhandgesellschaften; en Angleterre, les Chartered Accountants; en Suisse et en Italie, des créations multiples; en France, divers groupements, dont M. Georges Mayer est le promoteur actif.

Le but ultime est, dit M. Mayer, de dégager de l'étude comptable et économique des entreprises le crédit qu'elles méritent, tant pour renseigner leurs propres dirigeants sur la marche générale de leurs affaires — contrôle impartial et indépendant qui leur est grandement utile — que pour permettre aux banques d'accorder à ces entreprises, en toute connaissance de cause, le concours que leur situation justifie. On aperçoit sans peine comment de telles institutions facilitent au banquier sa tâche et répondent aux principales difficultés que nous avons rencontrées au cours de cette étude.

M. Victor Boret en a déduit la conception, intéressante au plus haut degré, d'un organisme fiduciaire national. Celui-ci serait constitué par l'association de tous les grands groupements économiques : grandes associations de l'industrie et de l'agriculture; chambres de commerce et chambres syndicales. A ces groupements viendraient se joindre d'une part les banques et les groupements financiers, de l'autre les chambres de commerce et les groupements français à l'étranger. L'organisme aurait un caractère national : il se proposerait la défense du citoyen français et de l'industrie française. Il donnerait son appui aux particuliers et son concours aux banques ; il protégerait les capitalistes et dirigerait l'épargne. Agissant par ses comités techniques et ses comités régionaux, étendant ses services à la France et à l'étranger, disposant en tous lieux de tous les concours possibles, il passerait au crible toutes les demandes de crédit et les présenterait ensuite, lui-même, aux institutions bancaires. Bien plus, par une conception qui ne manque pas de hardiesse, il pourrait au besoin pousser son intervention jusqu'à couvrir le crédit de sa garantie (1).

Vivifié à tous les degrés par l'initiative et la compétence, cet organisme réaliserait la cohésion et la coordination des forces. Il contient en germe une idée qui semble, comme le dit M. Boret, pratique et facilement réalisable ; qui à coup sûr est originale. Il mérite incontestablement mieux qu'une simple mention et sera utilement l'objet d'études ultérieures.

Le rôle de l'État. — Nombreux sont les auteurs

---

(1) Boret, *La Bataille économique de demain*, p. 248 et suiv.

qui estiment que leurs ressources de tout ordre permettent aux banques, de façon générale, de répondre aux nécessités permanentes de notre économie. Elles ont besoin de méthode, d'appui, d'organisation. Elles ont — matériellement et moralement — à se réformer : mais cette réforme accomplie, elles seront à même de rendre à la nation les services attendus. L'État remplira vis-à-vis d'elles une mission éducatrice, qui s'accompagnera d'ailleurs d'une certaine contrainte, par la menace d'intervention étatiste, si les bons conseils n'étaient pas entendus.

Certains pays sont allés plus loin. L'État hongrois — pour ne citer qu'un exemple — a participé en 1916 à la fondation d'une société, dite Institut Central de banque, par l'apport d'un capital de 100 millions de couronnes et d'un fonds de réserve de 25 millions. L'État est le principal actionnaire; 1.350 institutions bancaires hongroises, sur 2.000 environ, sont affiliées à la société. La Centrale a un but d'utilité publique : elle donne son aide aux petites institutions bancaires, spécialement pour les besoins du crédit de reconstitution; elle assainit le marché financier par une réglementation professionnelle de la banque, comportant le contrôle des admissions et même le droit de liquidation des banques peu viables; elle donne son assistance et ses conseils aux banques de peu d'importance ou qui sont mal organisées; elle fait en outre elle-même des opérations de banque, exécute pour ses membres toutes transactions courantes, vient en aide à l'État pour ses emprunts et ses émissions de bons du Trésor, etc. [1]. On saisit l'importance d'un tel organisme, où l'État parle en maître et qui tient sous son hégémonie la profession tout entière.

Pour nous, Belges, nous n'irons pas de prime abord vers les idées de réglementation et de contrainte. Nous penserons qu'il faut étudier avec les banques toutes les modalités de la situation et rechercher les solutions qui réalisent à la fois le maximum de liberté et le moindre engagement du Trésor public. Nous espérerons que les banques, conscientes de ce qu'exigent d'elles les temps nouveaux, feront preuve à la fois de bonne volonté, d'intelligence de leurs intérêts et de patriotisme. Ce n'est que si cette espérance venait à être déçue que nous demanderions à l'État de résoudre lui-même des problèmes d'où dépend l'avenir de la nation et qui se posent impérieusement à l'heure de notre restauration économique.

La leçon. — Concluons, avec M. Biard d'Aunet, « à la nécessité d'organiser notre crédit en acceptant la leçon du dehors, c'est-à-dire en substituant à l'éparpillement des efforts une coopération où l'autorité des compétences individuelles, la puis-

(1) Doc. écon. n° 107.

sance de l'association et la sollicitude désintéressée de l'État se combinent intelligemment » (1).

Proclamant ainsi la loi de solidarité, nous en viendrons, par la suite logique des idées, à l'étudier d'un point de vue plus élevé dans son application à tous les éléments de l'économie nationale.

---

(1) Biard d'Aunet, *La Politique et les Affaires*, p. 54.

CHAPITRE IV

LA SYNDICALISATION

Nous nous trouvons ainsi au cœur même du problème que nous nous sommes posé. Il s'agit maintenant de rechercher ce que doit être la sociabilité des entreprises.

Faut-il, selon le mot vigoureux de M. Victor Cambon, qu'elles soient inspirées de l' « esprit de boutique » ? Jaloux de son autonomie, le chef d'entreprise doit-il s'enfermer dans un isolement qui ne sera superbe ni par les mobiles qui le déterminent ni par les résultats auxquels il doit conduire? Dans chaque branche de l'activité économique, le plus voisin est-il vraiment le concurrent le plus dangereux, l'ennemi qu'il faut vaincre ? Ou bien au contraire la grande loi de solidarité exige-t-elle, en ce domaine aussi, d'être obéie? Si, comme le dit M. André Lèbon (1), l'avenir est « aux grandes affaires », ce qui dépend de la concentration en quelque sorte automatique de l'activité en puissantes entreprises mieux armées, mieux outillées, mieux dirigées, — n'est-il pas aussi, n'est-il

---

(1) André Lebon, *Les Problèmes économiques nés de la guerre*, p. 143.

pas avant tout aux grands groupements? Ces groupements ne sont-ils pas seuls en mesure de permettre à la moyenne et à la petite entreprise de subsister et de se développer? Ne sont-ils pas pour elles la condition et la garantie de son avenir? Pour toutes les entreprises, des plus petites aux plus grandes, ne sont-ils pas l'élément principal de l'expansion dans l'économie mondiale « parce que, si l'on veut faire figure sur les marchés étrangers, il faut, à toute force, se présenter avec cohésion, avec méthode » — et non pas « en tirailleurs », comme l'ajoute M. Cambon? Vivons-nous vraiment « en des temps de coordination et d'union nécessaires »?

Mais alors quelle est la formule de réalisation la meilleure? Quel est ici l'intérêt des faits expérimentaux fournis par l'économie allemande et par l'économie de transition? Le syndicat doit-il être volontaire ou obligatoire? Dans quelle mesure doit-il restreindre la liberté des entreprises affiliées? Quel est légitimement son domaine? On saisit immédiatement l'intérêt qui s'attache à la détermination du sens dans lequel doivent à ce point de vue s'orienter les efforts. Question qui n'est pas de demain, qui est d'aujourd'hui; question qui ne saurait avoir une solution d'application internationale, mais que chaque peuple devra chercher à résoudre en tenant compte de son caractère, de ses aptitudes, de ses coutumes, de ses nécessités particulières.

Et quel est, en tout ceci, le rôle qui incombe à l'État? Ira-t-il jusqu'à devenir agissant lui-même? Apportera-t-il des entraves, mettra-t-il des lisières à la liberté économique? Envisagera-t-il l'ensemble national comme un groupement unique, ou tout au moins une fédération des groupements particuliers? Prétendra-t-il, de cette fédération, devenir le collaborateur, ou l'administrateur, ou le chef?

Telles sont les interrogations auxquelles nous ne pouvons songer à donner une réponse complète et définitive — trop heureux si de leur examen se dégagent déjà quelques directives susceptibles d'influencer l'opinion hésitante, qui s'arrête avec inquiétude devant leur nombre et leur complexité.

I

LE FÉDÉRALISME ÉCONOMIQUE

La loi de solidarité. — Un peuple fort ne saurait pourvoir à ses besoins croissants d'existence, augmenter son bien-être, acquérir la richesse, contribuer pour sa part au progrès de l'humanité — vastes ambitions sans lesquelles il s'anémie et décline, et qui frémissaient orgueilleusement dans l'âme belge d'avant-guerre — s'il méconnaît la loi de coopération et de solidarité. Car c'est du respect de cette loi que dépendent la valeur de ses initiatives, la puissance de ses réalisations, sa force d'expansion au delà des frontières que la géographie politique lui assigne, son entrée victorieuse dans l'économie mondiale.

Les méfaits de l'isolement. — Que pourrait en effet — sauf peut-être la rare exception d'entreprises déterminées ayant atteint un développement colossal — l'industrie qui aurait méconnu ce danger ?

Émiettée dans chaque branche en un grand nombre d'entreprises rivales dont le rêve est de se supplanter et de se détruire, elle a des prix de revient élevés : car ses usines ne sont pas spécialisées ; son outillage est suranné, comme ses procédés de fabrication et ses méthodes commerciales ; ses pourcentages de frais généraux l'écrasent ; ses ressources en capitaux sont exiguës. Elle est réfractaire au progrès, que souvent elle ignore, à des nouveautés dont l'expérience serait coûteuse et pourrait être incertaine. Par application du principe du moindre effort, elle porte avant tout son attention sur le marché intérieur, dont la capacité d'absorption est limitée, et qui devient ainsi le champ clos d'une petite guerre civile économique. Pour défendre sa vie, chacun cherche l'augmentation de sa marge de bénéfices dans la diminution des salaires ou de la qualité des produits. Mais alors se multiplient les conflits du travail, dans lesquels le patronat est en état d'infériorité manifeste. Alors se crée un état dangereux de trouble et d'insécurité. Au lieu de se développer et de grandir, on vivote. On résiste peu ou on résiste mal à la mainmise étrangère. L'industrie périclite, le capital s'en éloigne ; le peuple est pauvre et malheureux.

Dans tout ceci, que devient le commerce, ou plutôt le commerçant ? Ira-t-il reconnaître les marchés extérieurs? Il est isolé, lui aussi, sans appui et sans guide. Qu'a-t-il, au surplus, qu'il puisse leur vendre? Rien : ou plutôt ce qu'il y vendrait ne supporterait à aucun point de vue la comparaison avec la concurrence. Dès lors, sa seule ressource est de se retourner lui aussi vers l'intérieur. L'industrie nationale ne l'intéressera qu'en tant qu'il sera possible de s'interposer entre le producteur et le consommateur pour en retirer un bénéfice. Pour le surplus, il ne lui restera qu'à devenir importateur, qu'à se faire l'agent de pénétration de la production étrangère, à consommer ainsi la ruine de ceux qui devraient être ses fournisseurs.

Et voyons le crédit. Il est misérable. Les banques sont avant tout des banques de dépôt ou des banques d'émission de valeurs étrangères. généralement de valeurs dites de « tout repos » qui offriront aux capitaux inquiets un refuge sûr et commode. Le crédit aux affaires est limité, étroit, cher, exigeant au point de vue des garanties. Et l'on voit surgir les banques de proie, pieuvres redoutables qui s'accrochent aux entreprises qui sont à leur portée pour les vider et les tuer. Le crédit industriel est une eau troublée, où les aigrefins de la finance font une pêche fructueuse, que l'intervention du gendarme dérange à peine.

Nous avons mis les choses à l'extrême, poussé au noir le tableau, certes. Combien de nations cependant nous en fournissent certains traits, et la plupart ne peuvent-elles pas procéder utilement à l'examen de leur conscience? Voyons maintenant, par contraste, ce que donne l'observation de la loi de solidarité — pour dégager ainsi la leçon des choses.

Les bienfaits de la solidarité. — L'esprit de boutique est mort. Il ne s'agit plus de concurrence intérieure : tous les efforts sont tendus vers le dehors. L'industrie forme bloc. Elle entend porter au maximum de bon marché et de qualité le rendement de sa production. Les usines sont spécialisées. Acquisition de la matière première et de l'outillage, étude des perfectionnements et des découvertes, recherche des méthodes avantageuses et modernes, tout cela fait l'objet dans chaque branche d'un effort poursuivi en commun. C'est un fonds commun qui permet les expériences, les recherches de laboratoire. C'est en commun que s'établit la liaison avec le commerce. Le bureau technique et le bureau commercial de l'usine sont au contact direct d'un cerveau supérieur, où s'élabore la pensée directrice, où se réalise la coordination de la meilleure production avec le meilleur placement des produits. Sous son impulsion, la moyenne et la petite industrie s'orientent vers les sphères qui sont le mieux à leur convenance ; elles sortent de la routine, elles profitent d'un appui constant ; elles occupent et gardent dans l'ensemble en mouvement la place à laquelle elles doivent prétendre. L'étendue du marché mondial permettant des espoirs sans limites, la direction demande à la main-d'œuvre son rendement maximum en échange du plus haut salaire. Les rapports du capital et du travail, puissances mutuellement reconnues et en collaboration étroite, sont faciles et cordiaux. Toutes les capacités trouvent aisément leur emploi. Le bon marché de la vie, le taux élevé des salaires, la sollicitude de l'industriel pour ce qui tend à augmenter le *standard of life* de ses ouvriers, tout contribue à assurer l'ordre, la confiance, la régularité dans la production.

Le commerce aussi s'est organisé. Il a désormais la force de résoudre le grave problème de l'exportation. Il travaille, se documente, envahit, conquiert les débouchés ; ses avant-gardes sont partout à l'offensive. Non seulement il s'efforce de répondre au dehors aux besoins existants, mais il s'applique à en faire naître qu'il pourra satisfaire. Il fait connaître le progrès à ceux qui l'ignorent. Il se réserve ainsi des champs d'action d'autant plus avantageux qu'ils sont vierges. Il se souvient de ce commis voyageur allemand parti pour révéler aux pays neufs le stylographe, le phonographe ou la machine à écrire, et qui réussissait. Ce sont les groupements qui dirigent la propagande, conduisent les campagnes de publicité, choisissent, contrôlent, commandent, récompensent le personnel de pénétration : telle, aujourd'hui, la bijouterie française confiant ses intérêts à des représentants communs. Souvent même c'est le groupement qui recévra les commandes et qui les répartira, au mieux de leurs intérêts entre les firmes affiliées, en contact elles-mêmes avec des firmes industrielles, spécialisées dans chaque branche de la fabrication. Voyez en Autriche, ces trois grandes maisons d'exportation, soutenues par trois grandes banques, se fusionnant pour constituer, en faisant apport de toute leur organisation, l'*International Export und Import Action Gesellschaft* (1).

Le crédit, lui aussi, s'organise de même : n'y revenons pas. Et tous ces groupements, industriels, commerciaux, bancaires, essaiment. Partout les comptoirs se fondent, les points d'appui se constituent. Leur puissance grandit sans cesse. Plus de « cadeau fait stupidement aux nations rivales » par l'emploi d'intermédiaires étrangers. Plus de trahison commerciale, l'agent étranger dénonçant à ses nationaux la clientèle et l'objet de la fabrication. Et le prestige nationa lva grandissant : « Les négociants groupés dans une ville ou dans une contrée y entretiennent de façon stable, par la considération et l'influence qu'ils finissent par acquérir, non

(1) Doc. écon. n° 77.

seulement la richesse de leur pays, mais aussi sa force politique et même son idéal intellectuel ([1]). »

Dans le monde entier, l'action convergente produit ses effets merveilleux.

La Fédération Économique. — Ainsi, la loi de solidarité a imposé la coopération à toute l'économie nationale pour porter la productivité à son maximum et pour lui assurer les débouchés qui correspondent à sa puissance. Son observation s'est manifestée par l'association des énergies et des moyens d'action. Association dans chaque branche de la production et dans chaque élément de l'économie nationale. Association aussi de ces branches entre elles et de ces éléments entre eux. D'où dérive finalement la constitution fédérative de la nation économique.

La Fédération Économique — le mot est de M. Paul Boncour, mais son auteur en attachait plutôt la signification à l'œuvre de la syndicalisation ouvrière — s'érige ainsi spontanément dans l'État comme un quatrième pouvoir.

Elle a son programme. A l'intérieur, à tous les degrés et dans tous les domaines, application des principes d'organisation rationnelle de la production, qu'Ernest Solvay a formulés et réunis dans sa théorie du productivisme. Point de rivalités destructices. Pas d'efforts perdus. Chacun à sa place.

---

(1) Victor Boret, *La Bataille économique de demain*, p. 76.

Chacun dans son rôle. Chacun pour tous. A l'extérieur, tous pour chacun. L'industrie, le commerce, le crédit, collaborent au même titre que l'usine, le comptoir ou la banque. Et leur essaimage conduit à la constitution au dehors de stations économiques, autour desquelles vient se concentrer la force expansive de la patrie laborieuse.

Vision grandiose, dont le rêve émouvant fortifie le courage, suscite l'enthousiasme, féconde l'effort tenace des grands peuples.

II

LES FORMES DE SYNDICALISATION

Syndicalisation industrielle. — Dans l'examen rapide des faits, nous nous attacherons aux formes principales que la syndicalisation industrielle avait revêtues dans les principaux pays. Car nous avons parlé déjà des formes de la syndicalisation bancaire; et nous avons dit de la syndicalisation commerciale ce qui peut intéresser ici, insistant sur la création de comptoirs d'exportation.

Au surplus, c'est lorsqu'il s'agit d'organiser la production par l'association des producteurs que les réalisations sont le plus complexes et le plus délicates. Il y aura donc intérêt à en faire une étude plus approfondie.

Les cartels allemands. — L'association industrielle allemande avait, de longue date, pris la forme cartelliste (1).

Le but du cartel est d'empêcher l'avilissement des prix par la concurrence : le producteur y gagnera la certitude d'une rémunération régulière de son capital et de son travail ; le consommateur, s'il ne bénéficie pas des périodes de baisse, ne subira plus les crises d'affolement ; le prix sera stable : il représentera le prix de revient majoré d'une marge de bénéfices assurée et suffisante. S'agit-il de défendre l'industrie nationale contre la concurrence étrangère et de lui assurer dans un pays étranger la suprématie sur ses rivales : des sacrifices seront consentis — en commun ; des compensations seront cherchées — en commun ; les entreprises dispersées de l' « ennemi » économique seront écrasées par tout le poids du bloc allemand.

Il va de soi que ce but ne saurait être atteint qu'à la condition de réunir l'adhésion de la quasi-unanimité des producteurs, et d'englober dans le cartel toutes les entreprises nouvelles à mesure de leur constitution. D'autre part, il est évident qu'à la stabilité et à l'uniformité des prix doit correspondre une certaine stabilité du produit et une cer-

(1) Pour l'exposé du fait allemand, nous indiquons comme principales références : Hauser, *Les Méthodes allemandes d'expansion économique*, p. 108 et suiv. ; de Rousiers, *Les Syndicats industriels de producteurs*, p. 96 et suiv. ; Doc. écon. n°s 22, 59, 69, 111, 142, 189, 258, 259 et 270.

taine uniformité dans les conditions de production. D'où il suit que les branches de production « cartellisables » se rapporteront surtout aux matières premières, aux produits demi-ouvrés, aux produits finis simples qui sont eux-mêmes traités comme matières premières par d'autres industries, — à l'exclusion des produits de luxe, de fantaisie, et de ceux où la fabrication de chaque usine est nettement individualisée. Il se conçoit aussi que la cartellisation d'un produit suppose qu'il n'existe pas un produit équivalent, répondant au même usage et capable de lui faire une concurrence victorieuse. Enfin, la détermination collective des types implique que la formation des cartels soit intimement liée à la fabrication en série.

L'adhésion au cartel, bien que volontaire, est dictée par un intérêt si évident que les réfractaires sont rares; au surplus, l'Allemand a « l'esprit d'association joint à l'habitude de la soumission à une autorité ». La résistance viendra cependant des usines mixtes, c'est-à-dire des usines qui ont intégré dans une fabrication supérieure la fabrication inférieure qui lui est subordonnée. Tels les laminoirs mixtes, comportant une aciérie, qui représentaient 89 % de la production totale des aciers, tandis que les laminoirs simples ne représentaient que 11 %. Tel Krupp, pour prendre le cas le plus « monstrueux », qui possède des charbonnages, des hauts fourneaux, des aciéries, des laminoirs. De telles agglomérations d'industries vivent « en marge de la vie syndicale », où leur intérêt ne les appelle pas. Ce sont elles qui, aujourd'hui, résistent violemment à toute idée de syndicalisation obligatoire.

La forme juridique du cartel est variable : syndicat ou société par actions. En tout cas, l'industriel affilié perd soit le droit de vente directe, soit le droit de vente libre. Dans le premier cas, le cartel a un bureau de vente « qui vend au mieux des intérêts syndicaux et à des prix dont il est seul juge ». Dans le second, « il fixe souverainement les prix de vente et le contingent de chaque usine; il peut également délimiter l'aire géographique à l'intérieur de laquelle l'usine pourra vendre ». Dans l'observation du contrat, l'affilié est soumis à une surveillance étroite. Il est menacé par des sanctions sévères, allant jusqu'à la mise en circulation de traites acceptées en blanc lors de son admission. « Le Cartel, dit M. de Rousiers, mène ses associés à la baguette. »

Au bureau de vente viennent souvent s'ajouter des bureaux d'étude et des laboratoires de recherches; il est bien rare qu'on y trouve un bureau d'achat et de distribution des matières premières. Pourquoi? parce qu'en général la matière première elle-même est cartellisée. « Une industrie donnée est à la fois débitrice et créditrice selon la façon dont on envisage sa place dans la hiérarchie industrielle. A chacun des degrés de cette hiérarchie est installé un cartel qui est dans la position du consommateur vis-à-vis du cartel situé immédiatement au-dessous et qui a lui-même pour consommateur le cartel installé à l'étape immédiatement supérieure. »

Cette hiérarchie n'est pas sans danger. Si, pratiquant le dumping, un cartel inférieur maintient sur le marché intérieur un prix élevé afin de compenser l'abaissement de ses prix au dehors, « il grève de frais indus les industries des stades supérieurs et affaiblit d'autant leur capacité d'exportation ». C'est ce que M. Hauser appelle le dumping à rebours. Pour y parer, les cartels, se sentant solidaires les uns des autres, imaginèrent un système de primes qu'ils s'allouèrent entre eux, lorsqu'un produit devait être intégré dans un produit supérieur destiné à l'exportation, « pour compenser la différence entre le prix syndical intérieur du produit brut et son prix syndical extérieur ». Ainsi, parallèlement à la hiérarchie des cartels s'établit une hiérarchie de primes et de réductions proportionnelles au degré de fini du produit exporté — le règlement de celles-ci étant effectué par compensation dans un « bureau de décompte intersyndical ».

Cartels et trusts. — Le cartel ne se confond pas avec le trust. De ce dernier, les grands exemples nous viennent d'Amérique : telle la « United States Steel Corporation » qui représente à elle seule 90 % de la production totale d'acier des États-Unis. Il en existe aussi en Allemagne : à telle enseigne que, pendant la guerre, s'est constitué, le 1er mai

1916, le trust de l'industrie chimique, qui comprend, entre autres, la Badische Anilin et la firme Bayer, et dont le capital dépasse aujourd'hui 380 millions de marks.

En quoi le trust diffère-t-il du cartel? M. Hauser l'indique, en montrant le trust — application brutale de la lutte pour la vie — constitué par l'absorption de toute une série d'entreprises par l'entreprise la plus forte; tandis que M. de Rousiers représente le cartel comme une ligue d'alliés dans laquelle chacun conserve une certaine liberté d'action, mais où il s'interdit l'usage de certaines armes contre les autres. Domination d'une part. Fédération de l'autre. Cette distinction reposera plutôt sur l'esprit des institutions que sur leur forme légale — identique souvent dans les deux cas — ou même sur leur degré de concentration. Car la concentration commerciale ne s'opère-t-elle pas dès que le producteur perd la liberté de fixer les prix? Et la concentration industrielle, si elle n'est pas explicite dans le cartel, n'en est-elle pas cependant la conséquence, puisque une usine qui travaillerait dans des conditions différentes des autres usines syndiquées serait bientôt exclue du syndicat soit par sa ruine, soit par l'appât du bénéfice? Cette remarque de M. de Rousiers appelle opportunément l'attention sur la nécessité de ne pas s'arrêter aux étiquettes si l'on veut juger de la valeur réelle des groupements économiques.

Des trusts comme la « United Steel » réunissent

sous une même direction des charbonnages, des usines, des chemins de fer, des lignes de navigation, un service commercial d'exportation : ils deviennent des puissances menaçantes pour les libertés publiques. M. de Rousiers ne cite-t-il pas ce trust du pétrole, parvenu à s'assurer le monopole de fait de l'établissement des canalisations destinées à l'adduction à bas prix du pétrole vers les ports d'expédition? La législation américaine considéra de telles associations comme un danger grave; et la loi fédérale de 1890, condamna « tout contrat, combinaison en forme de trust ou autrement, tout complot restreignant la liberté du commerce entre les États fédérés ou avec les nations étrangères ».

Mais cette loi ne devait frapper que l'abus. Les avantages du trust : économie de fabrication, de distribution, de chômage; intégration dans un même bloc d'industries complémentaires; concentration commerciale, — ne purent échapper à l'attention des dirigeants. Ainsi, dans son application, la loi fut interprétée. Elle n'est appliquée qu'au trust réellement coupable d'une atteinte à la liberté : telle, la Standard Oil dissoute en 1909. M. de Rousiers cite l'exemple caractéristique de l'American Tobacco Company, poursuivie en 1911, dont la dissolution fut prononcée, mais à qui un délai de quelques mois fut accordé pour se recréer en une organisation nouvelle qui soit loyalement en harmonie avec la loi.

Les syndicats Rathenau. — M. Rathenau s'est fait en Allemagne, pendant la guerre, l'apôtre d'une forme de syndicalisation obligatoire qui constituerait une transformation économique radicale et conférerait, à la production syndiquée, de véritables droits souverains. L'idée qu'il a exposée dans un livre intitulé *Von kommenden Dingen* et dans sa brochure *Die neue Wirtschaft* vaut d'être résumée ici (1).

L'auteur admet que la discipline de guerre devra se continuer pendant une période de transition dont la durée est impossible à calculer. Dans cette situation, l'industrie allemande ne pourra être sauvée que si l'on sacrifie impitoyablement à l'intérêt général la liberté industrielle et le droit de l'individu — et si un pouvoir supérieur s'arroge la direction générale de l'économie. Ce pouvoir ira jusqu'à imposer des déplacements sociaux, des déplacements géographiques, des arrêts de travail et des fermetures d'usines comme aussi bien des extensions ; la standardisation avec diminution du nombre des types ; la limitation des bénéfices dont l'excédent sera partagé avec l'État, la classe ouvrière, les consommateurs (par perfectionnement du produit et abaissement du prix de vente), enfin les producteurs industriels eux-mêmes.

Mais ce n'est pas l'État lui-même qui exercera ce pouvoir. Ce sont, investis par lui d'une autorité

(1) D'après M. Hauser.

d'ordre public, les « syndicats Rathenau », fort différents des syndicats traditionnels, organes d'intérêt général, communautés de protection. Ils auront, eux aussi, la forme de sociétés par actions. Toutes les entreprises particulières de la même branche seront contraintes d'y adhérer; mais l'entrée sera refusée aux usines « inaptes » qui seront mises en sommeil moyennant indemnité ou rachetées par les syndicats. Et l'ensemble de ceux-ci constituera une union, seule centralisatrice de tous les besoins d'achat et de vente, tant en ce qui concerne les matières premières que les produits manufacturés ou non manufacturés.

C'est, comme l'observe un industriel belge, « une mainmise complète sur l'industrie ».

Les « Wirtschaftstellen ». — L'État allemand, à l'heure actuelle, se défend d'y prétendre, nous l'avons dit déjà. Pour s'adapter à l'économie de guerre, il a suffi à l'Allemagne d'accentuer une discipline qu'elle s'était, en fait, librement imposée et pour laquelle elle s'était organisée. Cette accentuation s'est manifestée principalement par l'établissement d'un ordre de priorité privilégiant l'industrie de guerre et soumettant les autres besoins à une hiérarchie rationnelle.

En vue de l'économie de transition, la création de *Wirtschaftstellen*, de comptoirs, est dès à présent annoncée. M. Weber nous en dit qu'ils auront pour principale fonction d' « assurer, suivant un contingent, la répartition des matières premières et la liquidation des stocks ». Ils seront autonomes. Dirigés par des représentants de l'autorité, ils seront constitués dans chaque branche par les intéressés appartenant au commerce, à l'industrie et aux métiers. Ils veilleront à la répartition équitable; empêcheront que ne soient favorisées les grandes industries; pourvoiront celles qui ont dû suspendre leur activité de ce dont elles ont besoin pour la reprendre. L'achat des matières premières restera réservé à la libre initiative de commerce : les comptoirs ne seront que des organismes de répartition.

Tel est le principe. Signalons cependant que les réalisations semblent différentes : tel le projet de *Wirtschaftsteilen* pour l'industrie textile qu'un journal reproduit en mai 1918. Les comptoirs se mettront en mesure de « régler, le cas échéant, l'approvisionnement, la répartition, la mise en œuvre, l'entreposage, le débit, l'emploi et le prix des matières premières *ainsi que des produits* achevés ou mi-achevés fabriqués en tout ou en majeure partie avec des matières premières textiles ». C'est l'État qui choisira les délégués chargés d'élire la commission directrice; il les prendra « parmi les représentants de l'industrie, du travail, du commerce en gros et en détail ». Et déjà s'annonce, contre ce projet, l'opposition du Hansabund.

Il semble donc que, pour certaines industries tout au moins, dans la pratique, les comptoirs tendront à dépasser les bornes étroites que les déclarations gouvernementales assignent à leur activité.

L'avenir allemand. — Au fond, ce que les gouvernants ont espéré, c'est que la leçon de l'expérience puisse amener l'industrie allemande à maintenir volontairement, dès l'après-guerre, les institutions et les méthodes de l'économie de guerre. Cette leçon sera-t-elle comprise? L'obligation syndicale, dans l'après-guerre, sera-t-elle abolie?

Un économiste distingué, M. George Bernhard, expose dans la revue *Plutus,* qu'il dirige, les raisons pour lesquelles il ne le pense pas. Il objecte principalement que « l'évolution se dessine dans le sens de l'étatisation de la vie économique » et qu'elle doit s'accomplir par « l'intervention de l'État dans la vie économique comme organe régulateur prescrivant certaines règles, mais ne dirigeant pas lui-même les entreprises ». Cette économie est « l'aboutissement et la coordination des organisations professionnelles qui s'étaient spontanément formées avant la guerre et qui avaient pour objet une limitation volontaire de la liberté individuelle ». L'évolution aboutira à la transformation par l'État des groupements volontaires en groupements obligatoires, et cette transformation répond à l'éthique nouvelle. Car la classe ouvrière a déjà admis la notion du devoir syndical ; de même la classe patronale se pénétrera de cette morale « qui tend à rendre impérative la participation de l'individu au groupement professionnel ».

Sans doute, il ne faudra pas qu'il en résulte la dépossession des chefs d'entreprises. Ceux-ci garderont la direction, « l'État intervenant pour sauvegarder l'intérêt public, pour limiter les profits et prendre certaines mesures fiscales ». Cependant M. Bernhard préfère au cartel, qui se contente du maintien des prix, le trust qui cherche à diminuer le prix de revient en perfectionnant la technique.

Faut-il croire que cette thèse soit appelée à dominer l'avenir économique de l'Allemagne? Il est prématuré — maintenant surtout — de le dire. Nul peuple, en toute hypothèse, ne semble mieux préparé, matériellement et moralement, pour en tenter l'expérience.

La tendance française. — La tendance de la France était au contraire avant la guerre très nettement individualiste (1). Ses économistes le lui reprochent. Hauser, Cambon, Lysis, Biard d'Aunet, sont unanimes à lui dire la nécessité de modifier profondément ses conceptions et ses méthodes : il ne nous appartient pas d'en rien reprendre. Pénétrés d'admiration devant cette grande nation,

(1) Pour l'exposé du syndicalisme français, on a recouru à la documentation suivante :
DE ROUSIERS, *Les Syndicats industriels de producteurs*, p. 161 et suiv.
Commerce franco-américain, p. 99.
Doc. écon. nos 46, 228, 262, 272, 289, 317, 366.

que ses sacrifices héroïques élèvent encore, chaque jour, dans la gloire, — nous avons foi, quoi qu'il advienne, dans le discernement avec lequel elle jugera de ses grands intérêts et dans la vigueur merveilleuse de son éternelle jeunesse.

Il serait d'ailleurs injuste d'oublier que les aspirations syndicales — contrariées jusqu'ici par une législation dont M. Clémentel vient d'annoncer la revision prochaine — avaient réussi, malgré les oppositions, à se faire jour. Citons-en pour preuve l'existence en 1914 de 4.967 syndicats patronaux avec 400.000 membres, de 4.846 syndicats ouvriers avec plus d'un million d'affiliés, de 6.667 syndicats agricoles représentant un effectif qui dépasse également le million.

Pour nous en tenir aux syndicats industriels, citons — avec celui des sucres qui ne survécut pas à la Convention de Bruxelles, — le syndicat des papiers de paille, celui des raffineurs de pétrole, celui — international — des substances chimiques, ceux des textiles, du bâtiment, de l'alimentation, surtout celui de la métallurgie avec le Comptoir de Longwy.

De l'« association des industries métallurgiques et minières et industries affiliées », les délégués américains, que nous avons vus déjà à l'œuvre et dont la sincérité n'est pas suspecte, nous disent que « son organisation est remarquable et prévoit les cas les plus différents. Son influence est très grande. Les rapports qu'elle publie sont des modèles du genre.

Elle possède une bibliothèque très complète, et des documents classés, publiés annuellement sur l'état des industries en question et de celles qui en dépendent, en France et à l'étranger.

Du Comptoir de Longwy, M. de Rousiers fait l'éloge. Le comptoir centralise l'achat et la vente en France et aux colonies de toutes les fontes brutes des départements de Meurthe-et-Moselle et de la Meuse, sans bien entendu avoir à s'occuper de ce que produisent pour leurs propres besoins les usines « mixtes » qui représentent les 5/6 de la fabrication totale. Il peut faire les opérations commerciales pour des firmes non associées. Il n'entend nullement s'ingérer dans la vente à l'exportation. Il a exercé, en faveur de la grande industrie lorraine, la meilleure influence; il a toujours fait preuve du sens le plus élevé des intérêts dont il avait la garde. Ses statuts ont servi de modèle à la constitution du Comptoir des poutrelles et du Comptoir spécial pour l'étranger.

Il est à remarquer que l'autonomie des entreprises n'est point atteinte. La concentration réalisée est d'ordre exclusivement commercial et porte uniquement sur le commerce intérieur. Les directions sont souveraines pour tout ce qui concerne le prix de revient, l'outillage, la main-d'œuvre. Et s'il arrive qu'un client, appréciant davantage la fabrication d'une usine déterminée, offre de payer tel prix afin d'obtenir telle fonte qu'elle produit, la différence profite au producteur intéressé.

Les consortiums. — La France fait cependant en ce moment l'expérience de la syndicalisation forcée. Elle y a été amenée, nous l'avons vu, par les États-Unis, soucieux de réaliser l'ordre sur leur marché; aussi par l'Angleterre, frappée de la hausse excessive provoquée sur certains produits par la concurrence des demandes; enfin par la discipline interalliée des achats, des moyens de paiement et des transports.

La formule à laquelle s'est arrêté M. Clémentel, ministre du Commerce, est celle du consortium.

Elle a en vue de réaliser une double idée. D'abord, l'unité d'achat : un seul acheteur se présentant aux marchés extérieurs pour faire toutes les acquisitions nécessaires à une branche déterminée de l'industrie française. Ensuite, la péréquation des prix : si la production intérieure répond partiellement aux besoins de cette branche, il ne faut pas que certaines firmes puissent s'y fournir à un prix inférieur à celui du marché extérieur; car il en résulterait que le prix de vente serait régi par le cours plus élevé de la matière première au dehors et que les industriels se trouvant dans ce cas réaliseraient des bénéfices injustifiés. La péréquation permet de fixer pour l'ensemble un prix de revient moyen; par conséquent d'arriver à un prix de vente inférieur à celui qui n'aurait pour base que le cours extérieur de la matière première; elle défend ainsi, en même temps qu'un intérêt d'équité, l'intérêt du consommateur.

Tel est le rôle, avec le concours des comités interministériels d'achat, qui incombe aux consortiums. Ceux-ci feront en outre la répartition de la matière première, de façon à maintenir à chaque firme une part d'activité, même réduite. Le prix de vente du produit sera déterminé, après péréquation du prix de la matière première, et en tenant compte du coût de fabrication et des frais généraux, de façon à laisser au producteur une marge de bénéfice jugée raisonnable. Le consortium ne retient pour lui-même, en dehors de ses frais généraux, qu'une rémunération du capital versé fixée à 6 °/₀ ; l'excédent, lors de la dissolution, appartiendra à l'État. La forme adoptée est celle de la société anonyme.

Demandons-nous si la participation au consortium est obligatoire. Il en était ainsi, lorsqu'au début il fut admis que le consortium, seul acheteur de la matière première, ne la répartirait qu'entre ses associés. Cependant, M. Clémentel a fait à ce sujet, à la Chambre française, une déclaration importante. Il a estimé qu'il n'était pas possible d'exclure les dissidents de la répartition. « Je me suis réservé, dit-il, le droit d'arbitrer les quantités correspondantes d'un produit déterminé qu'un industriel pourra recevoir du consortium sans en faire partie. » On voit que l'idée de conserver au profit des affiliés un certain privilège n'est pourtant pas exclue.

Comment se font les achats? Lorsque les catégories de marchandises sont peu diversifiées, les achats se font par l'État, du moins par les services créés par M. Tardieu, haut commissaire aux États-Unis, et dans lesquels les compétences sont représentées. Le consortium indique ses besoins. Il délègue un représentant pour assister l'acheteur officiel. Tel est notamment le régime de l'industrie cotonnière. Si au contraire, il s'agit de produits complexes, c'est le consortium qui sera l'acheteur unique, et l'État fera contrôler son représentant par un délégué. Telle sera la solution, par exemple, pour le consortium des produits chimiques.

Ainsi s'est constitué — tel que M. Clémentel l'a exposé le 28 juin 1918 à la Chambre française — par une légère contrainte, « un régime dont la conséquence sera d'avoir créé l'armature d'une organisation de l'industrie », dans laquelle l'industrie française sera forcée d'obéir à la loi de solidarité économique.

Les critiques. — Les objections dirigées contre ce régime sont nombreuses. Elles se résument, peut-on dire, dans la critique de la contrainte syndicale et de l'achat administratif — en dehors de l'idée générale que le régime lui-même est un mal nécessaire qui doit disparaître dès que ce sera possible.

Disons de suite que sur l'un et l'autre point le discours de M. Clémentel donne des satisfactions et des précisions. Dès lors que l'industriel non affilié peut être ravitaillé; que l'achat administratif se fait avec le contrôle des intéressés et par des compétences ; qu'il est restreint à des cas spéciaux en dehors desquels l'achat est fait par les intéressés eux-mêmes, — il ne reste plus que le fait des nécessités de l'économie de guerre, imposant l'organisation, la discipline, des mesures contre la concurrence, pour la défense des intérêts de la consommation, en faveur de la distribution équitable. Et tout cela est en dehors de toute discussion.

Mais les premiers exposés de la thèse furent plus absolus ; le projet de consortium des industries chimiques, aussi bien que celui de l'huilerie et de l'industrie cotonnière, prévoyait l'achat administratif. Il semblait aussi que seuls les membres du syndicat puissent prendre part à la distribution. Aussi la levée de boucliers fut violente.

Peut-être, comme l'a supposé M. Ajam, fut-elle influencée, chez certains, par des préoccupations peu avouables. « Le commerce loyal, remarque-t-il, sans faire preuve d'enthousiasme, s'est rallié avec une sage résignation à la politique préconisée par M. Clémentel. » Mais il s'institue cependant une discussion parfaitement honnête sur les deux éléments que nous venons d'indiquer. M. Polier, par exemple, a fait de l'achat administratif une critique serrée, parfaitement justifiée dans son principe, qui est de signaler les dangers de l'incompétence, de l'absence d'intérêt et de l'irresponsabilité des fonctionnaires. Il ne semble pas cependant que cette critique puisse encore s'appliquer au régime des achats, tel que M. Clémentel en a exposé le fonctionnement.

L'avenir français. — C'est surtout lorsqu'il s'agit d'envisager l'après-guerre, que la discussion se passionne.

On connaît la campagne menée dans les colonnes du journal *Le Temps*, avec un sérieux, une bonne foi, une hauteur de vues indiscutables, sans cependant qu'elle soit de nature à trancher le débat en faveur de l'individualisme d'antan. La revue *L'Industrie chimique* « proclame qu'il s'agit d'une nécessité de guerre ; qu'il faut se limiter aux circonstances strictement actuelles » ; elle refuse de voir dans les groupements étatistes la formule d'organisation de l'avenir. M. Domergue reproche à cette politique de ne tenir compte « ni de la liberté du travail ni du sentiment que l'industriel a de sa dignité ». L'*Économiste Français* y voit l'« aurore du socialisme d'État ». Enfin, M. Polier, comparant l'organisation française à l'organisation allemande, fait grief à la première de supprimer la liberté des achats ; d'instituer un monopole, ce qui a cessé d'être exact ; de ne pas organiser la concentration de la vente des produits, laquelle eût été le moyen de triompher des concurrences étrangères. Cette dernière remarque indique, semble-t-il, qu'en tout cas l'organisation des consortiums pourrait encore être utilement complétée. En un mot, tous proclament qu'il faut subir le mal le moins longtemps possible; que les nécessités d'aujourd'hui disparaîtront sans tarder; et certains même proposent de prononcer la mise en liquidation immédiate des consortiums au jour même de la paix, au lieu de réserver — comme il a été fait — la faculté de mise en liquidation dans les six mois de celle-ci...

M. Clémentel et ses collaborateurs se sont toujours, avec raison, défendus de vouloir imposer, tel quel, pour l'après-guerre, le maintien du régime. M. Maurice Ajam déclare qu'il s'agit d'une solution provisoire; que ses résultats jusqu'ici sont favorables; mais qu'il n'est pas question de l'imposer. Cela ne veut pas dire que l'organisation de guerre ne doive pas contenir en germe une politique d'avenir. Comme l'a dit le ministre, les hommes auront été obligés de se grouper, de se connaître, non sans difficultés, non sans efforts, mais aussi non sans effets. Il en résulte, en même temps qu'une éducation des esprits, une expérience qui sera féconde. Les conditions de l'après-guerre — fait que nous avons déjà signalé — rendront au surplus l'organisation indispensable, parce que les questions de fournitures réciproques se régleront entre États. M. Clémentel en donne pour preuve que l'Angleterre a déjà demandé à la France de faire connaître ses besoins en matières premières et lui a donné l'assurance que la répartition des ressources de l'Empire britannique sera effectuée en tenant compte des pertes qu'a subies et des sacrifices qu'a consentis chacun des Alliés.

Avec le ministre français du Commerce, concluons donc que les syndicats sont et seront les collaborateurs nécessaires des Pouvoirs publics. « Avec leur collaboration, nous achetons, nous répartissons les importations, nous en contrôlons les prix, chaque fois que cela est possible et nécessaire. Cette collaboration des intérêts privés avec l'État est indispensable parce que c'est la guerre. On prétend qu'elle ne doit pas durer : mais il restera de notre effort, pour ces industriels, la volonté de se grouper et de s'unir; il restera au cœur de chacun d'eux cette haute compréhension de l'intérêt général qui, dans l'avenir, plus que jamais, doit être notre guide. »

Ainsi, quelle qu'en soit la formule définitive, la France prépare matériellement et psychologiquement son entrée dans une ère nouvelle de production organisée.

Et puis, nous... — Partout, autour des frontières de la Belgique, ainsi se créent ou se complètent les armatures économiques constituées en vue des temps nouveaux. L'Angleterre elle aussi, entre vigoureusement dans cette voie. La Commission Balfour recommande avec instance l'association. Elle demande que les méthodes individualistes soient complétées ou remplacées par la coopération en ce qui concerne la fourniture des matières premières; la production, y compris la standardisation et les recherches scientifiques et industrielles; et les achats sur les marchés d'outre-mer. Elle veut que l'État encourage la syndicalisation et qu'il en suive les progrès avec une attention soutenue, sans aller toutefois jusqu'au contrôle (1). Cependant une commission spéciale propose la syndicalisation régionale forcée de la production d'énergie électrique (2).

Ne nous étonnons donc pas de trouver, parmi les Belges conscients de l'avenir, des préoccupations du même ordre. Dans les milieux belges à l'étranger, de très sérieux projets d'association industrielle sont à l'étude : notamment pour les industries chimiques et, de même qu'en Angleterre, pour la production de l'électricité. Des voix nous sont arriveés même de Belgique occupée (3), qui parlent avec une autorité croissante. Elles disent que la restauration de l'industrie nationale, pour être conforme aux intérêts généraux aussi bien qu'aux intérêts particuliers, doit être assurée avant tout par les chefs d'entreprise solidairement unis en des groupements juridiques. Elles demandent que les besoins industriels soient hiérarchisés ; qu'on pourvoie d'abord — en laissant aux intéressés le soin de faire les déterminations nécessaires — à ceux dont la généralité est plus particulièrement tributaire. Elles veulent l'équité dans la répartition, la coopération dans les achats, l'amélioration et le perfectionnement des méthodes. Elles proclament

(1) Doc. écon. n° 214.
(2) Doc. écon. n° 338.
(3) Écrit en août 1918.

que l'obligation n'effraie pas, et, sans demander qu'elle soit instituée en droit, elles suggèrent en fait divers procédés de contrainte vis-à-vis des entreprises réfractaires.

Sans doute, on ne songe pas — en Belgique — à établir un régime définitif; bien au contraire, seules des solutions de transition sont envisagées. Mais c'est ici que nous pouvons rappeler, pour en faire à nos destinées économiques une application certaine, le langage de M. Clémentel.

III

QUELQUES ENSEIGNEMENTS

Vers l'organisation. — Que les individus et les peuples subissent l'impératif catégorique de la loi de solidarité; qu'en tous pays la recherche des meilleures formules fasse l'objet d'études, de controverses, d'expériences; que dès à présent apparaisse la trame qui servira de fond à l'organisation future : sur tout cela, point de doute.

Nous avons vu les grandes nations à l'œuvre. Les petites suivent déjà, ou suivront; à ceux qui cherchent à décourager ces dernières, citons en exemple ce qui vient de se passer en Norvège. Six entreprises de fonderie ou de constructions mécaniques se sont groupées pour former l'Aktiengesellschaft Norvegische Maschine-Industrie, au capital de 32 millions de couronnes. Chacune de ces usines syndiquées se spécialisera dans les constructions de certaines machines; l'une d'elles — celle qui fabriquera des locomotives — reçoit immédiatement de l'État une avance de capital sans intérêts. Un comptoir commun, avec succursales à l'étranger, assurera la vente de la production (1).

Ainsi, point d'exception possible. Mais deux choses sont à débattre. Dans quelle mesure l'institution syndicale peut-elle utilement étendre ses pouvoirs, et par conséquent restreindre l'autonomie des firmes affiliées? Est-il d'autre part désirable que la participation à la syndicalisation, certainement utile, probablement et rapidement générale, cesse d'être volontaire?

Cela seul peut être discuté, en ce monde qui se trouve orienté vers la concentration, vers la convergence, avec une énergie qui, dit M. Herriot, écrasera tous ceux qui voudraient méconnaître sa loi. « Ceux qui, par excès d'individualisme, voudraient sauvegarder les exigences de leur imagination ou de leur arbitraire au sein du monde moderne discipliné par la science, ceux-là disparaîtront fatalement, risquant d'entraîner dans leur ruine les nations qui n'auront pas su découvrir ces formules nouvelles et s'y plaire (2). »

L'autorité syndicale. — Le principe n'est pas

(1) Doc. écon. nº 339.
(2) Herriot, Introduction au *Commerce franco-américain*, p. 21.

contestable, qu'il faut laisser aux participants le maximum de liberté compatible avec le but syndical. Il faut donc raisonner, en tenant compte des faits, mais en partant de ce but lui-même.

Celui-ci tend à supprimer les effets néfastes de la concurrence à un double point de vue : d'une part, au point de vue du maintien de l'équilibre entre la production et la consommation ; d'autre part, au point de vue de la résistance collective à la concurrence étrangère et de la pénétration sur les marchés étrangers.

Ce but implique évidemment l'abandon au profit de la collectivité d'une portion importante de la direction commerciale : c'est la collectivité qui déterminera le quantum de la production et le taux des prix de vente ; c'est elle qui vendra les produits, ou tout au moins fixera les conditions auxquelles ses affiliés pourront vendre (1). Il semble bien qu'à la constitution d'un bureau de vente, la simple fixation d'un barème soit souvent préférée, car la clientèle demeure ainsi individualisée, et l'industriel trouve auprès d'elle la récompense de la qualité de sa fabrication.

Jusqu'ici, pas de doute : la direction industrielle reste sauve. Seulement, on en vient alors à se demander s'il est bien possible de soumettre l'ensemble des produits à une vente réglementée sans chercher à uniformiser les conditions de fabri-

(1) De Rousiers, *Les Syndicats industriels de producteurs*, p. 4.

cation. L'intérêt commun exige désormais qu'il n'y ait pas de firme arriérée : application des méthodes, usage des perfectionnements, modernisation de l'outillage, sur tout cela l'action syndicale tendra à se faire obéir. On a vu d'ailleurs que, certainement pendant les années de transition et peut-être même au delà, l'acquisition des matières premières sera essentiellement du domaine de l'autorité syndicale. Ainsi, la direction industrielle elle-même se trouve amenée à des aliénations plus ou moins grandes de sa liberté. L'expérience commencée de ce régime n'a point donné encore ses résultats moraux et matériels : il serait donc imprudent, à cette heure, de prétendre énoncer sur ce point des conclusions formelles.

L'obligation syndicale. — Faut-il que l'affiliation au syndicat devienne obligatoire? C'est une question de fait, dont la réponse variera selon les caractéristiques des diverses économies nationales.

Le nombre d'adhésions volontaires est-il tel que la syndicalisation puisse être réalisée dans des conditions qui permettent d'en instituer une expérience valable? Dans ce cas, pas d'obligation. C'est aux syndicats eux-mêmes qu'il incombera, par leur action, de prouver aux réfractaires du premier jour leur importance et leur nécessité. L'éducation des intéressés se fera d'elle-même, et nous avons vu qu'en Belgique il est permis de croire que nous nous trouverons dans les conditions voulues pour qu'il en soit ainsi. La syndicalisation libre paraît donc devoir être pour nous la formule d'avenir.

Il n'en est pas de même en d'autres pays. Si, de façon générale, les chefs d'entreprises sont hostiles aux idées d'association, la contrainte devient la condition nécessaire d'une expérience valable : telle est peut-être, sans qu'il l'ait dit, la justification ultime de la politique de syndicalisation forcée poursuivie en France par M. Clémentel.

En toute hypothèse, la syndicalisation doit être encouragée. Sans aller jusqu'à l'obligation impérative, la reconnaissance officielle des syndicats, l'appui moral et matériel qui doit leur être donné à titre spécial, exerceront sur l'opinion publique une action propagatrice qui pourra décider du succès.

Le rôle de l'État. — Nous avons montré que la syndicalisation devenue universelle aboutit à la constitution de la Fédération Économique, ce qui entraîne évidemment l'établissement de rapports entre ce pouvoir directeur de l'économie nationale et l'État politique.

Ce n'est pas ici le lieu de nous y arrêter. Nous envisagerons bientôt les lignes générales d'une politique nationale d'hygiène économique à laquelle l'État sera tenu désormais de conformer ses actes. La recherche de l'adaptation des organismes et des services publics à leurs fonctions nouvelles est notre but final. Mais nous pouvons cependant dès à présent proclamer le devoir de l'État de ne point envahir un domaine qui n'est pas le sien et que lui interdisent aussi bien l'intérêt public que l'intérêt de son propre prestige.

Nous nous rencontrons dans ce jugement formel avec M. Biard d'Aunet. Cet auteur signale qu' « une erreur bien dangereuse paraît aujourd'hui se répandre, confondant l'expédient et l'organisation, l'assistance de l'État et la direction des affaires des citoyens prise par l'État. Il semble qu'on veuille d'un seul bond passer du règne de l'individu au règne de la collectivité : c'est une erreur grossière. L'ère actuelle n'admet ni le règne de l'individu, désormais périmé, ni celui de la collectivité étatiste, désormais impraticable. La puissance économique est, de nos jours, aux mains de l'association libre, qui n'est pas un individu, mais, selon le langage juridique, une personne soumise comme le serait un individu à toutes les conséquences et répercussions des lois économiques » (1).

Les projets de fédération. — Terminons en signalant à ceux qui attendent pour s'éclairer l'enseignement toujours plus puissant des faits observés, qu'il existe dans deux grandes colonies

(1) Biard d'Aunet, *L'Évolution du commerce international*, p. 35.

britanniques des projets intéressants d'organisation fédérative de l'économie nationale.

Au début de mars 1918, M. Hughes a fait connaître son projet d'organisation commerciale et industrielle de l'Australie, projet approuvé déjà par une Conférence. Il prévoit, formés par les producteurs de chaque industrie, la constitution de Councils of Board qui seraient à la fois des organismes d'étude pour les questions financières et techniques, l'exportation, le transport — des organismes d'exécution — et des organismes consultatifs, en contact direct avec le « Department of Commerce and Industry ». Au-dessus de ces différents conseils, il y aurait un « General Council » à rôle exécutif et consultatif, qui coordonnerait leur action et formulerait les propositions de lois jugées nécessaires dans l'intérêt du commerce et de l'industrie générale (1).

Au Canada, le colonel Carnegie propose la création, pour chaque branche industrielle, de deux séries d'organismes. Les premiers, appelés National and District Trade Boards, auraient pour objet de développer commercialement l'industrie considérée, et leur autorité s'étendrait jusqu'à encourager ou décourager, au nom de l'intérêt général, la fondation de nouvelles entreprises. Les seconds appelés District Production Boards, seraient composés en nombre égal d'employeurs et

---

(1) Doc. écon. n° 259.

de salariés, et auraient pour objet le perfectionnement et le développement de la production (1).

Ainsi le monde s'achemine vers le Fédéralisme Économique.

(1) Doc. écon. n° 164.

III

L'HYGIÈNE ÉCONOMIQUE

CHAPITRE I

UNE POLITIQUE DOUANIÈRE

Étudions successivement les faits essentiels. Le monde entier considère aujourd'hui l'Allemagne comme l'ennemie économique contre laquelle il faudra continuer à se garder, la paix conclue. D'autre part, chaque peuple entend se préparer à une politique intérieure de nationalisme économique. Enfin, les Alliés organisent dès à présent leur coopération, tant défensive vis-à-vis de l'adversaire, que constructive entre eux et vis-à-vis des neutres.

Dans le milieu dont nous aurons déterminé les caractères, cherchons alors à dégager le point de vue belge : œuvre capitale d'où dépendent les destinées de notre patrie.

I

LA LÉGITIME DÉFENSE

Se défendre. — Se défendre, certes ! L'agression fut d'une violence extrême; elle usa de tous les moyens, elle réussit dans une très large mesure.

abile, instruit, travailleur, le Germain sans scrupules fut âpre aux affaires; l'État germanique fut son éducateur, son auxiliaire, son complice. L'invasion, la conquête furent choses faciles, dans la passivité inerte des uns, dans la faiblesse des autres, dans la bonne foi naïve du plus grand nombre.

Nous avons vu l'Allemand insinuant, complaisant, habile, appuyé par toutes les forces que donne l'association, s'emparant des clientèles, exportant ses banques, ses comptoirs, ses usines, se masquant pour mieux surprendre, arborant au besoin les couleurs du pays qu'il veut ruiner.

L'État travaille avec lui. Ses diplomates sont l'avant-garde de la pénétration; sa protection officielle la couvre; il fait du « citoyen germanique » l'égal et le successeur du citoyen de Rome. Cela ne suffit pas : cette expansion dévoratrice, il la soutient de son action directe; ces manœuvres déloyales, il les rend possibles par sa participation. Tarifs de transport et tarifs douaniers sont des instruments destinés à faciliter et à généraliser le dumping systématique, malhonnête et partout victorieux.

Le dumping. — Voyons-le à l'œuvre. L'Allemand se dit : nous surproduisons; nous ne pouvons pas ne pas continuer à surproduire; il faut des débouchés. Le marché intérieur, le marché de nos exportations normales sont tous deux saturés. Attaquons des marchés nouveaux; inondons-les de nos produits. Vendons-y à tout prix; vendons-y même à perte : le marché intérieur, en compensation, nous paiera pendant un temps le prix fort pour la partie de notre production qu'il sera en mesure d'absorber.

La réussite est certaine, car l'État nous aide. Il abaisse ses tarifs de transport et invente, pour le dissimuler, les tarifs soudés comprenant dans un prix unique le transport intérieur et le transport maritime à l'exportation. Il réduit ses droits de douane; il y renonce même, et si nous devons importer la matière première, il crée des « usines franches » où la marchandise entrera et d'où elle sortira après travail pour être réexportée sans aucune perception fiscale (1).

Vendant à perte, nous tuerons la concurrence étrangère et la concurrence indigène. Si le peuple que nous attaquons songe à créer des industries qui rivaliseront avec les nôtres, nous les empêcherons de naître. Le bénéfice apparent du consommateur indigène nous assurera un accueil favorable; certains nationaux nous prêteront leurs noms; peut-être même nous prêteront-ils leurs capitaux. Plus tard, devenus les maîtres sans conteste, nous jetterons le masque; nous parlerons en vrais Allemands; nous imposerons les prix largement rémunérateurs qui sont notre but final.

La réalisation suit fidèlement la conception.

---

(1) HAUSER, *Les Méthodes allemandes d'expansion économique*, p. 193.

Comme à la guerre, « on brise la volonté de l'ennemi ». Pour l'industrie, on fédérera s'il le faut toute la puissance des grands syndicats à tous les stades de la fabrication du produit : et ce sera le système des primes que nous avons décrit déjà. Pour l'agriculture, l'État inventera l' « Einfuhrschein ». A l'exportateur de céréales ou de farines sera remis un titre donnant droit à l'importation en franchise d'une quantité semblable et correspondante, ou même de produits analogues, ou même d'autres produits déterminés, différents. L' « Einfuhrschein » sera au porteur et négociable ; il aura une valeur marchande. Si l'écart entre les cours intérieurs et extérieurs des céréales est inférieur au montant des droits de douane, c'est-à-dire à la valeur de l'Einfuhrschein, l'agriculteur pourra abaisser ses prix à l'extérieur au-dessous du cours du marché mondial et cependant encaisser des bénéfices (1).

Les traités tarifaires. — La politique douanière des traités tarifaires que l'État allemand poursuivit depuis 1902 fut orientée tout entière dans ce sens. « Il semble que le Gouvernement allemand a voulu, de propos délibéré, hausser à l'intérieur le prix des produits, permettre à l'industrie de vendre cher à l'intérieur, à l'abri des tarifs douaniers protecteurs, en frappant même des articles, comme les locomo-

(1) HAUSER, *Les Méthodes allemandes d'expansion économique*, p. 131 et suiv.

tives par exemple, qui n'ont jamais été importées en Allemagne à aucune époque. Et cela afin que l'industrie puisse vendre bon marché à l'extérieur, conquérir ses marchés extérieurs, à perte au besoin, mais perte compensée par les bénéfices faits sur la clientèle à l'intérieur du pays (1). »

Cette politique peut être impunément pratiquée parce que l'État allemand est protégé contre les représailles : car ses traités de commerce contiennent tous la clause de la nation la plus favorisée.

La clause néfaste. — Insérée sur les instances de Pouyer-Quertier et de Favre dans le traité de Francfort, dont elle constitue le célèbre article 11, cette clause avait pour objet, dans la pensée des négociateurs, d'assurer à chacune des nations contractantes l'égalité de traitement avec la plus favorisée des six puissances qui jouaient alors un rôle important dans les échanges internationaux.

Appliquée loyalement, entre nations de bonne foi, cette clause n'eût eu que des effets tendant à un rapprochement économique avantageux pour toutes. Mais l'Allemagne, à partir de 1879, tout en continuant à en réclamer le bénéfice, parvint adroitement à s'en libérer elle-même.

Elle en éluda l'application honnête par des vexations douanières systématiques ; par des échelles de tarifs pour ses transports ; par les neutralisations

(1) Daniel Bellet, *Le Commerce allemand*, p. 237.

douanières dont nous avons parlé. Surtout, elle employa le procédé bien connu de la spécialisation des taxes : les produits étant définis assez strictement pour que seuls les pays avec lesquels l'Allemagne désirait traiter puissent retirer profit des avantages tarifaires. « Les traités conclus par de Bülow en 1904-1906, et qui ont étendu la clause de la nation la plus favorisée à 41 États, ont multiplié ces définitions strictes qui ne peuvent convenir qu'aux vins rouges italiens ou au marsala, au tokay, aux chevaux belges ou austro-hongrois, au bétail suisse, etc... Le moyen était si efficace qu'on ne se plaignait en Allemagne que d'une chose, de son insuffisante application ; en 1914, on demandait au Gouvernement d'allonger la liste des spécialisations (1). »

Pendant ce temps, la France protectionniste ne pouvait traiter avec aucune puissance sans que l'Allemagne invoque le bénéfice de la clause. Et d'autre part, de nouvelles puissances productrices étant venues prendre place dans la concurrence mondiale, telles l'Espagne, l'Italie, surtout les États-Unis, la clause de la nation la plus favorisée leur fut étendue « par habitude » ; et la diplomatie impériale, « toujours en éveil », put ainsi réclamer partout le régime le plus favorable.

---

(1) HAUSER, *Les Méthodes allemandes d'expansion économique*, p. 92.

Le boycottage. — Tous les pays, pour se défendre, ont pris les mesures qu'indiquait la situation.

La constatation de la place prise dans chaque économie nationale par l'expansion allemande est la cause principale de l'éveil de cet esprit de nationalisme économique que nous étudierons plus loin.

D'autre part, des prohibitions furent prises contre la personne ; des mises en liquidation furent édictées contre les établissements de l'ennemi, afin de détruire son œuvre et d'en empêcher la reprise. Il n'est point utile de nous y arrêter. Certes, des précautions sérieuses continueront d'être maintenues dans l'après-guerre contre tout retour offensif. Il n'est plus question, en effet, de compter sur le respect par l'Allemand de la loyauté économique. Plus question non plus d'association internationale où seraient compris les producteurs allemands : l'expérience fut faite en 1904, lorsque se conclut l'entente anglo-belgo-franco-allemande de la métallurgie. « Plus de chiffon de papier », dit M. Hauser. De tels accords ne peuvent servir qu'à la conquête pacifique de positions nouvelles ; qu'à donner à l'Allemagne sa « part léonine » dans l'organisation du monde. L'Allemand use, même dans le syndicat international, de syndicats secrets, à primes clandestines formés entre ses firmes.

Certains pays songent à des dispositions douanières dirigées directement contre le dumping. Le Canada notamment s'y essaie, par la perception d'une taxe égale à la différence entre le prix de vente à l'importateur et le prix moyen pour le consommateur dans le pays d'origine. Mais qui fixera ce prix moyen ? Comment le connaîtra-t-on ? Et comment distinguera-t-on le dumping systématique d'affaires occasionnelles (1) ?

L'opinion publique ne veut pas de demi-mesures. Elle exige que l'Allemagne perde la bataille économique comme elle a perdu par deux fois, aux champs de la Marne, la bataille militaire. Ses revendications présentent un intérêt qui engage toute la politique douanière internationale, lorsqu'elles tendent — comme il est dès à présent acquis, à la suppression générale dans les traités de commerce, de la clause de la nation la plus favorisée. Cette clause était en effet devenue « de style », et sa disparition entraîne une modification profonde de l'économie mondiale.

Les mains libres. — L'Italie et la France se sont résolues les premières. En avril dernier, « sur la proposition du ministre du Commerce, le Conseil des ministres a décidé la dénonciation des conventions commerciales contenant les clauses générales de la nation la plus favorisée, ou des conventions tarifaires » et généralement « de tous accords de nature à entraver la mise en application du nouveau statut commercial, maritime ou douanier sous

(1) *The Economist,* 4 mai 1918 (Doc. écon. n° 227).

lequel la France entendra se placer » (1). Cette décision, dit M. Ajam, « ne peut en quoi que ce soit indiquer l'orientation économique soit du Gouvernement, soit du Parlement ». En Italie, le ministre compétent, M. Ciuffelli, interrogé dans la séance du 29 avril 1918, a déclaré qu'avant que la décision fût prise en France, le Gouvernement a dénoncé tous les traités de commerce, lesquels ont été prorogés jusqu'au 31 décembre 1918 (2).

L'Angleterre suit. A une question de Sir Carson, en séance de la Chambre de Commerce du 13 mai 1918, qui tendait à savoir si le Gouvernement anglais avait l'intention d'adopter une ligne de conduite semblable à celle du Gouvernement français, M. Bonar Law, chancelier de l'Échiquier, a répondu par l'affirmative. Approuvé par le *Times* et par l'opinion, le ministre est cependant sur ce point en contradiction avec les conclusions de la Commission Balfour (3).

En Amérique, M. Tausig, président de la « United States Tariff Commission », proclame dès à présent que les États-Unis doivent « rester libres d'adopter la politique douanière qui paraîtra conforme à leurs intérêts » en s'inspirant uniquement, « dans l'établissement des tarifs, de leurs nécessités intérieures », ce qui est du nationalisme. Il ajoute cependant qu'il revendique pour son pays

---

(1) Doc. écon. n° 207
(2) Doc. écon. n° 279.
(3) Doc. écon. n° 252.

l'égalité de traitement : mais ceci, dans sa pensée, est à faire valoir au moment où chaque peuple précisera ses revendications (1). Le *Journal of Commerce* estime au surplus que les faits prouvent que le régime des traités de commerce qui existaient avant la guerre européenne est désuet et qu'il doit être remplacé par une série de nouveaux accords. Le mal est dû à la clause de la nation la plus favorisée, à laquelle les États-Unis donnaient une interprétation restrictive, tandis qu'en Europe on en admettait une interprétation qui conférait le bénéfice de toutes les mesures de faveur accordées à n'importe quel pays, quels que fussent les accords ultérieurs. Et le journal conclut en demandant que les États-Unis « dénoncent leurs accords et traités commerciaux afin d'avoir les mains entièrement libres pour l'avenir » (2).

En Suisse, M. Bueler, dans le rapport de la Commission du Conseil national, déclare que le principe de la clause de la nation la plus favorisée appartient au passé, même pour les pays neutres, et engage le Gouvernement à entreprendre dès maintenant et avec énergie les travaux préparatoires d'une politique douanière nouvelle (3).

Le monde suivra. Il n'y a donc rien qui puisse surprendre, si l'on trouve au premier rang des vœux émis par les industriels et commerçants que

(1) Doc. écon. n° 299.
(2) Doc. écon. n° 341.
(3) Doc. écon. n° 340.

le Gouvernement belge a consultés à diverses reprises, « la dénonciation dans le plus bref délai des traités économiques encore en vigueur tant avec les pays alliés qu'avec les pays neutres ». Il faut en effet « que la Belgique ait les mains libres et qu'elle soit dégagée de tous ses engagements antérieurs au point de vue économique, quels qu'ils soient ». Puissions-nous ne pas tarder plus longtemps à donner satisfaction à cette suggestion infiniment opportune...

La terreur allemande. — L'Allemagne a peur. Elle est, avoue M. Dernburg, tributaire du monde, aussi bien pour ses matières premières que pour son importation. Et voici le loup, tremblant à l'idée de l'isolement effroyable dont il est menacé, qui s'essaie à montrer patte blanche.

Il faut, dit-il, la société économique des nations. M. Ballin, membre d'un comité impérialiste pour la *Mittel Europa* économique, la réclamait à grand fracas. Les socialistes majoritaires nous crient leur amour du libre-échange : « Aucune guerre commerciale ne devrait être déclarée après la présente guerre. Les échanges commerciaux devraient être absolument libres ; la protection, les tarifs et autres obstacles doivent être totalement supprimés [1]. »

---

(1) André Lebon, *Les Problèmes économiques nés de la guerre*, p. 244.

Les minoritaires ajoutent : « Nous exigeons la liberté la plus complète du trafic et du commerce internationaux, de même que nous exigeons que le droit d'émigrer et d'immigrer, en vue de développer les forces productrices du monde et d'améliorer le rapprochement et les relations des peuples, soit exercé avec une liberté sans limites. Nous repoussons la conception de l'isolement économique et même de toute lutte économique des États entre eux (1). » Et le Reichstag, dans sa résolution du 19 juillet 1917, « repoussa également tous les plans tendant à un boycottage et à des interdictions économiques après la guerre. Seule une paix économique, avec la liberté des mers, après la cessation des hostilités, permettra aux peuples de vivre ensemble dans des relations économique durables » (2).

Mais c'est surtout à la clause de la nation la plus favorisée que l'on tient. On sait, outre-Rhin, que les Alliés ont pris conscience de la fraude dont ils ont été les victimes : et, sans vergogne, on parlait aussi bien d'imposer la clause par la force des armes qu'on promettait de l'appliquer désormais avec honnêteté. La Fédération des Industriels de Thuringe exprimait récemment l'avis que « le maintien de la clause de la nation la plus favorisée est nécessaire, cette clause étant l'œuvre la plus puissante, dans

---

(1) André Lebon, *Les Problèmes économiques nés de la guerre*, p. 245.
(2) Id., *ibid*, p. 246.

une guerre économique éventuelle, pour permettre à l'Allemagne de continuer la concurrence avec les pays ayant le contrôle des matières premières » (1). Et M. von Schultze-Gaevernitz, député libéral-progressiste au Reichstag — qui, le bon apôtre, préférait au paiement d'une indemnité de guerre le droit de commercer avec les colonies françaises — proposait une « Institution internationale qui veillerait à l'exécution loyale dans le monde entier de la clause de la nation la plus favorisée ».

Malheureuse clause ! M. von Schultze aurait beau l'enfariner, elle ne nous dit rien qui vaille...

II

LE NATIONALISME ÉCONOMIQUE

La fin des doctrines. — La guerre aura tué la doctrine.

Classés hier encore en pays de libre-échange et pays protectionnistes, les États seront demain inspirés non plus par des considérations de science ou de philosophie, mais par un opportunisme dont la base sera un véritable — pour la Belgique, disons le mot, un redoutable — nationalisme économique. Et la face du monde va s'en trouver transformée.

« Jusqu'ici, dit M. André Lebon, on nous a

(1) Doc. écon. nº 500.

enseigné qu'il y avait des pays libres-échangistes et d'autres protectionnistes; que les pays protectionnistes mettaient obstacle par des tarifs plus ou moins arbitraires à la circulation des richesses et à la réalisation du bon marché. Je puis l'annoncer sans crainte de me tromper : vous trouverez des tarifs partout après la guerre... C'est un monde nouveau en présence duquel nous allons nous trouver, un monde nouveau où les intérêts économiques du producteur, du consommateur, du transporteur vont être complètement désaxés, sortis de toutes les habitudes, de toutes les formules, de tous les systèmes dans lesquels on avait coutume de les inscrire : ils seront donc en état d'anarchie; et l'anarchie des intérêts, c'est la guerre (1). »

Au mobile nationaliste s'ajoute d'ailleurs, il est superflu d'insister, le mobile de défense antigermanique. « De même que dans la guerre allemande ce serait une duperie de respecter les lois de la guerre en présence d'adversaires qui font de la violation de ces lois un système, de même c'est une duperie de rester fidèle, en présence de la généralisation du dumping, à la liberté des échanges (2). »

Se suffire à soi-même. — Le premier principe du nationalisme économique est que chaque peuple

(1) André Lebon, *Les Problèmes économiques nés de la guerre*, p. 127.
(2) Hauser, *Les Méthodes allemandes d'expansion économique*, p. 131.

doit se trouver désormais en mesure de se suffire économiquement à lui-même, tout au moins en ce qui concerne les besoins essentiels de son existence. Nous en avons montré des applications en indiquant que des mesures en faveur de la création d'industries nouvelles font partie intégrante de l'économie de transition. Au point de vue douanier, ce principe conduit fatalement à la protection tarifaire, soit qu'il s'agisse d'industries existantes dont le développement est jugé nécessaire, soit qu'il s'agisse d'industries encore dans l'enfance et dont il s'agit de guider les premiers pas.

L'Angleterre s'est efforcée d'abord de dissimuler à ses propres yeux cette conséquence fatale. Le ministère de la Restauration prend soin de dire qu' « il s'agit uniquement d'obtenir le meilleur rendement possible avec les ressources disponibles et d'accorder aux industries d'importance primordiale, toutes les facilités nécessaires au point de vue financier, main-d'œuvre et matières premières » (1). Bien plus, « craignant le danger du protectionnisme », la Commission Balfour, dans son second rapport, veut qu'un conseil consultatif donne au Gouvernement ses avis sur « la forme et l'étendue de la protection à accorder, en ne recourant à la protection douanière qu'en dernier ressort » (2). Mais le principe posé par elle

(1) Doc. écon. n° 168.
(2) Doc. écon. n° 217.

qu' « aucune industrie de quelque importance ne doit être affaiblie par la concurrence étrangère » ne permet-il pas d' « imposer des droits sur n'importe quelle marchandise » ? C'est ce que pense la revue *The Economist*, qui critique d'ailleurs vivement cette tendance, en se plaçant au point de vue des intérêts de l'exportation (1).

Les craintes de *The Economist* sont d'ailleurs justifiées : un exemple caractéristique suffit à le montrer. L'Angleterre s'efforce d'implanter chez elle l'industrie des matières colorantes, pour substituer sa production propre aux importations allemandes de jadis. La British Dyes Limited a été fondée à cet effet, avec le concours pécuniaire du Gouvernement, dès 1915. Malgré des résultats industriels fort satisfaisants, l'industrie anglaise des matières colorantes n'est cependant pas encore à même de faire face à tous les besoins nationaux. Aussi, le 14 juin 1918, à Manchester, devant les consommateurs de colorants, Sir A. Stanley, président du Board of Trade, a annoncé que « le Gouvernement a décidé, en vue de protéger l'industrie des colorants en Angleterre contre le rétablissement de la concurrence allemande après la guerre et de lui permettre de se développer librement, d'interdire l'importation des teintures *étrangères*, sauf licence, pendant dix ans après la conclusion de la paix » (2). On voit quelles mesures extrêmes

(1) Doc. écon. n° 227.
(2) Doc. écon. n° 224.

se trouvent en germe dans l'admission du principe.

Celui-ci est également admis par la France. Nous n'en serons point surpris et nous avons rapporté les paroles caractéristiques prononcées au Sénat français par M. Touron, avec l'approbation expresse du Gouvernement. Citons encore, pour noter l'état des esprits, M. Sinçay, voyant dans la liberté retrouvée par la dénonciation des traités commerciaux la possibilité d' « établir dans les ports français la surtaxe de pavillon et de favoriser ainsi la marine marchande nationale » (1).

L'impérialisme. — Le second principe du nationalisme économique est que chaque peuple doit se réserver à lui-même, par priorité, ses ressources en matières premières et sa propre fabrication. Il n'en sera pas seulement ainsi pour le marché intérieur proprement dit : les grandes puissances coloniales s'efforceront en outre de fédérer en un seul bloc producteur et consommateur, la mère patrie et ses filiales, de façon à empêcher que l'étranger, au détriment des intérêts de l'ensemble, puisse y acheter ce qui lui est utile, — ce qui souvent lui permet de concurrencer les industries nationales, — et puisse y vendre ses produits par préférence aux produits nationaux.

(1) Article de la *Réforme économique* du 3 mai 1918 (Doc. écon. n° 251).

Observons cette tendance en Angleterre, où elle a d'ailleurs, à tous points de vue, le plus d'importance. Depuis longtemps, les colonies anglaises s'en étaient pénétrées : elles accordaient des tarifs préférentiels aux produits de la métropole. Mais elles n'avaient pu obtenir la réciprocité, la métropole entendant jusqu'ici rester fidèle au libre-échange, dans lequel elle voyait la source et la condition de sa prospérité.

Il n'en sera plus de même dans l'avenir : et le fait est pour la Belgique d'une extrême gravité.

Dès sa constitution, le ministère anglais de la Restauration entreprend dans les colonies une enquête sur l'importance des ressources disponibles. La Commission Balfour proclame qu'il faut « satisfaire aux vœux des Dominions et colonies et des Indes pour le développement de leurs relations économiques avec le Royaume Uni » et qu' « un traitement préférentiel devra être accordé aux Dominions et aux colonies pour les droits de douane existants ou à créer ». *The Economist,* la revue libre-échangiste elle-même, ne regretterait l'établissement de semblables tarifs que pour les denrées alimentaires et seulement à raison de l'insuffisance productrice des colonies anglaises. Il est vrai que dans un article du 27 juillet 1918, qui semble empreint de quelque ironie, elle ajoute : « Si la préférence peut être établie sans augmenter le prix des vivres et des matières, sans pénaliser les Alliés qui travaillent d'une façon si splendide pour la cause commune, ni les neutres amis dont la coopération a tant de valeur, et enfin sans porter préjudice au mouvement pour la Ligue des nations dont l'avenir de la civilisation dépend, alors nous l'accueillerons avec bienveillance. »

Mais qu'importent les réserves et les réticences de quelques fidèles! Le siège du Gouvernement est fait depuis les deux sessions de l' « Imperial War Conference » de 1917 et de 1918. La première se termina, le 26 avril, par le vote d'une résolution demandant « le contrôle des ressources naturelles utilisables dans l'Empire, spécialement de celles qui sont essentielles pour des besoins nationaux indispensables » et l'utilisation de ces ressources « par des industries exercées dans les limites de l'Empire » avec le but — car tout se tient — de « rendre l'Empire indépendant des autres pays en ce qui concerne l'alimentation, les matières premières et les industries essentielles ». A cet effet, « chaque partie de l'Empire, prenant en considération sérieuse les intérêts de nos alliés, accordera un traitement spécialement favorable et des facilités aux produits naturels et manufacturés provenant des autres pays de l'Empire ». Le lendemain, les ministres parlaient devant les Chambres. M. Lloyd George et M. Bonar Law annonçaient en termes formels que satisfaction serait donnée à ces vœux.

La conférence de 1918 n'a pas été moins catégorique dans cette politique, dont M. Hughes, premier ministre de l'Australie, est l'âme. Ses décisions ne sont pas encore publiées. M. Walter Long, sous-secrétaire d'État aux Colonies, a déclaré, le 14 juillet dernier, que le Cabinet de guerre s'est prononcé « en faveur de l'adoption d'un régime douanier préférentiel englobant tout l'Empire britannique ». Questionné le 29 aux Communes, M. Bonar Law déclare que le Gouvernement anglais est partisan d'un régime douanier préférentiel englobant tous les territoires de l'Empire, et qu'il s'est mis d'accord en principe sur cette question avec ceux des Dominions [1]. C'est en ce sens aussi que Lord Curzon a parlé, en août 1918, au nom du Gouvernement.

La question est donc tranchée. On aperçoit même des mesures précises d'exécution, qui, pour ne pas être d'ordre douanier, n'en sont pas moins caractéristiques. C'est ainsi que, le 28 juin dernier, a été rendu public un contrat par lequel l'Australie a vendu en Angleterre toute la partie de sa production lainière qu'elle n'utiliserait pas pour ses propres besoins, contrat valable pour la durée de la guerre et un an au moins après la conclusion de la paix; de même, un contrat par lequel elle vend à la métrople sa production de cuivre, à l'exception de sa consommation et des ventes déjà faites en vertu de contrats antérieurs.

L'égoïsme sacré. — Sans doute, l'affirmation de

(1) Georges Paquot (*Indépendance belge*, 1er août 1918).

cette politique s'accompagne de déclarations rassurantes pour les Alliés. Nous verrons ci-après de quelle manière ceux-ci conçoivent la réalisation de leurs aspirations vers une collaboration économique aussi étroite que possible.

Mais le fait capital est qu'avant tout, les peuples, y compris l'Angleterre, pratiqueront l'égoïsme sacré.

Comme le dit un publiciste [1], l'Angleterre n'avait jadis qu'un but : acheter au meilleur compte et vendre au prix le plus fort; elle l'atteignait par le libre-échange. Elle y ajoute maintenant que ce plus grand profit pécuniaire ne doit être réalisé que dans la mesure où il est compatible avec l'intérêt national, et par là elle entend admettre que l'Empire s'enrichisse moins, mais qu'il possède mieux ce qu'il possédera.

Disons le mot, puisque nous voici devant la réalité : le régime de l'Imperial Preference consacre le passage de l'Empire britannique du libre-échange au protectionnisme. Aucune réaction ne l'arrêtera-t-elle à temps dans cette voie? Les Belges ont toutes les raisons de le croire et de s'en inquiéter.

---

(1) Pertinax (*Écho de Paris*, 3 août 1918).

III

LA POLITIQUE DES ALLIÉS

La conférence économique de 1916. — La conception que les Alliés se font de leur politique économique envisagée dans son ensemble — entre eux, vis-à-vis des neutres, vis-à-vis des puissances ennemies, a été précisée, autant qu'il a paru possible, par la conférence que tinrent à Paris, en juin 1916, les plénipotentiaires économiques de l'Entente.

Leur déclaration est inspirée de l'ensemble des préoccupations que nous avons exposées : légitime défense, nationalisme économique, mais aussi désir sincère de réaliser l'union et la coopération dans l'après-guerre, dans toute la mesure où elles seront compatibles avec les intérêts nationaux des parties.

Assurer pour les Alliés et pour les neutres la pleine indépendance économique et le respect des saines pratiques commerciales. Refuser aux puissances ennemies le bénéfice de la clause de la nation la plus favorisée pendant un nombre d'années qui sera déterminé par voie d'entente entre les Alliés. Soumettre le commerce des puissances ennemies à des règles particulières et les marchandises originaires de ces puissances à des prohibitions ou à un régime spécial. Prendre des mesures communes ou particulières pour empêcher l'exercice sur les territoires alliés par des sujets ennemis de certaines industries ou de certaines professions intéressant la défense nationale ou l'indépendance économique. Telle est la partie défensive de la Déclaration.

S'assurer des débouchés compensateurs entre alliés pour le cas où des conséquences désavantageuses pour leur commerce résulteraient du refus à l'ennemi de la clause de la nation la plus favorisée. Conserver pour les pays alliés avant tous autres leurs ressources naturelles pendant toute la période de restauration, et établir des arrangements spéciaux pour en faciliter les échanges. S'affranchir de toute dépendance des pays ennemis relativement aux matières premières et objets fabriqués essentiels pour le développement normal de leur activité économique; à cet effet, accroître largement la production sur l'ensemble de leurs territoires. Prendre les mesures destinées à développer les échanges par la facilité, le bon marché, la rapidité des moyens de communication. Telle est la partie constructive.

Défensif, cet accord ne fait prévoir, vis-à-vis des Empires centraux, qu'une politique dont les données restent encore imprécises, mais qui sera faite de méfiance et de restriction. Constructif, il promet la mise en commun des ressources et des productions alliées; mais il n'en indique pas le moyen et renvoie à cet égard aux ententes ultérieures. Nous estimerons, avec M. Biard d'Aunet, qu'il ne caractérise pas une politique économique, c'est-à-dire « une conception générale des rapports d'intérêt économique d'un pays avec les pays étrangers » ; qu'en effet cette politique ne saurait être constituée par « des mesures dirigées contre le commerce d'un ou de plusieurs États, si justifiées ou si énergiques qu'elles puissent être » ([1]).

Aussi, ne serons-nous pas surpris de son peu de portée pratique ; le Gouvernement italien en faisait l'aveu, en avril dernier, dans sa réponse à une interpellation ([2]). Nous n'en ferons pas grief aux délégués, car nous saisirons bien vite la raison pour laquelle ils ne pouvaient nous donner davantage. D'ailleurs, l'accord, datant de 1916, est bien vieux déjà : son langage au sujet de la clause de la nation la plus favorisée le montre clairement, et les puissances de l'Entente sont appelées aujourd'hui à reprendre leurs délibérations.

La base des accords. — Voyons les choses du point de vue pratique. L'idéal serait incontestablement le libre-échange interallié ; tous les efforts qui tendent à le faire admettre sont louables et méritent d'être énergiquement soutenus. Nous constatons cependant le fait qu'aux pays protectionnistes d'avant-guerre vient se joindre mainte-

---

(1) Biard d'Aunet, *La Politique et les Affaires*, p. 192.
(2) Doc. écon. n° 279.

nant une Angleterre nationaliste qui tend visiblement à s'écarter de sa doctrine traditionnelle. Et c'est en reconnaissant cette situation qui n'est point sans danger que nous cherchons par quelle méthode il sera possible de matérialiser le désir de coopération qui anime tous les membres de l'entente des peuples libres.

On peut dire, sans crainte de se tromper, que la solution se trouve dans la conclusion des traités tarifaires spécialisés et dans l'adoption de tarifs différentiels favorables vis-à-vis des puissances alliées et basés sur la réciprocité ; acceptables vis-à-vis des puissances neutres, et adaptés aux circonstances particulières à chacune d'elles ; défensifs vis-à-vis des puissances ennemies, et inspirés uniquement d'une préoccupation utilitaire.

Cette solution nécessite quelque développement.

Coopération interalliée. — Dès 1916, les délégués industriels américains s'étaient parfaitement rendu compte de l'esprit qui devait présider dans l'après-guerre à la coopération interalliée. Il faudra, disent-ils au sujet des rapports franco-américains, réajuster de chaque côté les tarifs et réaliser une réciprocité complète entre les nations, le commerce n'impliquant pas l'avantage d'un seul, mais l'échange mutuel des produits. Aucune solution d'aucune question commerciale ne saurait être durable ou permanente si elle ne considère les intérêts des deux parties. Cela, parce que le commerce est avant tout une question entre personnes et non entre nations, et que là où aucune barrière naturelle ou humaine ne fait obstacle, les gens commerceront partout dans le monde, où ils trouveront profit à le faire en dépit des différences de langue ou d'habitudes (1).

C'est donc en mettant le sentiment d'accord avec l'intérêt que, selon le vœu de M. Chaumet, la solidarité économique si loyalement pratiquée pendant la guerre sera maintenue après la guerre.

Dès lors, il y a lieu, tout d'abord pour chaque pays, de faire son inventaire, et pour l'Entente de comparer entre eux les inventaires nationaux. Quelles sont les ressources de chaque peuple en matières premières? Que doit-il importer? Que peut-il exporter? Ce qu'il importait de l'ennemi, dans quel pays de l'Entente peut-il le trouver? Ce qu'il exportait à l'ennemi, quel est le peuple de l'Entente qui en a besoin? Les mêmes questions se posent pour les produits fabriqués. On déterminera de la sorte le résidu, c'est-à-dire ce qu'il faut bien faire venir de l'ennemi ou ce qui ne saurait être vendu ailleurs que chez lui. Mais surtout, on déterminera de façon précise quels services réciproques les peuples peuvent se rendre, et cette connaissance servira de base aux négociations qui permettront la construction, par parties spécialisées, de l'ensemble économique dont tous souhaitent la réali-

(1) *Le Commerce franco-américain*, p. XII, 11, 32.

sation. Le travail d'inventaire est commencé en France : un décret ministériel du 8 juin 1918 a institué le « comité d'enquête sur les ressources et besoins économiques et sur la protection douanière » (1).

La solution des questions posées nécessite évidemment la collaboration des groupements économiques. A ceux-ci M. Boret demande même la préparation des accords diplomatiques. Qu'entre alliés, convaincus de ce qui les rapproche, conscients de ce qui pourrait les opposer, ils négocient et s'entendent : les traités économiques seront la ratification de leurs accords spontanés ; et ce terrain sera d'autant plus solide, qu'animés d'intentions pareilles, ils auront veillé simultanément aux intérêts privés et publics qui sont en cause. Ainsi chaque État pourra traiter « dans toute sa capacité, en pleine liberté, afin de développer au mieux de sa prospérité ses importations et ses exportations » (2).

C'est encore M. Boret qui, en quelques larges traits, nous met en garde contre le danger des solutions simplistes. L'Entente constitue deux groupes régionaux : l'Occident, c'est-à-dire la France, la Belgique, l'Angleterre, l'Italie ; l'Orient, c'est-à-dire la Serbie, la Roumanie, la Russie. Industriels seulement, la Belgique, l'Angleterre et

(1) Doc. écon. nº 304.
(2) Boret, *La Bataille économique de demain*, p. 218.

le nord-est de la France, soit 66 millions d'âmes. Les autres, soit 240 millions, sont agricoles ou fournisseurs de matières premières. La liaison entre les deux groupes régionaux est difficile : et cependant l'oriental doit fournir à l'occidental les matières premières et une partie de ses céréales; l'occidental doit exporter vers l'oriental ses produits agricoles de luxe et ses produits manufacturés. D'autre part, la production agricole de l'ensemble lui suffira-t-elle? Ou ne dépassera-t-elle pas ses capacités d'absorption? Ou bien au contraire ne se produira-t-il pas une concurrence interalliée sur ce marché, d'où l'avilissement des prix? Quel sera surtout ici le retentissement du nationalisme économique? Quels seront les rapports économiques nécessaires avec les neutres? Enfin l'ensemble ne demeurera-t-il pas tributaire des puissances ennemies pour certaines matières premières et, tout au moins jusqu'à création d'industries nouvelles, pour certains produits manufacturés?

Voilà bien des questions : il se conçoit que les diplomates de 1916 n'aient pas pu nous donner autre chose qu'une déclaration sentimentale. En fait de réalités, nous n'avons jusqu'ici que des efforts dispersés, tendant à rapprocher plus étroitement entre elles certaines nations de l'Entente, telle la création à Londres de l' « Office commercial français », dont l'objet est d'établir et de développer par tous moyens les relations économiques entre les deux pays.

Vis-à-vis des neutres. — Il faut d'autre part que l'Entente, s'étant constituée en bloc économique, détermine les principes de sa politique vis-à-vis des puissances neutres. La question est délicate.

Certains neutres, pour ne pas dire tous, sont pour l'ennemi, sinon la porte ouverte, du moins la porte basse par laquelle il pénètre ou se ravitaille. Un contrôle sévère permet en temps de guerre d'en réduire au minimum le péril ; mais on n'aperçoit guère la possibilité de maintenir ce contrôle au delà de la conclusion de la paix. Et cependant, il est impossible d'assimiler les neutres à l'ennemi lui-même.

La solution douanière du problème pourrait se trouver dans l'adoption d'un double tarif : sévère, si l'origine de la destination de la marchandise n'est pas justifiée; acceptable, favorable même éventuellement, si le neutre consent à donner la preuve irrécusable de l'origine indigène ou de la destination à ses propres besoins.

Ainsi la question semblerait devoir se résoudre par le libre jeu des intérêts en cause.

Vis-à-vis de l'ennemi. — Le maintien vis-à-vis de l'ennemi d'une attitude nettement restrictive ne sera possible que si les particuliers eux-mêmes savent « se souvenir ». Car nous dirons avec M. Boret qu'il n'y a pas de traité de commerce assez puissant, de mesure d'ostracisme assez impitoyable pour assurer l'exclusion absolue d'un ennemi entreprenant, si les commerçants eux-mêmes ne tirent pas de leur patriotisme la force de résister aux offres de l'ennemi (1).

Que cette attitude soit, en même temps que celle de l'Entente, celle des Belges et celle de la Belgique. Nous avons exposé comment les peuples alliés pourront déterminer le « résidu », les rapports nécessaires, envisagés du seul point de vue de leur intérêt. C'est à ce résidu que devront correspondre, dictés par la victoire, les traités de paix. Cessant d'avoir foi en la parole mensongère des puissances centrales; écartant des considérations sentimentales qu'elles ignorent, — nous nous efforcerons de n'avoir avec elles que le minimum strictement indispensable à notre point de vue de relations économiques. Certes, un tel régime n'est point éternel. Un jour viendra où les courants commerciaux reprendront leur cours naturel. Ce jour ne pourra luire que lorsque nous aurons la garantie que les peuples aujourd'hui ennemis, revenus à la conception saine de la probité, de l'honneur, de la foi jurée, seront dignes de prendre place dans la société fraternelle des peuples libres. Et ce n'est pas un accès de « bolchevisme » qui pourra nous en donner la certitude.

Alors aussi nous pourrons nous relâcher de cette « haute police économique » voulue par la conférence de 1916, dont l'objet sera de surveiller les

(1) Boret, *La Bataille économique de demain*, p. 222.

entreprises par trop cosmopolites ou suspectes de s'être constituées en pays ennemi, et en général les individus qui chercheront à reconstituer l'entreprise de conquête et de dépossession à laquelle la guerre a mis un terme.

Le bloc. — Ainsi les traités économiques seront multiples, spécialisés, adaptés entre tels peuples, à telle branche de la production. Ils ne seront pas le câble solide qui enveloppe d'un nœud resserré un ensemble cohésif. Ils seront la trame laborieusement et minutieusement tissée qui enveloppe un ensemble, fût-il disparate, de façon non moins solide et non moins durable. Ils prendront la forme de tarifs préférentiels, limités quant à l'espace, à la chose, au temps, préparés par une discussion technique, établissant entre parties une balance équitable de compensations.

Aux hommes d'État de l'Entente, disons qu'ils nous ont donné en 1916 une belle page de littérature diplomatique. Mais ajoutons aussitôt que l'heure n'est plus à la littérature. C'est à leurs œuvres que se reconnaîtront parmi eux les grands citoyens qui, léguant leurs noms à l'Histoire, scelleront de leur empreinte l'avenir de l'humanité.

IV

LE POINT DE VUE BELGE

L'inquiétude. — La situation que nous venons de décrire est, pour la Belgique, lourde d'incertitude et d'angoisse.

Ce n'est point seulement parce que, profondément convaincus que la liberté des échanges est la condition du développement et du progrès économique, nous voyons avec chagrin que le monde s'en éloigne, sans même qu'il soit possible d'y faire une opposition principielle et absolue, la Belgique reconnaissant comme ses alliées la nécessité d'opposer désormais à l'emprise de l'ennemi des barrières infranchissables.

C'est aussi parce que le protectionnisme des grands peuples est mortel pour les petits, et que, entre toutes les petites nations, la Belgique — grande puissance productrice renfermée en d'étroites frontières — est celle sur qui la menace pèse avec le plus d'intensité.

L'expansion nécessaire. — Des chiffres que nous avons donnés au début de cette étude, il résulte en effet que la balance commerciale de la Belgique est déficitaire à concurrence de 1 milliard 300 millions, — c'est-à-dire que la valeur de nos importations est supérieure de cet écart à la valeur de nos exportations.

Si l'on soumet les éléments du commerce spécial à l'analyse, on constate aussitôt que la seule catégorie sur laquelle nous soyons au contraire en excédent est celle des produits fabriqués, dans laquelle l'exportation dépasse d'un demi-milliard l'importation, notre cliente principale ayant été jusqu'ici — nous l'avons dit — l'Angleterre. Les autres catégories sont toutes déficitaires : et nous sommes sans action sur ces importations qui répondent à nos besoins essentiels. Tout au plus pouvons-nous espérer que la mise en exploitation des charbonnages du Limbourg agisse sensiblement sur nos importations charbonnières.

Il se conçoit que pour faire équilibre à une importation aussi considérable il faille porter au maximum l'exportation des produits fabriqués. Cela présuppose une réorganisation intérieure, certes, et nous n'avons pas manqué de le reconnaître. Notre organisation industrielle n'est point sans défauts. Tandis que certaines branches sont obligées, pour pouvoir subsister avec l'importance qu'elles ont prises, de vendre au dehors 50, 60, 80, 90 °/o de leur production, d'autres branches sont insuffisantes pour nos besoins et même inexistantes, ce qui nous oblige à importer. Bien plus, l'industrie belge n'est pas suffisamment orientée vers les stades supérieurs de fabrication : souvent jusqu'ici nous avons exporté le produit demi-fini, laissant à d'autres le bénéfice de la transformation ; et il advenait même qu'après celle-ci, nous soyons obligés de réimporter pour répondre aux exigences de nos besoins nationaux. De tout ceci, quelques exemples : les matières textiles étaient exportées sous forme de laines lavées, de peignés, de fils de laine, de coton, de lin ; le fer et l'acier sous forme de demi-produits. Nous recevions ensuite les tissus fabriqués en Angleterre ou en Allemagne ; les machines venues d'Angleterre et fabriquées au moyen d'aciers belges. Notre exportation de machines atteignait en 1913 60.000 tonnes, mais était compensée par une importation correspondante de 102.000 tonnes, dont 64.000 tonnes provenant d'Allemagne, où nous-mêmes nous fournissions dix fois moins.

A ces maux il doit être porté remède : mais il faut cependant proclamer cette vérité, qu'aucun relèvement, aucune organisation, aucun progrès de notre économie nationale n'est possible *si nous n'avons pas d'abord la certitude de trouver au dehors les débouchés indispensables,* l'exiguïté de notre marché intérieur ne tolérant pas l'existence d'industries perfectionnées, spécialisées, concentrées, syndiquées, telles que devront être les industries robustes de l'après-guerre.

La solution belge doit être simple et nette. Vis-à-vis des puissances ennemies — nous aussi, plus que d'autres, avons été victimes du dumping — la Belgique doit s'associer formellement, sans réticence et sans équivoque, à la politique défensive de l'Entente.

Mais elle doit ensuite se retourner vers celle-ci. Marquer nettement sa sympathie pour le libre-échange interallié, pur et simple : à défaut de l'obtenir, *revendiquer tout au moins pour la Belgique ruinée des conditions économiques lui donnant l'air respirable, l'espace, la liberté de trouver au dehors l'issue indispensable à son activité.*

Que deviendrait une Belgique entourée de toutes parts de barrières protectionnistes; ayant rompu ses relations avec les empires centraux; ayant perdu la liberté de ses échanges avec la Grande-Bretagne — ce qui était avant la guerre sa force principale; — dépossédée de ses marchés et de ses clientèles qui ont appris à se suffire ou ont admis d'autres fournisseurs; se heurtant à la concurrence de peuples dotés aujourd'hui d'un outillage industriel formidable et nouveau — telle la France, telle la Hollande, tel, peut-on dire, le monde; — ayant elle-même tout à refaire et à reconstruire, *si les intentions généreuses de ses grandes alliées ne se traduisaient pas en réalités tangibles?*

L'accord anglo-franco-belge. — Il ne suffirait donc pas que la Belgique prenne place dans le régime préférentiel général des Alliés, basé sur la réciprocité des avantages. Il est indispensable en outre qu'une situation particulière lui soit donnée : et l'on aperçoit aussitôt que seules les deux grandes puissances qui sont ses voisines sont en mesure de la lui conférer.

On comprend aisément l'opportunité, à ce point de vue, de certains arrangements particuliers. C'est ainsi que nous avons la certitude de voir la France modifier vis-à-vis de la Belgique sa politique d'avant-guerre : ne plus combattre, par des tarifs de transport défavorables ou par le maintien contre nous des surtaxes d'origine et d'entrepôt, l'orientation de son trafic vers le port d'Anvers; ne pas empêcher la construction du canal de la Meuse à la Chiers; ne point faire obstacle au développement de nos importations en produits fabriqués. C'est ainsi qu'avec M. Georges Paquot nous examinerons la possibilité de demander à l'Angleterre d' « englober la Belgique dans le régime de l' « Imperial Preference », de façon que notre malheureux pays ne voie pas dans l'avenir ses exportations enrayées par des barrières douanières qui n'existaient pas avant la guerre » (1).

Mais il faut voir les choses de plus haut : et c'est par une grande justesse de vue que des Belges éminents appartenant au monde des affaires comme au monde politique ont affirmé qu'il faut envisager la constitution d'un bloc économique anglo-franco-belge aussi intimement cimenté que le permettront les circonstances.

Une telle entente pourrait-elle être conclue sépa-

(1) *Indépendance belge*, 7 août 1918.

rément avec l'une ou l'autre de nos grandes voisines? Nous ne le pensons pas. La Belgique doit veiller à son indépendance économique aussi bien qu'à son indépendance politique. Telles concessions qui seraient possibles dans un accord d'ensemble ne trouveront pas d'équivalent dans un accord séparé. M. Touron, en y songeant, ne s'étonnera plus d'avoir trouvé, dans les négociations franco-belges, que sa contre-partie ne pouvait tendre à une véritable « fusion économique de la France et de la Belgique » (1). Et, vis-à-vis de l'Angleterre la suggestion de M. Paquot n'est pas non plus sans justifier quelques réserves de notre part, s'il devait y être donné suite isolément.

Associés au contraire dans une œuvre commune, les trois peuples réuniraient à un degré merveilleux toutes les conditions du succès. Car la zone qu'ils occupent est à la fois productrice et consommatrice en des domaines qui correspondent. L'agriculture et l'industrie s'y font équilibre. Dotée de richesses naturelles inestimables, appuyée sur un domaine colonial unique, à même de se suffire largement, possédant tous les facteurs de la prospérité, l'entente anglo-franco-belge ouvrirait à chacun des associés les plus belles perspectives d'avenir. La Belgique peut en être l'initiatrice et le pivot.

N'espérons pas cependant que cette entente soit appelée à prendre la forme simpliste d'un Zollve-

---

(1) Doc. écon. nº 206.

rein : une telle mesure aurait des répercussions imprécises et incertaines auxquelles les peuples n'entendront pas s'engager. Les rapports entre les trois pays devraient s'établir, comme nous l'avons expliqué déjà, par une série d'accords détaillés, spécialisés, mais qui seraient toujours tripartites. Leur ensemble constituerait la charte du bloc économique.

Celui-ci adopterait ensuite une politique commune vis-à-vis des alliés, des neutres et de l'ennemi ; et sa puissance serait redoutable à tel point, que déjà l'Allemagne s'en est émue. En avril 1918, la *Frankfurter Zeitung* n'hésitait pas à imprimer que le Gouvernement belge pourrait contribuer dans une large mesure à opérer une détente en « faisant la lumière » sur les rapports économiques ultérieurs des deux peuples, et en se montrant « disposé à les renouer tout au moins au point qu'ils avaient atteint avant la guerre tout en ménageant les perspectives d'un développement ultérieur ».

Le loup était aux aguets ; il escomptait déjà tirer parti de l'isolement où il prévoyait que pourrait se trouver l'agneau. Certes celui-ci « eût opéré une détente » dans ses rapports avec le loup, en promettant de se laisser manger. Seulement, voilà : l'agneau n'a pas voulu...

La colonie belge. — Pour permettre la conclusion et l'exécution de tels accords, il est indispensable que la Belgique puisse resserrer étroitement, dans son intérêt propre aussi bien que dans celui de ses associés, les liens économiques qui l'attachent à sa colonie. Ses grandes alliées colonisatrices et nationalistes ne sauraient trouver à ce désir rien qui puisse les surprendre ou les inquiéter.

Mais ceci présuppose que la Belgique soit maîtresse des tarifs douaniers du Congo belge. L'acte de Berlin et la Convention de Bruxelles qui ont établi sa souveraineté ont donné à ses pouvoirs d'étroites limitations, en ce qui concerne la liberté générale du commerce.

Ayons la ferme conviction qu'à l'heure de la revision générale des traités économiques, les restrictions qui nous ont été imposées tomberont, et que nous pourrons obtenir désormais la juste et complète récompense de notre effort colonisateur.

L'unification de la classification douanière. — La conclusion d'accords économiques spécialisés, à caractère défensif ou à caractère constructif, suppose que les tarifs des nations contractantes soient comparables — et par conséquent que la classification admise par le tarif belge repose sur un principe déterminé, dont l'application soit générale.

La Belgique, malheureusement, a été surprise par la guerre tandis qu'elle procédait à la transformation en droits spécifiques des droits calculés *ad valorem*. Sans doute cette transformation doit se faire avec prudence et après étude approfondie. « Dans beaucoup de cas, disent les délégués industriels américains, les droits spécifiques entraînent des taxations plus fortes sur les objets de nécessité que sur les articles de luxe, principalement si les droits spécifiques sont basés sur le poids, car les articles de prix sont d'habitude plus légers que les articles à bon marché ([1]). » Encore faut-il poursuivre des études, aboutir sans tarder à l'unification, en basant la classification sur la valeur des produits et non point sur le poids. C'est le seul moyen de mettre aux mains de nos négociateurs l'instrument qui leur permettra de discuter et de réaliser la réciprocité d'avantages et de sacrifices qui doit guider leur diplomatie.

Pas de fiscalité douanière. — Mais quel que soit l'avenir qui nous attend, disons hautement que l'imposition de tarifs douaniers ne devra plus être inspirée que d'une seule préoccupation : l'intérêt de l'économie nationale — à l'exclusion de toute fiscalité. Le souci d'équilibrer la balance commerciale de la nation doit se substituer au souci d'équilibrer les budgets.

Certes, il faudra — pour restaurer, réorganiser, supporter les charges de la guerre — des disponibilités financières qu'il est impossible aujourd'hui de chiffrer avec une suffisante exactitude, mais dont le total, dès à présent, apparaît formidable. Notre

(1) *Le Commerce franco-américain*, p. 41.

génération sera-t-elle seule à devoir en supporter la charge? Évidemment non : par le recours à l'emprunt, nous demanderons aux générations à venir d'en assumer leur part.

Mais ce que nous paierons nous-mêmes, payons-le franchement, libéralement, honnêtement. Réclamons-en le montant à l'impôt direct et progressif, et n'oublions pas d'appliquer aux bénéfices de guerre le régime spécial qui convient.

Si, le libre-échange demeurant un idéal lointain, nous trouvons quelques ressources dans le produit de nos perceptions douanières, n'y voyons pas autre chose qu'un adjuvant occasionnel, dont le taux de rendement soit exclusivement déterminé par des considérations d'intérêt économique. Le salut est à ce prix.

CHAPITRE II

UNE REPRÉSENTATION ÉCONOMIQUE A L'ÉTRANGER

Trois grands problèmes se posent.

Celui de la carrière : Comment faut-il recruter le personnel apte à remplir la mission de représentation économique?

Celui de l'organisation : Quels services faut-il assurer? Comment les répartir? De quels auxiliaires faut-il pourvoir leur chef responsable?

Celui de la documentation : Comment coordonner l'œuvre extérieure des représentants économiques et faire en sorte qu'elle soit mise à la disposition et à la portée de ceux qui doivent en faire usage?

Nous les examinerons successivement.

I

LA CARRIÈRE

Les diplomates. — Les qualités professionnelles du diplomate indispensables à la réussite des négociations dont il a la charge, sont la discrétion, le tact, l'éducation, la souplesse, l'expérience des hommes. Il ne pourra s'en servir que s'il possède, en outre d'une culture générale étendue, la connaissance parfaite de la vie économique du pays. Importation et ses origines; exportation et ses débouchés; ressources nécessaires, conditions requises, besoins à satisfaire; — rien de tout ceci ne peut lui être étranger. Car c'est lui qui doit faire aboutir à des solutions précises les aspirations de la nation vers des accords internationaux adéquats à ses intérêts les plus graves; il doit avoir à la fois la conception de l'ensemble et la notion des détails, pour comprendre, poursuivre et réaliser « une politique ».

C'est dire que le diplomate doit, sauf exceptions rares et brillantes, être un professionnel. Il doit avoir fait avec fruit des études fortes et complètes. Surtout il doit posséder les qualités morales qu'exige le travail énorme et quotidien qu'il s'imposera, s'il veut tenir ses connaissances à jour dans le domaine, essentiellement changeant, des questions économiques et de leurs solutions d'ordre international. A-t-on toujours suffisamment attaché d'importance au « fond » personnel des aspirants à la carrière? Ne s'est-on pas quelquefois laissé aller à donner trop de prix à la naissance ou à la fortune? Il suffit, pensons-nous, de poser la question.

Au surplus, si l'activité économique des agents présente un intérêt capital, celui qui s'attache à l'intervention économique de la diplomatie ne lui est pas inférieur. M. Hauser nous fait le tableau saisissant de l'action de la diplomatie allemande. « Toute modification aux conditions économiques internes ou externes d'un pays étranger lui est prétexte à intervenir, à se dire lésée, à réclamer des concessions compensatoires... L'Allemagne prétend que ses droits sont atteints et demande un pourboire pour se taire... Lorsque la diplomatie allemande concédait des emprunts, emprunts dont l'argent était souvent fourni aux banques allemandes par des banques étrangères, c'était contre des commandes. Cette même diplomatie profitait des embarras passagers de ses adversaires pour leur imposer des clauses commerciales qui ouvraient toutes grandes à l'Allemagne les portes du pays (1). »

Comme en toutes matières, il y a ici dans l'exemple allemand l'honnête et le malhonnête, le bon et l'indigne. Mais il importe cependant de saisir sur le vif tout ce qui nous mettait en état d'infériorité et d'y parer dans la mesure qu'autorise notre conception de la probité et de la dignité des peuples.

Les consuls. — Pour définir la fonction consulaire, M. Boret recourt à une double comparaison. Il évoque à la fois les « consuls » de jadis, chefs de

---

(1) Hauser, *Les Méthodes allemandes d'expansion économique*, p. 187.

colonie en pays d'outre-mer, et les magistrats qu'on appelle consulaires, et qui sont les juges de nos tribunaux de commerce. Il veut que le consul soit « un chef moral, un protecteur, un conseiller ». Possédant la connaissance approfondie de la région où il exerce, entouré de prestige aux yeux des autorités et de la population indigène, capable de se servir de cette connaissance et de ce prestige pour donner à ses nationaux des directions éclairées et une assistance décisive, exerçant d'ailleurs sur ceux-ci sa juridiction éclairée et impartiale, il est en même temps pour son gouvernement un informateur de premier ordre. Et ses indications serviront à donner à la politique nationale l'orientation la plus opportune.

A cette conception, il faut ajouter deux choses : le consul possède des attributions administratives étendues ; il tranche les questions de nationalité et de naturalisation ; il veille à ce que ses nationaux remplissent leurs obligations militaires ; il légalise des pièces, délivre des certificats et des passeports ; siège comme notaire et comme officier de l'état civil. Et d'autre part, il réunit sur les conditions de la vie économique dans le pays où il exerce une documentation d'une extrême importance qui, transmise au pouvoir central, sera communiquée par celui-ci aux producteurs et aux commerçants.

Attributions énormes, qui appellent aussitôt une observation générale, déjà formulée en Allemagne. C'est qu'en toute hypothèse, il sera impossible de ne pas faire un choix, de ne pas donner la prééminence à l'une ou l'autre d'entre elles. « Le consul doit être un juriste ou un économiste »; on ne pourra normalement espérer trouver à la fois dans un même homme les aptitudes qu'exige sa double fonction. Selon la conception qu'on se sera faite, les conditions d'accès à la carrière consulaire différeront essentiellement.

Consuls marchands ou honoraires. — Il est d'abord une catégorie de consuls que l'opinion publique désire voir écarter dans un sentiment à peu près unanime : ce sont les consuls marchands ou honoraires, particuliers n'ayant pas subi de préparation spéciale, nommés au hasard des renseignements, des relations ou des préférences.

De toute évidence, il faudra éloigner désormais les étrangers de la fonction consulaire. Leur choix conduit à confier à ses rivaux eux-mêmes le soin de promouvoir le développement de la concurrence belge. L'absurdité est évidente; les conséquences néfastes l'ont été souvent.

Mais faut-il confier à un négociant, même national, le soin d'exercer l'autorité consulaire? Est-il possible de lui demander le sacrifice de ses intérêts privés, en contradiction évidente avec ceux dont il peut être appelé à prendre la charge? Au surplus, comment peut-il avoir les aptitudes qu'on est en droit de trouver en lui? L'accomplissement gratuit de ses fonctions n'empêche-t-il pas que s'exerce sur lui un contrôle, une discipline efficaces? Comment pourra-t-on exiger de lui le zèle, l'initiative, l'exactitude que nécessiterait l'accomplissement de fonctions absorbantes? Et qui ne voit l'obstacle mis à l'action coordinatrice de notre Foreign Office, lorsque le personnel dont il dispose est ainsi dépourvu d'homogénéité et de capacités techniques?

M. Boret n'est point entièrement de cet avis. Il n'admet pas la gratuité des fonctions consulaires; mais, estimant que la fonction économique prime les autres, il voudrait que les consuls soient recrutés dans le monde des affaires. Il faut, dit-il, « un homme résidant depuis longtemps dans une même ville ou dans un même pays, dont il connaît à fond la langue et les mœurs, et où il possède de nombreuses relations parmi les indigènes, en même temps qu'une grande autorité parmi ses compatriotes ». Il ne lui déplairait donc pas de « voir nos consuls choisis parmi les plus notables de nos nationaux établis à l'étranger, dans certaines conditions telles que l'obligation d'une résidence datant de plusieurs années, la proposition à la nomination par les notables de la colonie, etc. ». Lui fait-on observer que le cumul d'intérêts privés avec des intérêts publics est dangereux, il répond que cette objection n'existe pas pour les magistrats des tribunaux de commerce ni pour les négociants qui sont élus maires, et cela quelle que soit l'importance de la ville. En somme, le consul ne doit-il pas être à la fois l'un et l'autre? Il est bien entendu cependant que le consul aura justifié de ses connaissances techniques. Un chancelier lui sera adjoint, fonctionnaire dont la formation sera plutôt celle du diplomate, et à qui l'avancement au rang de consul sera refusé, l'accès de cette charge devant être réservé aux praticiens du commerce extérieur (1).

Cette conception, fort bien défendue, ne saurait être la nôtre. Nous attachons à l'objection tirée de la contradiction possible entre les intérêts et les devoirs du consul une importance extrême : des méfiances, même non justifiées, sont désastreuses. De plus, il est impossible d'exiger de l'homme d'affaires une préparation théorique suffisante. Enfin le souci légitime de ses affaires personnelles serait de nature à empêcher le consul de se consacrer avec suffisamment d'abnégation à une charge qui, comme le Barreau, « veut son homme tout entier ».

Les consuls de carrière. — Il faut donc des consuls de carrière. Notre point de vue sera que les attributions représentatives, administratives et judiciaires doivent être considérées au premier plan. Exigeant du consul des connaissances étendues en matière économique, nous lui donnerons cependant, pour l'aider dans sa tâche, un état-major dont nous parlerons plus loin.

(1) Boret, *La Bataille économique de demain*, p. 73 et suiv.

Dès lors, il n'est pas de raison pour ne pas demander au consul une formation analogue à celle du diplomate, ce qui conduit à l'idée de la fusion des carrières.

L'avantage de celle-ci est considérable. Tout d'abord, il est de permettre ou de faciliter l'avancement sur place. Au lieu de promener nos consuls de pays en pays et de les déplacer au moment même où ils pourraient devenir les plus utiles, ils pourraient recevoir sans changer de milieu les promotions hiérarchiques qui récompenseraient leurs services. Mais ce n'est pas tout. En même temps que serait assuré au corps consulaire un recrutement intellectuellement et socialement élevé, ses perspectives d'avenir seraient de nature à stimuler singulièrement son labeur et son zèle, tandis que d'autre part le diplomate, ayant eu comme consul le contact direct des réalités, ayant complété sa formation théorique par l'expérience pratique, apporterait dans l'accomplissement de sa tâche plus de précision, plus de sûreté, plus de discernement. Quels services n'aurait-il pas rendus à Berlin, comme conseiller de légation ou même comme ministre, l'ancien consul qui aurait passé quinze années de sa carrière dans un des grands centres industriels de l'Allemagne ?

Ainsi se réaliserait la « concentration des activités, des capacités et des travaux du personnel en faveur d'un développement des intérêts économiques » [1]. Ainsi serait constituée devant l'étranger la représentation indivisible de la Patrie.

II

L'ORGANISATION

Le budget consulaire. — A nos consuls il faut un traitement convenable, un budget d'installation et de représentation.

Car le consul « représente ». Il doit donner une idée élevée du pays dont il porte le pavillon. Il doit, pour ses attributions multiples, disposer de bureaux adéquats, où la besogne puisse être exécutée dans des conditions d'ordre, de régularité, de confort, de discrétion. Il doit recevoir. Il doit de plus être entouré d'un personnel nombreux, capable, bien payé lui-même, spécialisé dans les divers services, sur lequel il puisse se décharger « des besognes matérielles et des fastidieuses opérations de chancellerie ».

Nous avons à cet égard beaucoup à apprendre de l'Allemagne. M. Hauser nous montre le consulat de Pétrograd, où dix-sept employés travaillent, dont le budget annuel atteint 250.000 francs, en face du consulat français qui compte trois employés et

---

(1) Biard d'Aunet, *Pour remettre de l'ordre dans la maison*, p. 93.

dépense 16.000 francs par an (1). Et l'on apprend avec surprise que le consul allemand à Johannesburg n'émarge pas annuellement au budget des Affaires étrangères pour moins de 63.000 marks. Que gagne, là-bas, le consul belge?

Les conseillers de commerce. — Pour assurer le contact plus rapproché du consul et de la colonie, et pour qu'il trouve au sein de celle-ci des concours réguliers, l'idée est venue de constituer auprès du consul des « conseils consulaires ».

On peut concevoir ceux-ci comme des organes gouvernementaux et laisser la désignation de leurs membres au choix du ministre. Il semble bien cependant qu'il serait préférable de remettre cette désignation au libre choix des nationaux intéressés, en subordonnant l'électorat et l'éligibilité à des conditions sévères. En dehors de l'autorité plus grande qui s'attachera dès lors aux avis du conseil, une telle institution serait évidemment de nature à créer entre nos nationaux des liens plus constants et à faire vraiment de la « colonie » belge une entité vivante, capable de manifester ses vœux, de faire entendre ses plaintes et de pratiquer l'entr'aide.

Les attachés commerciaux. — La diversité des

---

(1) HAUSER, *Les Méthodes allemandes d'expansion économique*, p. 206.

attributions oblige évidemment à songer à l'organisation d'un service qui soit spécialisé dans l'action économique. Celle-ci est avant tout documentaire. Elle a pour objet de constituer le dossier économique de chaque région : besoins, ressources, législation, usages, etc. Elle est, sachons-le bien, d'une importance décisive en ce temps où la pénétration n'a quelque chance de réussite que si elle est appuyée par un effort collectif, pour ne pas dire un effort national.

Ainsi est née l'idée de créer des attachés commerciaux. Sous sa forme allemande — le *Handelssachverständige*, — elle fait de l'attaché commercial un auxiliaire du consul, placé sous son autorité et chargé exclusivement du service des renseignements économiques. La mission qui lui est confiée est de « s'enquérir » de tout ce qui se fait à l'étranger dans les domaines techniques et économiques ; d'étudier par des voyages entrepris dans son rayon d'action diplomatique les conditions de réceptivité du marché local pour tel ou tel article manufacturé en Allemagne ; et de faire rapport de ses observations aux consuls dont il dépend.

Institués en 1890, les attachés commerciaux étaient en 1905 au nombre de 13, dont 1 en Europe (Saint-Pétersbourg), 5 en Amérique, 1 en Afrique, 5 en Asie, 1 en Australie. Ils émargeaient au budget pour 297.150 marks. M. Max Apt estime que ce nombre est « ridiculement faible ». Et cependant, comme l'a dit en mai dernier au Reichstag le secrétaire d'État von Stein, l'action de ces fonctionnaires était soutenue par l'« utilisation aux fins d'information d'un grand nombre d'auxiliaires privés, source peu accessible aux représentants officiels » : ce qui constitue l'aveu, quelque peu cynique, du système justement flétri sous le nom d'espionnage commercial. Ce qui n'empêche pas d'ailleurs, au dire de M. von Stein, que « le développement et l'utilisation du système d'information fasse l'objet de travaux de la part du département » (1).

La conception française est différente. Elle fait du service des attachés commerciaux un organisme distinct des services consulaires, dépendant donc directement de l'ambassade, et dont le rôle consiste à remplir une mission d'enquête et d'information. M. Clémentel a exposé le fonctionnement général de ce service nouveau dans un discours parlementaire. « Il serait créé des *agents* commerciaux dans tous les pays du monde. Ces agents seraient nommés par le ministre du Commerce avec approbation du ministre des Affaires étrangères. Ils seraient placés auprès de nos agents diplomatiques à l'étranger et jouiraient d'une situation analogue à celle des attachés militaires ou navals. Au-dessus d'eux subsisteraient les attachés commerciaux, dont le nombre pourrait néanmoins être augmenté. Les attachés seraient chargés de centraliser, d'uni-

(1) Doc. écon. n° 258.

fier, de diriger les efforts des agents commerciaux, sur lesquels ils auraient aussi une mission d'inspection (1) ».

En Angleterre, M. Maitland, secrétaire parlementaire de l'Oversea's Trade Department, déclarait aux Communes, le 26 février dernier, parlant de l'institution d'attachés commerciaux, que ceux-ci « auront essentiellement à remplir un rôle d'informateurs et devront tenir le Gouvernement au courant de la politique économique étrangère, contrôler le travail effectué par les consuls et étudier les méthodes de pénétration commerciale employées par les pays concurrents » (2). On sait d'autre part que l'Angleterre organise un service mondial de documentation économique.

A leur tour, les États-Unis, « en vue de préparer l'expansion économique après la guerre », entrent dans cette voie. Comme en France, l'attaché commercial est placé auprès des ambassades et des légations. Sa mission est de « se tenir en contact avec les principaux fonctionnaires et hommes d'affaires des pays dans lesquels il se trouvera et de faire parvenir des rapports commerciaux » (3).

Quel que soit le système que l'on préfère, il faut en tout cas que la Belgique ne tarde pas à imiter sur ce point toutes les grandes puissances productrices.

---

(1) Séance de la Chambre des Députés, 28 juin 1918.
(2) Doc. écon. n° 76.
(3) Doc. écon. n° 302.

La propagande économique. — Enfin, la conception est née de constituer, dans les pays avec lesquels un peuple désire développer ses relations, des services spéciaux de propagande économique. Tels les « Trade Commissioners » anglais, chargés de développer, dans une colonie déterminée, les rapports d'affaires avec la métropole. Tels aussi les « Trade Commissioners » que les États-Unis ont l'intention de charger, en pays alliés, de « promouvoir leur expansion économique et de resserrer les rapports soit à l'importation, soit à l'exportation ».

Le ministre français du Commerce a provoqué, d'accord avec son collègue des Affaires étrangères, la fondation au dehors d'offices commerciaux dont deux, celui de Londres, dont nous avons parlé, et celui de Zurich, existent déjà.

Celui de Londres, notamment, a pour objet l'établissement et le développement par tous les moyens de relations commerciales entre les producteurs français et les acheteurs anglais, et l'encouragement de la vente des produits français dans le Royaume-Uni. Il s'occupera de l'étude des produits, des méthodes commerciales en Angleterre pour les faire connaître aux exportateurs français. Il est placé à cet effet sous l'autorité de l'attaché commercial français à Londres.

Il organisera en outre des expositions d'échantillons de produits français; même, dans ses bureaux, il tiendra de petites expositions des spécialités ou des produits d'une firme ou d'un groupe de firmes. La durée de ces expositions sera d'une dizaine de jours (1).

Nous savons que des propositions d'initiatives à prendre dans un sens analogue ont été faites déjà au Gouvernement belge. Elles méritent incontestablement d'être examinées et éventuellement accueillies si nous ne voulons pas nous exposer, arrivant trop tard, à ne plus trouver place.

III

LA DOCUMENTATION

Le service central. — Il faut, pour que le but soit teint, que tout d'abord les nombreux rapports provenant des consuls, des attachés, des agents, des conseillers de commerce soient colligés, coordonnés, étudiés, de façon à en dégager les vues d'ensemble — qui intéressent le Gouvernement et les groupements économiques — et les détails présentant un intérêt pratique — qui intéressent les particuliers.

Ces services ne doivent pas être des bureaux de ministère. Ils doivent être autonomes, et le contact avec les intéressés doit s'y établir.

En Allemagne, M. Schuchard propose la création d'un « commissariat pour le développement

(1) Doc. écon. n° 342.

du commerce extérieur », chargé notamment de réorganiser le service d'information et de fournir une documentation économique complète, constituant la monographie économique des principaux pays, avec étude, par des spécialistes, de toutes les modifications survenues depuis la guerre. Ce travail devrait pouvoir être terminé dans les trois mois de la paix (1).

En France, M. Clémentel compte pour cette centralisation sur l'Office national du Commerce extérieur, dont l'organisation actuelle sera modifiée de façon à donner à cet office des moyens d'action beaucoup plus étendus.

Nous parlerons plus loin du Musée commercial de Philadelphie.

La publicité. — La centralisation faite, il s'agit encore d'assurer aux intéressés la connaissance facile et sûre de ce qui les concerne; surtout, la connaissance rapide; on y insiste aussi bien en Allemagne aujourd'hui qu'on y insistait déjà en Belgique. Il s'agit aussi, sans déplacement, de mettre commodément à la disposition du public des travaux plus étendus, des échantillons, des graphiques, etc. C'est ce que fera en France l'Office national du Commerce. C'est aussi ce qu'il s'agit d'organiser chez nous si l'on veut éviter que — chose décourageante pour nos représentants à

(1) Doc. écon. nº 258.

l'étranger — les plus beaux rapports ne dorment, inutiles, dans les tiroirs les plus profonds.

En Allemagne, le ministère des Affaires économiques publie les *Nachrichte für Handel, Industrie und Landwirtschaft*, sous la forme d'un journal paraissant six fois par semaine. Ce journal est le moyen officiel d'information économique; la direction en a été confiée à un journaliste d'une compétence éprouvée en matière commerciale, auquel ont été adjoints des collaborateurs capables. Ses informations portent — en dehors de la documentation extraite des informations reçues — sur tous les événements économiques de l'étranger, — notamment les progrès accomplis dans le domaine technique — et sur les questions douanières et législatives, plus particulièrement sur la législation économique. Il paraissait même pendant la guerre (1).

Agir. — Étudions, discutons toutes ces idées, toutes ces institutions, toutes ces œuvres proposées à notre initiative. N'attendons pas, pour en prendre ce qui est utile, que la guerre soit oubliée. C'est ici qu'on peut dire que chaque jour qui passe est une bataille perdue. Réalisons des réformes. Choisissons des hommes. Créons des œuvres. Osons.

Cela suffit-il? Non pas. Il faut en outre, du haut

---

(1) Doc. écon. n° 258.

en bas de la hiérarchie, que le personnel diplomatique et consulaire ait une haute conscience de la mission remplie, un sentiment élevé du devoir patriotique qui lui impose le travail, le zèle et le dévouement sans réserves. Et cela, nous le trouverons.

CHAPITRE III

UNE POLITIQUE DES TRANSPORTS

Le problème du transport est un.

Nous étudierons successivement le trafic intérieur et son aménagement; le port et ses exigences; le transport maritime et son importance nationale.

Une politique des transports doit « voir de haut » et « voir loin ».

« Voir de haut. » C'est-à-dire qu'il faut s'attacher aux horizons larges, hiérarchiser les degrés d'utilité et d'importance; se garder des idées étroites tant au point de vue de la technique du transport qu'au point de vue régional.

« Voir loin. » Dans l'espace, en rattachant le trafic intérieur au trafic extérieur par le port national qui est l'agrafe. Dans le temps, en établissant des programmes vastes, établis pour répondre non seulement aux besoins d'aujourd'hui, mais à ceux de demain et d'après.

Ampleur de conceptions sans laquelle le transport arrivera toujours mal, trop peu ou trop tard.

I

LE TRAFIC INTÉRIEUR

Une politique des transports. — L'État constructeur et exploitant des chemins de fer, constructeur de voies navigables, maître suprême de la voirie, a tous les pouvoirs. Il doit en user suivant une politique précise qu'en 1913 déjà, dans la Chambre des Représentants de Belgique, nous avons exposée et défendue. Elle était inspirée des idées dont MM. Laneau et Teugels-Devos — deux Belges qui certes ont bien mérité de leur patrie — s'étaient faits inlassablement les apôtres.

Il faut, disions-nous, envisager le transport comme le serviteur et l'auxiliaire de l'industrie et du commerce.

Quatre moyens : la route, le chemin de fer, le chemin de fer vicinal, la voie navigable. Concurrents? Non pas. Collaborateurs nécessaires d'une tâche commune. Source de rendement fiscal? Non pas. Serviteurs désintéressés de la collectivité des intérêts privés se confondant ici avec l'intérêt public. Envisagés d'un point de vue local et particulariste? Non pas. Considérés du seul point de vue légitime, celui de la nation économique.

Le rôle du Transport? Amener vers l'usine les matières premières et les combustibles; emmener les produits vers le client, vers l'entrepôt ou vers le port. Faire tout cela le mieux, le plus rapidement, le meilleur marché possible.

A chacun des moyens de transport, sa tâche. A la voie navigable, les transports pondéreux qui peuvent être lents et qui doivent se faire à bas prix. Au chemin de fer, les transports plus précieux ou plus rapides. Aux routes, la circulation accélérée des camions automobiles. Au vicinal — les petites veines du grand réseau — l'adduction vers l'usine, le retour vers la voie ferrée ou le canal.

Tout ce réseau conçu de manière à rapprocher par sa disposition ceux qui ont besoin les uns des autres, le charbonnage de la métallurgie, la grande usine exportatrice du grand port. Des gares communes multiples et bien outillées, permettant de passer rapidement et aisément d'un moyen de transport à l'autre, du canal au chemin de fer et réciproquement.

Un programme d'ensemble des travaux, inspiré de ces directives, la rupture totale avec la routine, les préjugés, les égoïsmes. Une conception large, nette, globale de la tâche à remplir.

Centralisons. — Pour la réalisation agissante d'une telle politique, la fusion de tout ce qui concerne le transport en un même département ministériel s'impose. De même, l'institution d'un conseil supérieur du transport, travaillant en collaboration étroite avec le ministre. L'industrie, l'agriculture, le commerce, les industries du transport, la science, la technique, les travailleurs, toutes les forces nationales doivent y trouver une représentation aussi bien que l'État lui-même.

Ses attributions consultatives doivent être aussi étendues qu'il est possible.

La construction d'abord. Où construire et que construire? chemin de fer ou canal? les deux? Quel itinéraire adopter? quelle capacité de transport prévoir? Complexité d'intérêts, complexité technique : tout cela doit être dégagé par une étude attentive et compétente.

Puis l'outillage. C'est la question de l'électrification de la traction et du halage; celle de la conservation et du perfectionnement du matériel mobile; le trafic par trains complets, les wagons à grand tonnage par exemple; celle de l'amélioration du matériel fixe, tel l'éclairage nocturne des voies navigables. Problème immense qui requiert le concours des capacités les plus diverses.

Enfin, la gestion. Les principes : concession? autonomie? comptabilité industrielle? ou simplement exploitation administrative en régie? Sans doute, il appartient au législateur de choisir, mais quelle importance n'aura pas à ses yeux l'avis étudié d'une telle assemblée! Celle-ci cependant jouera un rôle direct et décisif, lorsqu'il s'agira d'arrêter les tarifs de transport.

Les tarifs. — Arrêtons-nous un instant à la

question des tarifs. Et voyons le parti que l'Allemagne avait su en retirer pour favoriser l'expansion nationale.

L'État fixait les tarifs, selon l'expression d'un rapporteur à la Chambre des Seigneurs de Prusse, en tenant compte exclusivement des besoins de la vie industrielle. Maître des chemins de fer, il disposait aussi des canaux par son monopole du halage. Les tarifs étaient élaborés par un conseil semblable à celui que nous venons de décrire. C'était, notamment pour les voies navigables, le Comité consultatif des voies d'eau, formé en sous-comités régionaux, comprenant les représentants de l'industrie, du commerce, de l'agriculture, de la navigation et de l'État, qui déterminait les bases de la tarification et proposait « les faveurs nécessaires à chaque région et à chaque branche de l'industrie nationale » (1).

Aussi, les tarifs sont en perpétuel mouvement. Faut-il favoriser une exportation, donner à un dumping un concours complice? Chemins de fer et canaux abaissent le coût du transport. S'agit-il d'entraver, malgré la clause de la nation la plus favorisée, une importation indésirable? Tous deux le relèvent. L'État s'inspire de l'intérêt du moment; il favorise ou il prohibe selon ce que dicte celui-ci; il s'inquiète de diriger le trafic vers ses

(1) HAUSER, *Les Méthodes allemandes d'expansion économique*, p. 153.

ports. Il est mieux qu'un marchand de transports : « il s'érige en arbitre des industries et des provinces » ; il oriente au mieux de l'intérêt public les grands courants du trafic intérieur.

Sans doute, il y a un tarif général. Mais les exceptions sont si nombreuses qu'elles portent en 1903 sur 63 °/₀ du tonnage kilométrique et sur 46 °/₀ de la recette ; s'il le faut, ses ristournes iront jusqu'à réaliser la gratuité du transport. Et sa fertilité d'invention imagine le « tarif soudé » qui permet de faire l'expédition outre-mer pour un prix unique comprenant le fret terrestre et maritime ; il dissimule de la sorte une réduction du fret qui peut aller parfois jusqu'aux trois quarts ; en outre, il simplifie les opérations commerciales ; il favorise les ports nationaux, la marine nationale [1]. Il se conçoit que pour pareille œuvre — dont on peut tout au moins retenir l'intérêt qui s'attache à la mobilité des tarifs — le concours direct et constant des compétences soit indispensable.

Nos compatriotes, chaque fois qu'il leur fut permis de faire entendre leur voix, nous demandèrent de nous en préoccuper. Ils réclament la revision générale des tarifs des chemins de fer pour supprimer les anomalies qu'on y rencontre et diminuer les frais de transport de certaines matières premières en vue de favoriser notre exportation.

---

(1) Hauser, *Les Méthodes allemandes d'expansion économique*, p. 149 et suiv.
Urban, *L'Effort de demain*, p. 88.

Ils aspirent aussi à la suppression de la taxe absurde établie sur les raccordements industriels, aussi absurde que l'impôt basé sur les portes et fenêtres, — ce qui n'est pas peu dire.

La navigation intérieure. — L'État, exploitant des chemins de fer, se dégage difficilement de la conception mesquine de la concurrence. Même en Allemagne (1) — mais aussi et surtout en Belgique — cette rivalité s'est manifestée par l'opposition de l'État à des constructions ou des aménagements de voies navigables considérées comme susceptibles de nuire au trafic des chemins de fer. C'est une idée fausse qui, nous l'avons montré, doit disparaître ; on y parviendra en réalisant l'unité de département et en s'abstenant désormais de demander à l'exploitation des chemins de fer un rendement fiscal.

Dans la politique générale des transports, il faut une « politique des canaux ». La Belgique en a manqué trop longtemps ; il en est résulté qu'elle n'est point parvenue en trente années à moderniser le canal de Charleroi à Bruxelles, si bien que le fret du charbon allemand de la Ruhr était, à la veille de la guerre, moins élevé pour la région bruxelloise que le fret du charbon belge. Si bien que le canal de Bruxelles à Louvain restait soumis à un régime archaïque, interdisant aux bateliers de

(1) Hauser, *Les Méthodes allemandes d'expansion économique*, p. 164.

rompre charge à Malines sans l'autorisation du « magistrat » louvaniste. Si bien aussi que la jonction Meuse-Escaut est toujours à l'état de projet; que c'est à peine si, dans ces derniers temps, elle a paru prendre corps, avec ses compléments : la jonction du Rhin à la Meuse d'une part, celle de la Meuse à la Chiers de l'autre.

Les rêves allemands sont plus larges, et leur réalisation fut plus grandiose. Ils aspirent maintenant vers la construction d'un Mittelland Kanal, qui relierait le système navigable du Danube au système navigable du Rhin, et deviendrait ainsi l'artère aorte de la Mittel-Europa. Déjà, le réseau des canaux allemands, praticable pour les chalands à fort tonnage, est unique au monde par sa perfection technique.

Voyons d'ailleurs ce que sont les ports intérieurs. Certains sont plus importants que les plus grands ports maritimes. Le trafic colossal de Ruhrort atteint, en 1912, 34 millions de tonnes; il n'était, en 1903, que de 19 millions. Mannheim dépasse 10 millions de tonnes. Strasbourg augmente son trafic en deux ans — de 1911 à 1913 — de 90 %, passant de 1.089.000 tonnes à 1.988.000 tonnes (1). L'outillage de ces ports est aussi puissant, aussi moderne que celui des ports maritimes. Leur aménagement est calculé en vue de répondre aux besoins les plus larges de l'avenir. Leurs

(1) Cambon, *Notre Avenir*, p. 143.

bassins sont spécialisés soit au trafic commercial, soit au trafic industriel. Ces derniers sont « bordés de vastes terrains vagues destinés à recevoir des établissements industriels privés » ; et la vente ou la location de ces terrains couvre en tout ou en partie la dépense faite pour construire et outiller les bassins. Tels apparaissent les ports intérieurs allemands, ports modernes, orgueilleux de leur activité formidable, où « la clientèle elle-même vient aspirer, sucer, pomper jusque dans les districts usiniers les produits industriels allemands » (1).

L'orientation du trafic. — L'aménagement du trafic intérieur des voies navigables doit aussi être tel que les diverses zones productrices collaborent et s'entr'aident, et que se créent entre elles des « courants permanents » de circulation, dont les points de croisement seront les ports. Tel, pour la Belgique, le port intérieur de Bruxelles, dont l'essor promet d'être rapide. Tout le long de ces voies se multiplieront les usines, et des régions entières seront appelées à la prospérité et à la vie.

Mais il faut aussi, en tant que les choses transportées soient destinées à l'exportation, que le trafic intérieur tout entier — chemins de fer et voies navigables — soit orienté vers le grand port maritime. Bien plus, il faut que le transport aille

(1) Hauser, *Les Méthodes allemandes d'expansion économique*, p. 166

chercher hors frontières tout ce qui doit normalement alimenter le mouvement du port maritime, et que se développe ainsi, pour Anvers, aux lointains de l'Allemagne et de la Lorraine, son hinterland.

Ceci suppose qu'au port maritime soit annexé un port intérieur de premier ordre, aussi bien qu'une gare maritime à grand développement. Mais il faut en outre que le transit se fasse en franchise, aussi bien par eau que par fer : chose à peine croyable, le transit douanier n'était pas organisé chez nous pour les marchandises flottantes ! M. Urban y insiste : « La Belgique est un pays de transit ; car si Anvers dispose pour l'alimenter de tout l'est et le nord-est de la France, notre métropole commerciale a également pour hinterland la Prusse rhénane, le Palatinat, le grand-duché de Luxembourg et l'Alsace-Lorraine [1]. »

Ainsi tout converge vers le port.

II

LES PORTS

Anvers en danger. — Le port d'Anvers est en danger. Dans les préoccupations de ceux qui di-

---

(1) Urban, *L'Effort de demain*, p. 32 et suiv.

rigent notre politique économique, il doit tenir une des premières places. Ses destinées sont inséparables de celle de la patrie restaurée.

Avant d'examiner de plus près les conditions où il se trouve et ce dont il a besoin, signalons à l'attention la cause générale de perturbation qui affecte tous les grands ports maritimes de l'Europe. M. Patchin, directeur du Foreign Trade Department, l'expose clairement dans un article publié en janvier 1918 par le *Journal of Commerce*. Elle consiste dans le déplacement dés courants commerciaux, c'est-à-dire des plus grandes routes maritimes. La guerre l'a déterminée, mais il y a lieu de craindre qu'elle ne lui survive. Elle s'est opérée, de façon générale, au détriment des ports européens : Hambourg, Rotterdam, Londres, Anvers, au profitdes ports des États-Unis et du Japon. Son mécanisme est fort simple. Les dangers de la guerre sous-marine ont conduit à supprimer le détour que faisait par les mers européennes le trafic entre l'Océan et le Nouveau Monde : ce trafic se fait désormais à travers l'Océan Pacifique. De même, le trafic de l'Inde s'est dirigé vers le port japonais de Kobé.

Le trafic scandinave s'est établi directement vers l'Amérique. De plus, dans une large mesure, les États-Unis ont remplacé par des importations venues de l'Amérique même ce qu'ils prenaient jadis aux puissances centrales. Enfin, sur de nombreux marchés, « les exportations des États-Unis et du Japon ont remplacé ce dont jadis les pays européens étaient fournisseurs » ([1]).

La réalité de ce phénomène économique n'est pas contestable. Il a pour conséquence d'empêcher que l'on ne fasse de la solution des problèmes de cet ordre une question de statistique. Sans doute, les situations d'avant-guerre gardent un intérêt documentaire : mais nous devons être désormais préparés à cet état de choses nouveau et différent. C'est une raison de plus de comprendre qu'Anvers ne pourra retrouver son mouvement grandiose que dans une Belgique prospère, unie, consciente de ses devoirs économiques, pratiquant résolument une politique de valorisation des forces et d'orientation disciplinée de l'activité nationale.

Concentrons l'effort. — Les grands peuples eux-mêmes ne peuvent avoir que peu de ports. Mais il faut que les ports soient puissants par leur capacité, leur armement, leur outillage; il faut aussi ne point lésiner, avoir des vues larges et lointaines, engager de fortes dépenses, par opération de grande envergure, pour en assurer le perfectionnement continu.

M. Hauser nous en explique la raison. « Avec les tonnages modernes qui dépassaient 20.000 tonnes à la fin du siècle dernier et qui s'acheminent maintenant vers les 50.000, le petit port est inutile et

(1) Doc. écon. nº 103.

les ports nombreux deviennent une impossibilité économique. A la concentration des lignes de transport répondent la concentration des points d'entrée et de sortie, l'accumulation sur un très petit nombre d'endroits bien choisis de capitaux énormes sous forme de bassins immenses, de docks, d'écluses gigantesques, d'outillage perfectionné. » Il faut donc, au lieu de multiplier les ports, donner à chacun d'eux le maximum de capacité et de puissance : on y parviendra en procédant, non par remaniements successifs et timides, mais au contraire par opérations d'ensemble auxquelles il faut bien appliquer l'épithète de colossales. La transformation du port de Hambourg a coûté 140 millions de marks; elle a entraîné le déplacement d'un quartier de 30.000 âmes [1].

Nous ne méconnaîtrons donc pas l'importance de nos ports secondaires, mais nous chercherons à les spécialiser. Zeebrugge est un centre d'importation charbonnière; Ostende reçoit plutôt les bois de Scandinavie; Gand répond aux besoins particuliers de l'industrie des Flandres et de notre exportation agricole; plusieurs ports servent de base à notre industrie de la pêche maritime. Mais considérons avant tout Anvers. Accentuons davantage encore, si c'est possible, l'intérêt que nous lui portons, et ne lui marchandons point les ressources budgé-

---

(1) Hauser, *Les Méthodes allemandes d'expansion économique*, p. 163 et suiv.

taires qu'exige son développement maximum. Nous n'avons pas marchandé jusqu'ici d'ailleurs : car si Hambourg, en quarante ans, a coûté un demi-milliard, Liverpool 300 millions, Londres 360, nous avons consacré dans le même temps 300 millions à notre grand port national.

La gestion. — La gestion doit être confiée aux intéressés eux-mêmes. L'État doit se borner à donner des directives, à procurer des ressources, à assurer le contrôle de leur emploi utile. Qui, mieux que les intéressés, peut faire en sorte que l'outil corresponde exactement à la tâche? que l'économie règne dans l'emploi des fonds? que les taxes perçues soient réduites au minimum? qu'il y ait continuité dans la conception et la réalisation d'un progrès sans cesse en mouvement?

M. Biard d'Aunet recommande avec raison cette décentralisation féconde. La question du port doit être laissée à ses exploitants, avec le concours des municipalités; en Angleterre l'intervention de l'État se réduit à la fixation du maximum de droits à percevoir sur les navires. Ainsi seront assurées les conditions que nous résumerons ainsi : chômage des navires réduit au minimum, de façon à permettre leur prompt accostage, leur déchargement facile et régulier, l'entreposage commode et sûr des marchandises, le rechargement avantageux.

Ajoutons-y, comme le veut M. Biard d'Aunet, le

taux peu élevé des droits : des progrès peuvent encore être réalisés à cet égard. Si un vapeur de 4.000 tonnes débarquant ses marchandises paie au Havre 9.500 francs, il paie à Anvers 4.000 francs, tandis qu'à Hambourg la taxe perçue descendrait à 2.000 francs.

L'hinterland. — Anvers n'était pas devenu, comme on l'a prétendu à tort, un port allemand en territoire belge. Certes, il avait subi l'action des méthodes allemandes de pénétration : mais nulle part peut-être, plus qu'à Anvers, le sentiment national n'était demeuré intense et vivant. Cependant la valeur du transit allemand en 1911, sur un total général d'environ 2 milliards 300 millions, s'élevait à l'entrée à près de 1 milliard (exactement 972.600.000 francs); à la sortie à plus de 300 millions. La grande partie de ce trafic se faisait par notre port, qui comprenait dans son hinterland tout le trafic rhénan-westphalien.

Il faut prévoir la perte de cet hinterland : à raison des mesures économiques qui seront prises contre l'expansion allemande; à raison aussi du fait que le trafic allemand sera vraisemblablement détourné en majeure partie vers Rotterdam. Ce sera dès lors, pour nos amis, le moment de se souvenir de leurs promesses solennelles et d'apporter à notre restauration un concours réel et efficace.

Ceci s'adresse principalement à la France. La

Lorraine et le nord-est de la France seraient naturellement tributaires du port d'Anvers : la politique française a tendu, par des mesures tarifaires, par le refus de construire certaines voies navigables, surtout par les *surtaxes* d'entrepôt et d'origine, à détourner ce trafic vers les ports de Dunkerque et du Havre. Elle n'y parvient pas entièrement d'ailleurs, puisque la valeur du transit français fut cependant en 1911 de 485 millions à l'entrée et de 440 millions à la sortie ; elle contribue cependant de façon malheureuse à accentuer l'importance relative de l'apport germanique.

Il lui appartient aujourd'hui de nous entendre ; de supprimer ce protectionnisme qui nuit autant à ses intérêts propres qu'aux nôtres ; de voir, elle aussi, « de loin et de haut », et de songer que le profit artificiellement créé pour certains de ses ports ne compense pas le tort indirectement causé à sa plus belle région industrielle en même temps qu'à la petite nation laborieuse qui lui est si étroitement unie par l'intérêt aussi bien que par l'affection et la reconnaissance.

La clientèle. — L'hinterland doit procurer au port le fret de retour, l'apport régulier des marchandises, sans lequel il ne saurait avoir, à défaut de rechargement rémunérateur, de clientèle régulière.

Encore faut-il que cette clientèle existe : et la part de l'Allemagne, dans la clientèle du port d'Anvers, était considérable. En 1906, sur un mouvement à l'entrée de 10.812.000 tonnes, elle représentait 2.853.000 tonnes. Cette clientèle doit être remplacée. Il va sans dire que nous nous efforcerons d'y pourvoir par le développement de notre marine marchande; encore est-il nécessaire que les grandes puissances maritimes de l'Entente nous y aident en faisant du port d'Anvers une des stations de leurs grandes lignes de navigation.

Car il n'est point de grand port sans départs nombreux et réguliers, pas plus que sans fret de retour. Et ce dernier est la condition absolue du maintien de la clientèle de « tramps ».

La liberté du fleuve. — Il importe enfin qu'il soit mis un terme à l'incertitude de nos droits sur l'Escaut. Affirmons, comme une nécessité absolue, qu'il faut substituer, lors de la conclusion de la paix, une convention formelle et précise à l'imprécision dans laquelle nous avons vécu jusqu'ici.

Avec notre voisine du nord, si rapprochée de nous par les dangers qui la menacent, nous désirons très sincèrement entretenir des relations cordiales. Mais nous ne nous trompons pas en disant que l'établissement de telles relations est subordonné dans une large mesure à la liquidation du problème de l'Escaut.

Reconnaissons que celui-ci est complexe. Il est à la fois politique, militaire et économique. Mais ce dernier point de vue est capital. La Hollande doit comprendre, étant donnée l'importance du port dans notre vie nationale, notre désir d'être assurés de la liberté, de la permanence et de la commodité du trafic. Il faut que les travaux de nature à modifier le régime de l'Escaut soient étudiés et réalisés de commun accord, en tenant compte des intérêts qu'ils mettent en jeu ; celui de la Belgique sera prépondérant chaque fois que la navigabilité du fleuve sera en cause. Il faut aussi que la police de la navigation dans l'Escaut inférieur ne soit plus hollandaise, l'existence et le développement du port restant à la merci du bon plaisir de la puissance voisine. Il faut en un mot que tous les services du bas Escaut soient assurés de commun accord et dans l'intérêt commun des puissances riveraines.

Dans la conférence mondiale d'où sortira la constitution de la paix, la question de l'Escaut ne saurait être passée sous silence ; elle tend à prendre une forme territoriale ; et nous sommes en droit d'escompter, pour la résoudre, en même temps que la bonne volonté de notre voisine, l'appui de nos grandes alliées.

III

LA MARINE MARCHANDE

La nécessité d'une marine marchande. — Ce n'est point seulement pour assurer aux ports nationaux une clientèle certaine et régulière que la marine marchande nationale est nécessaire au développement économique intégral d'un peuple.

La marine marchande sera un agent efficace de pénétration commerciale. « Trade follows the flag. » La présence du pavillon national dans les ports étrangers crée du prestige. Elle est en même temps la garantie que l'exportateur ne sera point trahi par la compagnie de navigation au profit des compatriotes de celle-ci, et qu'au contraire l'agent maritime s'efforcera de lui créer une clientèle et de la développer. Que n'avons-nous pas perdu de la sorte, par le fait que nos exportateurs étaient trop souvent obligés de confier leurs transports à une ligne étrangère, souvent allemande? L'agent maritime allemand était mis nécessairement en possession du secret des affaires : noms des clients, nature des produits, importance des besoins. Il se faisait à la fois l'espion de ses producteurs nationaux et le placier de leurs marchandises ; il faisait fabriquer le produit concurrent et en assurait le débit (1).

Pourquoi d'ailleurs laisser à d'autres les bénéfices que donne l'industrie du transport maritime? Ne devons-nous pas vouloir que l'organisation de la production se complète d'une organisation de la distribution à la clientèle? De bons citoyens,

(1) Hauser, *Les Méthodes allemandes d'expansion économique*, p. 162.

soutenus dans leur action par la haute sollicitude du Roi, se sont efforcés d'éclairer leurs compatriotes et de leur montrer que l'avenir, pour eux aussi, était sur les eaux. « Le commerce maritime représente au moins les deux tiers de l'ensemble du commerce international, et son importation s'accroît plus rapidement que celle des voies ferrées. » En le négligeant, « les Français se sont privés d'une source de richesse et d'un élément de prospérité dont la répercussion devait s'étendre bien au delà du littoral et des ports de France » (1). Prenons de ce reproche toute notre part.

Les besoins de la restauration. — Au surplus, après la guerre, la possession d'une marine marchande nous est indispensable. Nous connaissons la pénurie mondiale du tonnage; aussi sa réquisition dans la plupart des pays ou tout au moins sa concentration contrôlée; enfin l'institution d'une discipline interalliée dans l'emploi des disponibilités flottantes.

Dans un tel état de choses, les peuples doivent aviser. Sans doute, la Belgique peut compter recevoir par priorité l'excédent de tonnage qui subsistera après satisfaction donnée aux besoins des puissances à qui les navires appartiennent. Le

(1) HAUSER, *Les Méthodes allemandes d'expansion économique*, p. 162.

fait que la fin des transports militaires libérera 8 millions de tonnes autorise à cet égard de grandes espérances. Mais il faudra effectuer d'abord le rapatriement des troupes. Il faudra faire face à la reprise soudaine de la vie économique normale dans le monde entier. Nous devons par conséquent avoir la sagesse de nous constituer une marine capable de contribuer largement à satisfaire à nos besoins propres. En aucun cas elle n'y pourra suffire : nous devrons alors pouvoir compter sur nos alliés. Ils comprendront notre désir d'être représentés dans les organismes distributeurs du tonnage. Ils comprendront aussi notre hâte d'être fixés, par des engagements précis, sur l'assistance qui nous sera donnée. En attendant, travaillons.

La condition du succès. — Le développement de la marine marchande ne doit pas être artificiel. C'est pourquoi nous repousserons tous les systèmes de préférence et de subvention que la France a pratiqués sans obtenir de résultat satisfaisant, puisque sa marine marchande était, à la guerre, au cinquième rang [1].

Contre le traitement préférentiel par surtaxe de pavillon, le Comité Runciman s'est prononcé avec

---

(1) Grande-Bretagne, 45,2 % du tonnage mondial; Allemagne 11,3 %; Etats-Unis, 4,4 %; Norvège, 4,3 %; France, 4,1 %. La Belgique ne représentait que 0,7 %! (Chiffres de M. Edouard Pécher, député d'Anvers.)

énergie. « Un tel retour aux anciens principes de l'Acte de navigation n'est aucunement justifié par la nature du commerce maritime au vingtième siècle. » Cela résulte de l'étendue du mouvement maritime, de la certitude de représailles, du fait que les échanges entre les diverses régions de l'Empire ne représentent pas le cinquième du trafic total de la flotte marchande. L'argument est un peu spécial à l'Angleterre : retenons cependant l'idée des représailles et l'éloignement fatal de la clientèle étrangère qui, défavorisée, cesserait de fréquenter les ports nationaux. De telles mesures sont rétrogrades. Le trafic s'est universalisé; il répond à des besoins universels; il faut que l'assimilation dans tous les ports du monde du pavillon étranger au pavillon national soit maintenue (1).

Avec M. Biard d'Aunet, précisons la condition du succès. Il faut d'abord créer des excédents de production à l'intérieur du pays; organiser et orienter le trafic intérieur de façon à le rendre tout entier tributaire du port. Le transit s'ajoutera, élément moins stable et pourtant nécessaire, à la clientèle nationale capable d'alimenter et de faire grandir la marine nationale. De la sorte, comme nous l'avons montré, par ces enchaînements irrésistibles le port est dans la dépendance du trafic intérieur; la marine marchande dans la dépendance du port national. Ainsi, « les ports de mer

(1) Biard d'Aunet, *La Politique et les Affaires*, p. 102 et suiv.

ne sont plus des points d'arrivée. Ce sont des carrefours de routes. Le trafic de terre et le trafic de mer sont le prolongement l'un de l'autre ». Et l'on est ainsi ramené à la conception allemande, si efficace, du tarif soudé.

L'exemple allemand. — Voyons d'ailleurs comment l'Allemagne était parvenue à conquérir le rang qu'elle occupe.

Peu de subventions, directes ou déguisées : la rémunération des services postaux était modique. Peu d'intervention de l'État : mais son patronage et son appui indirect. Citons par exemple l'organisation du trafic par les lignes allemandes de l'émigration russe et galicienne vers les pays d'outre-mer, le fret d'émigrants étant considéré, à l'aller, comme avantageux, lorsqu'il s'agit de la navigation vers les pays d'importation. Que fait l'État ? Il autorise les compagnies à établir près des frontières des stations de contrôle pour les émigrants. Il rend ainsi les armements maîtres de laisser pénétrer les émigrants en Allemagne ou bien de leur refuser le permis, « et l'on imagine sans peine que le meilleur moyen d'être en règle était de s'engager vis-à-vis de ces compagnies pour le transport » (1). Un autre exemple, c'est évidemment l'action monopolisatrice du tarif soudé.

En dehors de ces interventions stimulatrices,

(1) HAUSER, *Les Méthodes allemandes d'expansion économique*, p. 162.

l'Etat allemand comptait avant tout sur l'initiative, l'esprit agressif, la bonne administration, la clairvoyance commerciale des compagnies privées. Elles avaient compris que la clientèle des voyageurs, si elle est de faible rapport, est une réclame puissante. Loin de se combattre, elles avaient eu recours à la fédération, à la concentration des forces. La Hamburg Amerika et le Norddeutsche Lloyd représentaient à eux seuls, en 1914, 40 % de la flotte commerciale. De là « économie de frais généraux, possibilité de négliger les pertes locales de trafic, d'organiser des plans d'action commune, d'envoyer des missions collectives d'étude vers les débouchés qui s'ouvrent. De là, le moyen d'agir sur l'industrie des constructions navales, de lui procurer des commandes régulières. De là, dans cette industrie, l'introduction des méthodes scientifiques. C'est aussi la concentration qui rend possible le rapide amortissement du capital et par conséquent la mise au rancart des vaisseaux vieillis, le perpétuel rajeunissement de l'outillage flottant. De plus, ce que les industries obtiennent par la production en série, la marine marchande allemande le réalise par la fréquence et la régularité des départs » (1). On en arrive ainsi à la multiplicité des lignes régulières et des voyages; aux départs rapprochés et à date fixe pour toutes

(1) Hauser, *Les Méthodes allemandes d'expansion économique*, p. 158 et suiv.

les destinations. La clientèle, même à prix plus élevé, préférera souvent le port de Hambourg, parce qu'elle gagnera de la sorte des semaines, et que le temps, c'est énormément d'argent.

Esprit agressif, avons-nous dit. « La marine marchande n'attend pas pour créer de nouvelles lignes que le besoin s'en fasse sentir; elle crée le besoin, en s'organisant pour le satisfaire. Chez les Allemands, écrit M. de Ribes-Christophle, la création des lignes de navigation ne suit pas le commerce; elle le précède (1). » Nous voyons ainsi, dès 1912, en prévision du percement de l'isthme de Panama, se fonder déjà la ligne allemande qui desservira par départs réguliers les côtes de l'Amérique du Sud.

Rappelons, pour juger de cette politique, ses résultats. De 1870 à 1914, la marine marchande allemande passe de 640.000 tonnes à 5 millions. Dans les ports de l'Allemagne, le commerce sous pavillon national passe, de 1901 à 1909, de 9 à 13 millions de tonnes; il abrite 70 % du commerce maritime. Qu'on ne s'imagine pas que l'Allemand, découragé par le désastre que pour lui la guerre constitue, renonce à ses vastes ambitions. Dès à présent, la « loi sur la reconstitution de la marine marchande » est votée. La commission qu'elle institue, commençant ses travaux, étudie un projet

(1) HAUSER, *Les Méthodes allemandes d'expansion économique*, p. 160.

de loi sur les indemnités à accorder aux entreprises de navigation pour la perte d'une partie de leur outillage (1).

L'œuvre nécessaire. — Le tonnage belge était, à la déclaration de guerre, de 237.403 tonnes net. Il n'est plus, au 30 juin 1918, que de 114.286 tonnes. Si l'on se borne à ne considérer que les bateaux utilisables à ce moment pour les transports, il se réduit à 94.097 tonnes. Rappelons qu'il représente 0,7 % du tonnage mondial (2).

La nécessité impérieuse d'assurer son développement apparaît à l'évidence. Il est lié, comme nous l'avons montré, à l'organisation générale de la production, à la restauration prompte et complète de notre économie, à l'orientation vers Anvers du trafic intérieur, au développement de l'hinterland et du port. Mais il faut cependant s'attacher à deux choses : créer ou soutenir des armements robustes ; s'assurer, pour l'après-guerre, des navires. Les seuls besoins de notre reconstitution économique et de notre ravitaillement nécessiteront des disponibilités qui ne seront pas inférieures à un million de tonnes.

Le Gouvernement belge, dans la pensée de faire œuvre en ce sens, a participé à la fondation du Lloyd royal belge ; cette initiative a donné lieu à

(1) (Discussion au Reichstag en mai 1918 ; Déclaration du secrétaire d'État (Doc. écon. n° 258).
(2) Chiffres de M. Edouard Pécher.

de graves controverses, qu'il serait inopportun de reproduire ici. Mieux vaut, avec M. Pécher, député d'Anvers et auteur sur ce sujet de travaux remarquables, envisager quelques mesures d'ordre pratique, dont la préparation immédiate apparaît possible.

Telle est notamment l'extension à tous les armements belges de l'appui gouvernemental, et l'obtention en faveur de ces armements, par des négociations diplomatiques, du droit d'acquérir des navires étrangers et de les placer sous pavillon belge de même que leurs propres navires de construction nouvelle. Telle est aussi la fondation en pays étranger — aux États-Unis, par exemple, ou en Hollande — de chantiers de construction navale, qui pourraient ultérieurement être transportés sur le territoire et qui en tout cas continueraient à fournir à nos armements les ressources nécessaires. Notre Gouvernement, en entrant dans cette voie, suivrait l'exemple de la France qui construit aux États-Unis ; de l'Angleterre, qui possède des chantiers en Amérique et au Japon.

Enfin, section du Conseil des transports, ne faut-il pas prévoir un conseil de la marine marchande, qui réaliserait l'union de l'autorité et de la compétence, sans laquelle il devient impossible de satisfaire aux exigences actuelles du pouvoir ?

Agir, a dit M. Herriot.

CHAPITRE IV

UNE POLITIQUE SOCIALE

Ce n'est certes pas sortir des bornes du sujet que d'esquisser en quelques pages ce que doit être au point de vue social la politique d'hygiène économique. La renaissance industrielle ne pourra se faire que dans l'ordre, la concorde, la paix intérieure. Elle exige la sécurité et la continuité du labeur. Grèves et lock-outs, disons même troubles plus graves et plus généraux, désastreux déjà lorsqu'ils surviennent dans l'activité des peuples prospères, seraient mortels pour des peuples convalescents encore et s'efforçant de revenir à la santé collective.

L'examen que nous entreprenons ainsi doit porter tout d'abord sur les principes généraux à la lumière desquels cette politique doit être élaborée. Nous étudierons ensuite séparément ses applications, d'une part au point de vue de l'hygiène, de la protection et de la prévoyance sociales; d'autre part au point de vue de l'ensemble des rapports du capital et du travail.

I

LES PRINCIPES GÉNÉRAUX

La fermeté démocratique. — Certes, dans l'histoire de la guerre, l'une des pages les plus belles sera consacrée à la classe ouvrière. Elle a souffert en silence. Elle a fait preuve du patriotisme le plus sincère et le plus élevé. Elle a refusé — en Belgique — toute collaboration avec l'oppresseur : à la trahison plus ou moins déguisée elle a préféré la faim, la misère et la déportation. Dans les rangs de l'armée elle a fait preuve de force morale, de patience souriante, de discipline et de bravoure.

Dans son ensemble, elle a su placer au-dessus de toutes les causes de désunion les exigences de la concorde nationale devant le péril commun. L'œuvre qu'elle a accomplie mérite ainsi d'être saluée avec admiration, respect et reconnaissance. Cette œuvre autorise, pour l'avenir des peuples et spécialement du nôtre, les espérances les plus réconfortantes et les mieux justifiées.

Ne nous dissimulons point cependant, par un optimisme irréfléchi, que la conclusion de la paix pose un problème moral qui n'est pas sans danger.

Il faut, pour en comprendre la donnée, se représenter d'abord la situation matérielle. D'une part, des industries en passe de reconstitution ou de réorganisation, obligées de modifier ou de refaire leur outillage, entravées dans leur approvisionnement en matières premières, gênées dans leurs transports, en mal de crédit. D'autre part, la vie chère; l'alimentation sévèrement rationnée; un régime général de restriction et de resserrement.

Dans ce milieu, suivons les ouvriers. Certains forcément déshabitués du travail régulier; d'autres accoutumés aux salaires exceptionnels de l'industrie de guerre. Ceux-ci, démobilisés de la veille, en quête d'emploi. Ceux-là, surpris de constater que la main-d'œuvre féminine, qui a pourvu à leur remplacement, leur reste préférée. Beaucoup dépaysés, aigris, mal renseignés sur les conditions de la production, cherchant à leur misère des responsables. Enfin, dans la masse, la réaction qui doit suivre une période de discipline sanglante, réaction d'égalitarisme démocratique, alors que « ceux du front » auront contracté l'habitude du mépris de la vie et de la souffrance humaine.

Que ne pourrait faire, en un tel état des esprits et des choses, un agitateur sans scrupules? A quelles violences n'entraînerait pas le déchaînement des luttes sociales? A quels désastres, plus affreux sans doute que ceux de la guerre, ne devraient-elles pas aboutir?

C'est à ce moment qu'il faut, pour le salut des peuples, des chefs. Des gouvernants fermes, forts, braves, sachant ce qu'ils veulent, n'attendant pas pour agir que les réformes leur soient imposées, mais incapables de lâcheté devant des exigences inadmissibles. Un programme de politique sociale large, avancé, démocratique, entièrement dégagé de tout électoralisme aussi bien que de tout doctrinarisme économique. Vouloir tout ce qui est juste : le vouloir sincèrement. Faire tout ce qui est réalisable : le faire avec ordre, méthode, compréhension des possibilités. Ne rien faire de moins. Ne rien se laisser imposer de plus. Telle devra être la formule du gouvernement qui, à cette heure décisive, sera — pilote avisé — « à la barre ».

Valoriser. — Besoins élevés ; vie chère ; habitudes de guerre : il faudra donc les hauts salaires. Le premier des mots d'ordre sera « valoriser ».

Porter au maximum le rendement du travail de l'individu et celui du travail de la collectivité ; créer ainsi en abondance la richesse dont le partage permettra la large rémunération du travailleur. Tout ce que nous avons démontré jusqu'ici ; toute la théorie du productivisme qui fut notre inspiratrice ; tous les progrès dont nous avons cherché la voie, depuis le développement de l'enseignement technique jusqu'à la constitution de la Fédération économique en passant notamment par la taylorisation, tout cela revient à traduire en réalité bienfaisante cette formule lapidaire : « Valoriser. » Dans l'industrie moderne, « qui devient une hiérarchie de fonctions et de capacités spéciales gouvernée par l'esprit de coopération » (1), chacun retirera le bénéfice de son travail dans la mesure où il aura pris à cette coopération une part efficiente.

M. Hourst y insiste en termes excellents (2). Il remarque que le solde à partager s'établit en déduisant du prix de vente du produit : 1° le prix de la matière ; 2° les frais généraux ; 3° le loyer du capital au taux normal ; 4° un certain pour-cent représentant l'assurance contre l'aléa inhérent aux entreprises industrielles et commerciales. Or, à la paix, la matière première coûtera cher ; les frais généraux seront élevés ; le loyer du capital de même, à une époque où les emprunts d'État sont productifs d'un intérêt de 6 %. De plus, le coût de la vie sera augmenté : et par conséquent, malgré la diminution du reliquat, il faudra que le salaire de l'ouvrier s'élève. « Comment concilier ces choses en apparence inconciliables ? Par un seul procédé : l'augmentation du rendement individuel. »

La communauté d'intérêts. — La valorisation suppose que l'ouvrier aussi bien que l'employeur se seront libérés de concepts erronés d'où dérivent le plus souvent leurs antagonismes. Préjugé antipatronal : le patron est un exploiteur. Préjugé antisyndical : le syndicat, c'est l'ennemi. Aussi le préjugé du travail à bas prix : comme si « le travail le

(1) Biard d'Aunet, *La Politique et les Affaires*, p. 229.
(2) Hourst, *Les Problèmes de la main-d'œuvre*, p. 40 et suiv.

moins payé n'était pas rarement le meilleur » ([1]). Il importe, pour qu'ils y parviennent, que tous deux se rendent nettement compte de ce qui les unit, afin de savoir ce qui les sépare.

Or, la communauté de leurs intérêts est absolue, tant qu'il s'agit de créer la richesse. Produire : produire bien; produire beaucoup; produire à bon marché. Vendre : vendre beaucoup, vendre cher, vendre vite. Jusque-là, leur solidarité est évidente, et tous deux commettent un crime contre leur intérêt véritable, s'ils font la moindre chose qui soit de nature à attenter à la valeur, à l'intensité, au développement continu de la production.

Ce n'est qu'après — la richesse acquise — que les intérêts divergent. Le conflit naît entre le capitaliste et le salarié pour le partage. Nous ne songeons pas, certes, à les transporter tous deux en un pays du songe, où la solidarité morale des hommes tuerait les égoïsmes et suffirait à instituer la justice intégrale. Mais, à défaut de la solidarité, il y a le droit, dont le respect peut être imposé à l'un et à l'autre, dès lors qu'ils se soumettent librement à une loi, et que, à défaut d'accord, il existe une autorité impartiale qui les départage.

Nous chercherons plus loin les modalités d'un tel régime. Demandons seulement ici aux deux parties d'adopter tout au moins l'attitude intellectuelle des ouvriers américains. « Aux États-Unis,

(1) Bilad d'Aunet, *La Politique et les Affaires*, p. 59.

les ouvriers ne sont ni les ennemis ni les amis de leur patron. Les uns et les autres sont des gens qui, chacun dans sa fonction et dans son intérêt, s'appliquent à tirer parti de leur intelligence et de leur habileté pour que l'entreprise « paie » le plus largement possible et avoir part à ses profits. »

Tout de même : pourquoi ne deviendraient-ils pas des amis ?

La justice sociale. — Au surplus, il faut élargir le débat. Ne concevoir la justice sociale que comme régissant les rapports du capital et du travail, c'est en avoir une notion insuffisante et étriquée.

La justice sociale demande que chaque citoyen fasse apport honnêtement à la collectivité de ses capacités de travail. Elle lui reconnaît le droit en échange d'attendre de la collectivité des conditions matérielles et morales d'existence correspondant à la valeur de son apport. Elle veut qu'il soit, dans cette mesure, participant au bien-être collectif et qu'il n'y ait point de parias ni d'esclaves, vivant en marge d'une société à la prospérité de laquelle ils contribueraient. Elle ne s'applique pas seulement à l'individu isolé; elle consacre pour lui le droit familial, c'est-à-dire le droit de fonder un foyer, de faire vivre les siens; d'élever et d'instruire ses enfants, de ne point tomber à leur charge, la vieillesse venue.

Cette justice-là n'est pas réservée à une catégorie de citoyens. Elle est due à l'humanité tout entière;

mais ses réalisations emprunteront des voies différentes selon les circonstances. C'est ainsi, par exemple, que les mêmes principes doivent conduire à la protection de la petite bourgeoisie; mais que leur réalisation se fera sous des formes multiples et diverses; représentation de la petite bourgeoisie dans les conseils et les grands organismes fédéraux; cadres juridiques propices à la syndicalisation; organisation spéciale du crédit; dégrèvements fiscaux; tout ceci tendant au même but que celui que doit viser l'élaboration de la législation ouvrière.

Devant le droit à la vie, avec tout ce qu'il comporte de dignité, de sécurité, de bien-être, tous les hommes sont égaux. Chacun d'eux doit obtenir son droit, tout d'abord par lui-même, par son travail valorisé; ensuite par la pratique de la solidarité, par le groupement, par la coopération; enfin — mais alors seulement — par la haute action protectrice et coordinatrice de l'État.

II

HYGIÈNE, PROTECTION ET PRÉVOYANCE

Le « standard of life ». — Il faut créer une atmosphère de salubrité sociale, et ceci comporte davantage que la suppression de l'alcoolisme, que la prophylaxie des maladies professionnelles, de la tuberculose, de la syphilis.

L'amélioration du logement ouvrier apparaît de première importance. Jouir d'un foyer sain, gai, clair, confortable, à prix modique; telle est la condition première du relèvement de la classe ouvrière. Comment interdire le cabaret à l'ouvrier qui n'a point de « home »? Comment demander qu'il s'instruise à l'ouvrier qui n'a point de table pour poser son livre, de lampe pour éclairer sa lecture? Comment apprendre les joies de la vie familiale à l'ouvrier confiné dans la promiscuité malpropre des ruelles et des impasses?

Il faut aussi abaisser le coût de la vie: point d'impositions sur les denrées alimentaires et les objets de première nécessité. Répression des falsifications auxquelles ont recours des mercantis sans scrupules. Dégrèvement de la petite propriété et des petites successions, pour aider à la formation, par l'économie, des petits patrimoines.

Mais encore il importe de moraliser, d'instruire, d'élever les âmes. Universités populaires, séances populaires d'art, bibliothèques bien choisies. Il faut affermir les corps, encourager les sports, l'hygiène et les soins physiques.

En un mot, augmenter le « standard of life », moralement et matériellement.

La dignité du présent. — Des abus peuvent se commettre, abus de pouvoir que facilitent des circonstances régionales ou bien spéciales à certaines entreprises ou à certaines catégories de travailleurs. L'État a le devoir de les réprimer, lorsqu'ils lèsent l'ouvrier dans ses droits essentiels.

Ainsi la législation veillera au paiement loyal et intégral des salaires. Elle prescrira les conditions de prudence et d'hygiène dans l'exécution du travail. Elle réglementera le travail des enfants et des femmes. Elle assurera aux travailleurs un minimum de repos. Elle organisera un service d'inspection, pour s'assurer de ce que ses prescriptions seront obéies.

Le législateur, cependant, se gardera de l'arbitraire. Il ne perdra pas de vue le danger qu'il y aurait à généraliser à l'extrême; à attenter à la liberté des conventions; à prétendre enfermer dans un moule uniforme le contrat de travail, alors qu'il doit s'appliquer, selon les cas spéciaux de chaque entreprise, dans les conditions les plus diverses.

La répression des abus sera donc à la fois la raison d'être de l'intervention légale et sa limite.

La sécurité de l'avenir. — Mais l'ouvrier ne peut pas, à lui seul, se garantir contre les risques qui le menacent et qui le laissent devant l'avenir — pour lui-même et pour sa famille — dans un état d'insécurité constante. Ce sont les risques atteignant sa capacité laborieuse, suspendant ou supprimant sa seule richesse, le jetant ainsi à la misère ou à la charité.

Ils sont quatre, trop nombreux et trop graves pour qu'il soit possible de demander à sa seule prévoyance de l'en prémunir : le chômage involontaire; l'accident; la maladie ou l'invalidité prématurée ; la vieillesse.

Que faire alors, sinon faire appel à la solidarité sociale; demander à la fois le concours de l'ouvrier lui-même, celui de l'employeur, celui de l'État représentant de l'intérêt public? Ainsi apparaît la solution mutualiste, réalisée par cette triple contribution, instaurée en partie déjà partout dans le monde, mais, sauf peut-être en Allemagne, si mal, si peu, ou de façon si incohérente et si maladroite.

Elle existait chez nous, à l'état fragmentaire. Unifions. Appliquons sans transaction le principe de l'accumulation des risques assurés et celui du désintéressement de l'assureur. Il ne peut pas y avoir deux solutions.

Le milieu social. — Voici donc une situation bien précisée. L'ouvrier est instruit; il a atteint son maximum de valeur technique, il a pris conscience à la fois de ses intérêts véritables, de ses devoirs et de ses droits. L'État s'inquiète de son sort. Il aménage la société de façon qu'elle lui soit accueillante et qu'il participe largement à la vie nationale. Il le protège contre toute oppression illégitime. Il crée, subventionne et contrôle une organisation autonome, gérée par les intéressés eux-mêmes, et qui garantit au travailleur, en échange de son travail et quoi qu'il arrive, de sûrs moyens d'existence; si bien qu'au crépuscule de la vie, il jouira d'une retraite honorable qui ne sera point une aumône, mais qui sera au contraire la juste récompense de l'accomplissement de ses devoirs.

Le patron, lui aussi, a compris. Il sait que l'ouvrier est son collaborateur nécessaire et il mesure la part qui lui revient dans l'œuvre commune. Ainsi que nous l'avons demandé, il a tous les scrupules et n'a plus de préjugés. L'État s'inquiète de protéger son œuvre productrice; toutes les forces nationales, bien dirigées, convergent pour en faciliter l'essor.

Les deux personnages de l'action sont en présence. Ils débattent entre eux les termes de leur entente sur le seul intérêt qui les sépare. Est-il possible d'imaginer qu'ils puissent n'y pas réussir?

III

CAPITAL ET TRAVAIL

La syndicalisation. — Il nous reste à déterminer par quel mode se réalisera la libre entente du capital et du travail.

Un fait, aussitôt, se dégage. De même que les conditions de la vie économique exigent la syndicalisation de l'industrie, les conditions de la vie sociale exigent la syndicalisation du travail, de manière telle que, pour une même région, dans une même branche industrielle, puissent se conclure les grands accords généraux entre le capital et le travail organisés.

Ces accords porteront sur le salaire et sur ses modalités; sur la durée du travail; sur le repos — en un mot sur les conditions principales de livraison et de prix de la marchandise-travail. Adaptés aux circonstances locales comme aux conditions techniques, débattus entre deux puissances égales qui ne peuvent rien l'une sans l'autre, ils définiront le contrat type, dont les stipulations seront insérées de droit, seront de style dans les contrats individuels de travail.

Ils réaliseront le maximum de justice et de paix sociale. Car l'ouvrier isolé, incapable d'apprécier des intérêts devenus complexes, de trancher des questions relevant du domaine de la technique, était incapable de le débattre et de le conclure. Car aussi il n'était pas en mesure de veiller à l'exécution de la convention avec une suffisante indépendance. Car enfin, le régime inorganique de jadis rendait illusoire la solution pacifique des différends, tandis qu'au contraire le régime nouveau, établissant le contact permanent de l'organisation patronale et de l'organisation ouvrière, rend possibles le compromis, l'arbitrage, la transaction, les deux parties possédant à cet effet la capacité, la liberté et la responsabilité requises.

Aussi ne s'étonnera-t-on pas de voir, en Angleterre, « le patron exprimer le désir de voir les ouvriers s'organiser de façon plus parfaite, en sorte qu'il n'y ait qu'un seul groupement par industrie » (1).

Les deux formules. — La formule généralement admise jusqu'ici laissait à la libre initiative des intéressés le soin de former les associations, d'établir le contact, d'organiser leur collaboration : c'était le « trade-unionisme » dont la pratique fut généralisée en Angleterre. L'État ne peut alors intervenir que pour donner aux accords un cadre légal; pour conférer aux associations patronales et ouvrières une personnalité morale limitée; pour instituer, en cas de clause compromissoire, la possibilité de sanctions morales et même pécuniaires. Ce n'est que lorsque des conflits collectifs de grande envergure engageront les intérêts nationaux tout entiers, qu'il sortira de sa neutralité pour imposer l'accord; mais ces interventions sont parfois plus nuisibles qu'opportunes, venues de l'État politicien, incompétent et improvisateur.

Une formule nouvelle semble aujourd'hui prévaloir. Elle consiste à organiser, par branche d'industrie ou par région, des « bureaux » communs où siègent en nombre égal les délégués élus des ouvriers et des employeurs, présidés par un représentant de l'intérêt général. Les organismes sont à la

(1) Doc. écon. n° 96.

fois consultatifs pour le gouvernement; délibératifs sur les intérêts généraux de la branche d'industrie; judiciaires, en tant qu'ils détiennent le pouvoir arbitral. Cette conception est du plus haut intérêt pratique. Elle permet d'éviter la contrainte syndicale tout en atteignant le résultat visé. Elle investit d'un caractère public l'autorité des décisions prises et des sentences prononcées. Elle assure la stabilité et la permanence des rapports et par conséquent développe la confiance réciproque. Elle permet de soumettre à un régime unique la condition des travailleurs de l'industrie privée et celle des travailleurs au service de l'État, éloignés désormais de la notion du fonctionnarisme pour retrouver l'intégrité de leurs droits professionnels.

On peut dire que cette idée fait, à cette heure même, le tour du monde.

L'exemple allemand. — L'Allemagne annonce la création d'une « Commission permanente pour l'étude des questions de politique sociale ». Le 24 avril 1918, le Gouvernement a déposé sur le bureau du Reichstag le projet de loi qui porte création des chambres de travail (*Arbeitskammern*) (1).

Le but de ces institutions est « de maintenir la paix économique et de veiller aux intérêts industriels et économiques des employeurs et des ou-

(1) Doc. écon. nº 312.

vriers, aussi bien des intérêts communs à ces deux facteurs de la production que de ceux qui sont spéciaux à chacun d'eux ». La conception est professionnelle plutôt que régionale. Il s'agit de régir l'ensemble d'une profession, et M. von Stein s'en explique en disant que « pour arriver à une collaboration efficace et durable entre employeurs et ouvriers, la connaissance et la compréhension approfondie des conditions effectives du travail sont indispensables. Des idées générales sur le marché de la main-d'œuvre et une bonne volonté réciproque dans des cas particuliers ne suffisent pas dans un domaine où, à tant de points de vue divers, les intérêts des employeurs et des ouvriers sont généralement opposés ».

La Chambre se compose d'un président et d'un vice-président nommés par l'autorité de contrôle qui sera constituée, et d'un nombre égal de patrons et d'ouvriers élus séparément dans chacune des deux catégories, le droit de vote des patrons étant proportionnel au nombre d'ouvriers qu'ils emploient. Détail intéressant, l'éligibilité est accordée à ceux qui, anciens ouvriers, ont exercé pendant trois ans dans la branche industrielle en cause, et habitent depuis un an la région; à ceux aussi qui, anciens employeurs, ont été présidents ou fonctionnaires des institutions syndicales patronales. De la sorte, les anciens « professionnels » devenus théoriciens ou chefs d'associations peuvent être investis de la confiance des électeurs.

Les attributions des chambres comprennent tout ce qui se rapporte à la conclusion des contrats de travail, et de façon générale « les accords et les mesures tendant à améliorer la situation économique et le bien-être général des travailleurs ». Elles s'étendent vis-à-vis des Pouvoirs publics, jusqu'à donner des avis et renseignements sur les conditions industrielles et économiques des entreprises de leur ressort et sur les règles admises pour l'interprétation et l'exécution des contrats de travail. Elles comprennent encore le contrôle du travail à domicile et la création de bureaux de placement. Enfin, le pouvoir arbitral des Chambres s'exerce sous la forme d'un « bureau de conciliation » composé d'un président et de quatre assesseurs permanents, dont deux de chaque catégorie. Dans les questions importantes, le président peut nommer deux arbitres « qui ne soient ni employeurs ni ouvriers ». Et si la contestation est d'ordre général, le bureau peut être entendu sur les conditions de la continuation et de la reprise du travail.

Les entreprises de l'État, des communes et les grandes entreprises de transport à but lucratif sont soumises au même régime. La seule restriction est que, « dans les exploitations impériales et fédérales des chemins de fer et des postes où ne sont autorisés ni l'arrêt de l'exploitation ni un abandon collectif du travail », les bureaux de conciliation peuvent seulement « être entendus » en cas de différend portant sur l'organisation du travail.

Au sommet de la hiérarchie il existe un « organisme de contrôle », où vraisemblablement s'établira le contact de l'État politique et des intéressés. Il aura le pouvoir de suspendre les Chambres et d'ordonner de nouvelles élections. Les fonctions de la Chambre dissoute seraient alors intérimairement assurées par son président.

Projet, on le voit, fort vaste, et qui a trouvé au Reichstag, dans ses grandes lignes, un accueil favorable. Les critiques ont porté notamment sur le caractère insuffisamment régional de l'organisation projetée, et sur l'absence de précision au sujet des moyens de contrainte qui assureront le respect des décisions arbitrales. Signalons d'autre part que les « tribunaux de conciliation » et les « bureaux d'arbitrage » existants seront maintenus.

L'exemple anglais. — Le Comité Whitley, constitué pour étudier et résoudre les questions relatives aux rapports du capital et du travail, s'est prononcé dans un sens analogue.

Il s'est déclaré « partisan de la création de conseils industriels, composés en nombre égal de patrons et d'ouvriers et fonctionnant à trois degrés, selon que leur compétence se limite à un atelier ou s'étend à une branche industrielle dans les limites d'un district ou à une branche industrielle dans le pays entier » (1). Il répond ainsi au vœu formulé

(1) Doc. écon. n° 133.

par le *Times* (Trade supplement) lorsqu'il demandait « l'établissement dans chaque industrie d'une autorité publique où le capital et le travail soient également représentés et qui, agissant en pleine lumière et en contact avec le Gouvernement, développe ce sens du service public qui devrait inspirer chaque industrie britannique » (1).

Ces conseils régleront, par des accords s'étendant à tout un district ou au pays entier, les questions de salaire et de durée de travail. Les conseils d'atelier, agissant avec le concours des trade-unions et des associations patronales, régleront en outre « les questions qui sont particulières à un atelier ou à une usine quelconque ». L'œuvre de ces organismes devra être constructive et ne pas se borner « à résoudre un conflit déjà né » (2).

Dans les industries où « l'organisation patronale est insuffisante ou inexistante », des délégués officiels prennent une certaine part à l'activité du conseil (3). Une autre formule est suggérée pour ce cas : celle de « comités temporaires transitoires », dont un type vient d'être créé dans l'industrie du cuir, et dont le rôle temporaire sera principalement de promouvoir l'organisation des patrons et des ouvriers (4).

L'industrie de la poterie a constitué ses conseils

---

(1) Doc. écon. n° 98.
(2) Doc. écon. n° 118.
(3) Doc. écon. n° 200.
(4) Doc. écon. n° 75.

et en a déterminé les attributions. Leurs membres sont élus par moitié par les associations patronales et les associations ouvrières; en quoi le système diffère du système allemand, qui ne tient pas compte des groupements. L'activité des conseils, dirigée par un bureau exécutif, comporte tout d'abord une propagande « en vue d'amener les patrons et ouvriers à faire partie de leurs associations respectives », nouvelle et intéressante manifestation de l'esprit syndical dont l'œuvre est inspirée. Ils auront dans leurs attributions de déterminer les conditions du contrat de travail, notamment le salaire; en outre les questions « d'accidents et d'hygiène ». Ils auront enfin une juridiction de conciliation et d'arbitrage.

Mais ce n'est pas tout. La collaboration du capital et du travail est nettement envisagée dans tout le domaine de leurs intérêts communs. Les conseils examineront « le concours à prêter aux associations respectives en vue du maintien du prix de vente pour assurer aux patrons et aux ouvriers une rémunération raisonnable ». Ils étudieront les questions relatives à l'enseignement technique et aux perfectionnements industriels. Leçon magistrale donnée aux industriels rétrogrades et aux ouvriers incompréhensifs. Consécration par le fait de tous les principes que nous voulons voir à la base de la politique sociale. On n'y saurait trop insister, à cette heure où l'avenir dépend de l'intelligence et de la hauteur de vue des gouvernants et des producteurs.

Ainsi l'idée anglaise diffère de la réalisation allemande en ce que l'association, le groupement économique est à la base de l'édifice, au lieu de l'individu isolé. En ce que aussi le caractère public des conseils est moins accentué ; en ce pays de jalouse autonomie, si le principe de l'intervention de l'État n'est plus contesté, encore subsiste-t-il des controverses sur l'étendue de celle-ci et sur la forme dans laquelle elle doit être assurée.

L'action sociale. — Il n'est point de pays au monde — redoutons d'être à cet égard une exception — qui ne s'occupe à cette heure de préparer pour l'après-guerre la refonte de sa politique sociale. Aux États-Unis un comité mixte de patrons et d'ouvriers a été constitué « pour fixer les bases des relations entre le capital et le travail pendant la durée de la guerre » ; l'organisation qui sortira de ses travaux lui survivra sans aucun doute. Il étudie « toutes les questions fondamentales touchant au problème de la main-d'œuvre, telles que heures de travail, salaires, moyens de concilier les conflits » (1). En Hollande même, nous voyons, préconisée avec autorité par M. Treub, prévaloir l'idée du contrat collectif, réalisée par l'organisation

(1) Doc. écon. n° 131.

syndicale patronale et ouvrière; et l'on envisage pour ce contrat une réglementation légale (1).

En Belgique, après de longs tâtonnements et de cruelles expériences — souvenons-nous du lock-out de Verviers et de ses conséquences désastreuses — l'idée était en marche. Divers projets de loi organisant le contrat collectif de travail et abrogeant l'article 310 du Code civil étaient soumis à l'examen d'une commission spéciale de la Chambre : l'un d'eux était signé par l'auteur de ces lignes.

Mais la guerre est venue, et les choses ont changé d'aspect.

Non seulement l'idée a poursuivi sa marche, mais elle a évolué. Elle a pris un caractère qui transporte dans le domaine de l'intervention organisatrice de l'État un problème qui semblait d'abord concerner les juristes, chercheurs d'une formule de personnalité morale adéquate à la mission assignée aux groupements professionnels. Souhaitons que le Gouvernement constitue sans tarder la commission spéciale, dont les travaux, vigoureusement conduits, nous mettront en mesure de réaliser à bref délai une solution généreuse, mûrie et pratique.

---

(1) Doc. écon. n° 160.

CONCLUSION

L'ÉTAT ÉCONOMIQUE

CONCLUSION

L'ÉTAT ÉCONOMIQUE

Conclure, c'est tout d'abord faire le procès de l'État politique, rechercher les responsabilités, déterminer l'orientation générale d'un réformisme salutaire.

C'est ensuite étudier quelle devra être la structure de l'État économique; dire comment il précisera — entre l'autorité, les compétences, les intérêts — « les points d'accord qui aujourd'hui sont abandonnés au hasard des rencontres et aux frottements appauvrissants (1) ».

C'est enfin, à l'aube des temps nouveaux, caractériser la Belgique nouvelle.

I

LA RÉFORME DE L'ÉTAT POLITIQUE

L'État impopulaire. — A lire les livres et les journaux, à entendre surtout les conversations où librement s'expriment les opinions demeurées en-

(1) Maxime Leroy, *Pour gouverner*, p. 52.

core à l'état de sentiment, il semble que ce soit une confession chaque jour plus pénible à faire, que de dire : « Je suis législateur. »

Aussitôt se lèvent, forêt de baïonnettes menaçantes, tous les griefs. Ils ne sont point personnels, certes ; mais, pour s'adresser à la collectivité de l'État politique, ils n'en sont pas moins acerbes. Incompétence, proclament les uns. Incompréhension, disent les autres. Négligence, lenteur, paresse, stérilisme administratif, électoralisme douteux, politicaillerie mesquine, ajoutent-ils tous.

Comme le propre des jugements humains n'est pas seulement d'être faillibles, qu'il est aussi d'être absolus — voici le Parlement frappé de condamnation capitale. Qu'est-ce alors que le ministre ? C'est un parlementaire dont les ambitions sont assouvies ; c'est de plus le « surfonctionnaire ». Il a les vices du premier et les défauts du second. Et le fonctionnaire égoïste, routinier, paperassier, incapable, le voici aussitôt cité à comparaître, accusé, jugé et exécuté.

Reconnaissons-le franchement : « Monsieur l'État » n'est pas populaire.

Les aspirations réformistes. — Mais si « On » est d'accord — ce « On » terrible, mystérieux et passionné — pour prononcer la sentence, l'unanimité s'établit moins aisément lorsqu'il s'agit de déterminer par quel remède le régime sera guéri de ses tares. Des multiples aspirations qui se font jour on ne saurait tenter ici qu'une rapide et sommaire esquisse.

Celui-ci voudrait subordonner l'éligibilité à des conditions de science et d'expérience : il se heurte aussitôt à l'obligation de ne pas attenter au droit de la nation souveraine de choisir librement ses élus. Celui-là exclut les parlementaires du droit de faire partie du ministère : mais il lui est objecté que les valeurs réelles sont peu nombreuses ; qu'il faut les prendre partout où elles sont ; qu'au surplus, ce n'est pas chose aisée de « tenir la mer » sur la surface mouvante des grandes assemblées — et qu'un cabinet d'où serait exclue toute expérience parlementaire aurait grand'peine à se faire écouter, surtout à se faire suivre. Un troisième imagine d'élaborer pour les Chambres un règlement obligatoire : limitation du temps de parole, quelles que soient la complexité du sujet et la valeur de l'orateur ; réorganisation du travail en sections ; fixation obligatoire à l'ordre du jour, dans un délai déterminé, des projets législatifs. Mais il apparaît que ce sont là mesures petites, d'application fort contestable et dépourvues de réelle efficacité.

Abandonnant les parlementaires, on se retourne contre le Parlement. « *Senatus mala bestia.* » Et voici qu'on propose de créer à côté de lui, pour lui être substitué dans la plus large mesure possible, un Conseil d'État. A celui-ci, toutes les attributions administratives ; l'assemblée de politiciens n'aura plus qu'à se restreindre aux seules questions politiques. Mais l'on aperçoit aussitôt que la distinction de la politique et de l'administration est chose incertaine et souvent subtile; que le choix par l'Exécutif des membres du Conseil d'État restaurera, quoi qu'on fasse, le pouvoir absolu; qu'au surplus, un tel organisme se conçoit mieux comme « Tribunal des conflits » soit entre administrations, soit entre celles-ci et leurs fonctionnaires, ou même les particuliers.

Il reste à aller plus loin; à transformer le Parlement lui-même. Changeons le mode de désignation des élus. Renonçons aux anciennes formes de suffrage. « Catégorisons » les citoyens, pour organiser la représentation des intérêts. Mais on comprend bien vite que la somme des intérêts privés n'est point l'intérêt national; que de graves contradictions pourraient surgir entre la volonté des électeurs pris dans leur ensemble et celle qu'ils auraient exprimée dans leurs catégories professionnelles; qu'enfin, la rupture de l'égalité entre les citoyens serait inévitable, parce qu'il serait impossible de ne pas représenter les professions proportionnellement à leur importance sociale, et, par exemple, de refuser aux employeurs peu nombreux une représentation égale à celle des employés innombrables.

Et nous n'avons rien dit encore du referendum; ni des débats académiques qui s'engagent autour de la représentation proportionnelle; ni des ministres; ni des fonctionnaires...

Voilà pourquoi « Monsieur l'État », impopulaire,

demeure néanmoins paisiblement assis en sa chaise curule.

Le ministère. — Cette impopularité, pourtant, n'est pas imméritée. Elle trouve sa justification d'une part dans les défauts de nos institutions politiques, de l'autre dans les tâches nouvelles que l'État aujourd'hui assume et pour lesquelles il n'est pas préparé.

A considérer tout d'abord la tête, on lui découvre un défaut grave, qui n'est malheureusement pas spécial à notre pays : c'est que s'il existe des ministres — beaucoup de ministres, comme nous verrons — il n'existe pas de gouvernement. M. Leroy le dit en termes vigoureux : « Il y a des ministères; du moins chaque ministère a son porteur de portefeuille : mais de conseil des ministres, point. Nous avons le nom, plein de fastes protocolaires; mais rien de vrai et de vivant sous cette pompe vraiment souveraine [1]. » Pas de volonté gouvernementale nette, précise et efficace, commune à tous les membres du Gouvernement; par conséquent, pas d'orientation ferme, de plan étudié, d'action prompte, suivie et méthodique. Dans la composition d'un cabinet, le désir de satisfaire les ambitions, de donner des satisfactions personnelles aux groupes dont la majorité sera composée, prime malheureusement trop souvent le discernement des

(1) Leroy, *Pour gouverner*, p. 81.

capacités et la concordance des intentions et des programmes.

Ajoutons à cela le défaut de concentration effective de la conception, de l'autorité et de la responsabilité, en tout ce qui concerne la gestion des affaires publiques : nous en avons montré, en parlant du transport, un exemple caractéristique. Il en est d'autres. La prolifération des départements entraîne un foisonnement d'autorités administratives qui décuple la résistance de la machine aux impulsions d'en haut. La moindre réforme, la moindre création exigent l'accord et le concours de trois, quatre, cinq autorités qui parfois sont loin de pratiquer l'entr'aide et qui, poursuivant des négociations épistolaires ou verbales, exercent efficacement sur les initiatives ce qu'en physique on appelle une accélération retardatrice.

Certes, il y a quelque chose à faire...

Le Parlement. — Voyons le Parlement. On en critique la composition : cela concerne les électeurs. On en critique l'esprit, le travail, les méthodes : cela le concerne.

Est-il suffisamment épris d'études au premier abord arides ? Veut-il savoir et comprendre avant que de décider ? S'attache-t-il aux bons discours autant qu'aux beaux discours ? Cherche-t-il, pour s'éclairer dans les questions techniques, l'enseignement des professeurs et des livres, la leçon des praticiens ? La question n'est pas inutile.

Les lois de gestion économique sont trop souvent considérées comme secondaires. Leurs débats ennuyeux se traînent alors devant des banquettes vides, conduits par quelques orateurs qui, plus informés, font, devant les sténographes et les tribunes, d'ailleurs désertes, la figuration nécessaire. Elles cèdent, à l'ordre du jour, le pas aux sujets plus « vivants » qui feront salle comble. L'opinion de l'Assemblée s'exprime souvent un peu à l'aveuglette, parti contre parti, comme s'il s'agissait d'une question politique, chacun s'efforçant de ne point se séparer de ses amis. Au surplus, le maintien de l'unité, de la discipline des partis, est la préoccupation dominante : et c'est ainsi qu'a pu s'énoncer cette affirmation flétrissante, qu'au Parlement les discours peuvent parfois changer des opinions, mais qu'ils n'ont jamais pu modifier un vote. Ainsi l'accession au titre envié de législateur ne va pas — on peut nous en croire — sans désillusions cruelles, aux premiers jours...

Est-ce inintelligence, mauvaise volonté, basse politique qu'il faut dire? non point. C'est méfiance et préjugé.

Méfiance de soi-même. Le parlementaire se rend compte de la complexité des problèmes économiques; il comprend l'importance de leur solution. Mais il s'en effraie. Dans la majorité, il fait d'avance confiance au Gouvernement pour les résoudre. Dans l'opposition il s'en rapporte à ce que disent et font quelques chefs de groupe, qui sont censés avoir mûrement délibéré leur opinion. Par crainte de paraître présomptueux, il adopte d'avance des appréciations grégaires. Et il réserve la part la plus large de son activité, sincère et désintéressée, aux grandes idées qui passionnent les foules, dans lesquelles les partis trouvent leur raison d'être et dont l'apostolat constitue leur propagande.

Préjugé aussi. Le parlementaire, en règle générale, est éloigné des « affaires ». Il n'aime pas, il juge sans indulgence ceux qui, par la porte de la politique et parfois du pouvoir, y sont entrés. A certains, l'industrie, le commerce, la banque apparaissent comme des entités dont la caractéristique principale est l'âpreté au gain. Ceux-là ne les connaissent guère que par ce qu'ils savent, ce qu'ils entendent, ce qu'ils voient des revendications sociales. Épris de solidarité, d'égalité, de démocratie, ils ne sont pas loin de voir en elles des ennemies du bien public, vis-à-vis desquelles l'État assume une mission de police et de contrainte.

Nous ne pouvons mieux résumer cet état d'âme qu'en citant avec M. Buffet (1) le propos imaginaire d'un industriel à un parlementaire, soucieux tous deux également de régénérer leur patrie, mais différant parfois d'avis « sur la nature des obstacles et le choix des moyens ». L'industriel dit : « Voyez-vous, vous, les parlementaires, et nous, les producteurs, nous vivons sans nous fréquenter, en

---

(1) BUFFET, *Du Régionalisme au Nationalisme financier*, p. 99.

nous défiant les uns des autres. Vous nous prenez pour des traitants, nous vous prenons pour des agités... Comme vous êtes très désintéressés, très probes, et que vous avez un souci scrupuleux de votre réputation, vous vous écartez du commerce et de l'industrie, des commerçants et des industriels, comme si vous aviez peur de vous compromettre. Les uns et les autres vous sont tellement suspects que vous ne voulez rien savoir de ce qui les touche, et vous arrivez à être, au point de vue économique, d'une ignorance qui a déjà été bien néfaste à notre pays et qui, en se prolongeant, pourrait devenir une calamité publique. Je crois qu'il y aurait intérêt à ce que nous nous entendions mieux, à ce que nous confondions nos ambitions, nos désirs, nos rancunes, nos rêves, qui ne sont pas nôtres, mais qui appartiennent au pays. »

Sans doute, un tel langage, dans ce qu'il a d'absolu et de passionné, n'est pas exempt d'injustice. Il mérite cependant d'être entendu. Il l'est déjà. Sans cesser de croire qu'en dehors des questions d'intérêt matériel, il est de hautes questions morales d'où dépend le progrès de l'humanité — et quelles catastrophes s'ils venaient à l'oublier ! — les parlementaires ont déjà mieux que la volonté de s'instruire des problèmes d'organisation économique et d'expansion nationale. Ils ont pris confiance en eux-mêmes. Ils ont déraciné le préjugé. Lorsque, pour la première fois depuis quatre années, les membres du Parlement belge en exil ont pu se réunir à Sainte-Adresse, c'est au problème de la reconstitution de l'économie nationale qu'ils ont consacré la presque totalité de leurs travaux : et nous savons qu'ils ne faisaient que répondre ainsi aux préoccupations constantes et actives de leurs collègues de Belgique occupée (1). Voici les temps nouveaux...

Le choix des élus. — La nation elle-même n'est d'ailleurs pas sans reproche : et les parlementaires seraient en droit de demander aux critiques qu'ils leur fassent la grâce de se retourner.

Ce sont les électeurs qui choisissent les élus. Les prennent-ils pour leur probité, leur intelligence, leur savoir, leur expérience? Ne les préfèrent-ils pas complaisants, flatteurs, pour employer une expression un peu triviale, prometteurs de beaux jours? Lorsqu'ils doivent se décider entre les programmes des partis, ne subordonnent-ils point l'intérêt public à leurs intérêts personnels, à leurs passions, à leur fanatisme? Et même pour donner aux hommes leur confiance, ne tiennent-ils pas de leurs facultés oratoires un compte excessif?

Certes, l'éloquence est une qualité de l'homme

---

(1) Cet ouvrage est le développement d'un rapport général soumis par son auteur à l'Assemblée dont il s'agit, et qui s'est tenue du 22 au 27 juillet 1918. Nous donnons en annexe le vœu, adopté à l'unanimité par la Commission spéciale des adresses et des vœux, qui clôtura le débat sur le *Problème économique*. Il a été jugé préférable que l'Assemblée n'ayant pas un caractère officiel, ni à plus forte raison de pouvoir délibératif, s'abstînt d'émettre le vœu que lui soumettait sa Commission.

politique, et il serait injuste de n'en point tenir compte. Il est assez amusant de constater qu'il arrive aujourd'hui qu'on en fasse grief à ceux qui en ont reçu le don ou acquis le talent. Mais l'éloquence est désastreuse lorsqu'elle vient toute seule, et qu'elle n'a point pour mentors la conscience, le savoir et le désintéressement.

Reprochons, avec M. Boret, aux peuples libres d'avoir souvent « fait plus de cas du talent oratoire et de la subtilité de l'argumentation que de la netteté de vues qui seule est créatrice de résultats », d'avoir « trop longtemps préféré la musique des mots à la rudesse de l'action » (1).

Ce n'est pas tout. Que les critiques renoncent aussi à tolérer l'existence de clubs politiques fermés qui s'arrogent sur les élus le droit de haute et basse justice. Fidèlement attachés à leurs partis qui représentent un idéal élevé, des traditions, des sentiments, de grandes œuvres, ils doivent en réformer eux-mêmes l'organisation intérieure. Plus de coteries ni d'intrigues. Ne laissons plus écluser les grands courants d'opinion dans des officines où ne pénètre point toujours la lumière purificatrice. Ainsi trouverons-nous des candidats que rebute aujourd'hui la traversée préalable du « marécage ». Ainsi empêcherons-nous que ne se constitue une caste de politiciens professionnels, retirant de leur mandat leurs moyens d'existence, appuyés par une « clien-

(1) Boret, *La Bataille économique de demain*, p. 56.

tèle » au sens romain de ce mot, et distribuant à tous les degrés, sans souci de la volonté nationale, ce qu'ils appellent les honneurs, ce qu'il faut appeler les charges.

Peut-on dire que l'opinion publique, elle aussi, a compris la leçon de la guerre?

Intérêts et compétences. — Il y aurait de notre part un certain manque de courage à ne point dire notre sentiment sur des polémiques qui sont actuelles, et qui portent sur l'un des principaux griefs.

Trop d'avocats, dit-on. Très franchement, c'est vrai. Il est désirable que des hommes appartenant à toutes les professions exercent les mandats publics, apportent à la confection des lois leurs lumières et leur autorité spéciale. On les trouvera, pensons-nous, si l'on réduit l'éloquence à sa valeur réelle : l'éloquence d'aujourd'hui se trouve d'ailleurs moins dans la pompe des phrases que dans la précision, la concision, la clarté ; aussi, si l'on se décide à faciliter et à élargir les accès à la vie politique.

Mais faut-il frapper les avocats comme tels, d'ostracisme? Ne faut-il pas se borner à prendre où qu'ils se trouvent — et il s'en trouve dans toutes les professions — les plus capables? Laissons à M. Boret — qui est ministre et n'est pas avocat — le soin de répondre. « Il y a l'avocat de haut talent et de haute intelligence, pour qui le droit est créé par la vie de chaque jour, en vue d'établir l'équilibre entre des intérêts souvent contraires qui doivent tous être ménagés. Celui-là, certes, est un homme d'expérience, au même titre qu'un financier ou un industriel, et s'il lui arrive de construire une théorie, ce ne sera qu'en tenant compte des leçons de la pratique et des avis que l'expérience fournit. L'exercice de sa profession n'aura pu que développer en lui une tendance naturelle à peser toutes les conséquences d'une entreprise et à se faire l'arbitre entre les opinions qui se présentent à lui. Cet avocat possède aussi toutes les qualités du législateur idéal. On le rencontre, certes, mais trop rarement, dans les assemblées politiques (1). »

Quelle que soit la profession du candidat, il faut donc viser à la compétence. Mais qu'est-ce que la compétence qui confère un titre à la législature ? Ici encore, cédons la plume. M. Leroy exige de l'homme compétent deux conditions.

« Nous avons, dit-il d'abord, besoin d'hommes qui aient une compétence, condition de netteté dans l'action, qui ne soient pas de simples juristes ; mais ces hommes, pour être utiles, devront posséder par surcroît une vaste culture philosophique et scientifique (2). » Il y insiste ailleurs : « Le gouvernement moderne requiert du savoir et réclame l'adjonction des techniciens ; ajoutons : intelligents,

---

(1) Boret, *La Bataille économique de demain*, p. 92.
(2) Leroy, *Pour gouverner*, p. 159.

ce que l'on omet parfois, car la technique n'est rien par elle-même. Elle n'a de valeur que si elle est accompagnée d'initiative, d'idées générales, que si son détenteur a le sens des responsabilités, s'il a du caractère (1). »

A cette exigence du caractère et de la culture générale, M. Leroy en ajoute une seconde : « L'homme compétent, pour remplir pleinement son rôle public, ne doit pas avoir à administrer des intérêts personnels du même ordre que ceux qu'il gouverne, sous peine de nous faire assister aux plus démoralisants fléchissements (2). »

Sous cette double condition, nous sommes entièrement d'accord avec ceux qui proclament qu'il faut « réserver dans les conseils une place éminente aux techniciens, à ceux qui comprennent que le rôle essentiel du pouvoir sera désormais d'assurer la jonction entre la science et la pratique » (3).

La tâche nouvelle de l'État. — Exigence qui, d'ailleurs, dérive des tâches nouvelles que l'État assume — et pour l'accomplissement desquelles il est insuffisamment organisé.

Nous en venons en effet à la notion de l'État économique, administrateur suprême de l'économie nationale. Sortant du domaine de la gestion politique et de la police, elle comporte « l'intervention

(1) LEROY, *Pour gouverner*, p. 63.
(2) ID., *ibid.*, p. 153.
(3) HERRIOT, *Le Commerce franco-américain*, Introduction, p. 20.

des Pouvoirs publics pour créer les conditions les plus favorables à l'initiative, puis pour stimuler et coordonner intelligemment les activités en les rapportant à un programme d'ensemble et à un grand but collectif » (1).

Cette intervention amène l'État d'une part à pratiquer la politique que nous avons, par analogie avec l'hygiène sociale, appelée l'hygiène économique. Elle le met d'autre part en présence d'un pouvoir nouveau qui s'est institué en dehors de lui : la fédération économique. Pouvoir, disons-nous, car « dans une démocratie, le gouvernement est partout où il y a des groupes d'hommes qui pensent et agissent autour d'une grande idée, technique ou économique, morale ou politique » (2).

Dès lors, une collaboration va s'établir; des contacts seront nécessaires; les rôles devront être définis; chacun des pouvoirs tracera ses frontières. C'est ici qu'en tous domaines va se manifester, comme l'énonce un rapport du ministre du Commerce de France justifiant l'arrêté du 28 janvier 1918, la règle nouvelle qui domine la vie administrative, « celle qui commande d'associer étroitement les intérêts et les compétences à la direction des affaires publiques ». Nous verrons comment il faut que cette collaboration s'organise.

---

(1) LYSIS, *Vers la démocratie nouvelle.*
(2) LEROY, *Pour gouverner*, p. 59.

Les fonctionnaires. — Un mot, en terminant, des fonctionnaires. Ils doivent être désormais choisis au concours, pour les services qu'ils peuvent rendre, et non point au gré du favoritisme des maîtres de l'heure.

Ils doivent être incités à l'initiative, par la certitude que tout effort utile sera reconnu, apprécié et récompensé.

Ils doivent être suffisamment payés pour que leur recrutement ne soit pas exposé à se faire parmi les « ratés » des autres professions.

En un mot, ils doivent vivre dans une atmosphère d'autorité forte et de justice rigoureuse, qui leur inculque à la fois le respect de leurs devoirs et le sentiment de leurs droits.

Qu'on ne leur refuse point alors le droit d'association. Les groupements de fonctionnaires feront preuve d'un sens précis des réalités pratiques, d'une volonté très haute d'améliorer et d'accélérer le fonctionnement des rouages administratifs; ils apporteront aux Pouvoirs publics une collaboration intelligente et fructueuse; les réformes qu'ils préconiseront seront inspirées d'un esprit d'ordre et du souci sincère de l'intérêt général. N'allons point contre une évolution nécessaire : « C'est un trait de ce temps que tous les intérêts et toutes les compétences ont tendance à se grouper et à parler en corps (1). »

---

(1) Leroy, *Pour gouverner*, p. 186.

II

LES INSTITUTIONS DE L'ÉTAT ÉCONOMIQUE

Terminologie nécessaire. — Organiser, c'est créer, reconnaître, développer, perfectionner des institutions. Il faut donc préciser la terminologie : M. Leroy fait remarquer avec raison qu'elle ne l'est que fort insuffisamment. Les termes tels que bureaux, services, commissions, offices, sont employés indifféremment, au hasard, sans correspondre à des réalités bien différenciées. Essayons-nous à en proposer un usage rationnel.

Appelons bureaux les hiérarchies de fonctionnaires investies du soin d'exécuter un travail déterminé, rentrant exclusivement dans les attributions de l'État. Les autres institutions seront celles, de toute nature, où s'établit le contact entre l'État et la Fédération économique.

Celles qui ont pour but de venir en aide, de faire d'utiles propagandes, de constituer des documentations, de faire de façon générale œuvre d'assistance s'appelleraient des services.

On nommerait commissions les assemblées consultatives, dont le rôle est d'éclairer et de guider l'État dans sa politique d'hygiène économique.

Enfin, les offices — institutions où l'ordre public est intéressé, et qui exercent une autorité qu'elles tiennent à la fois de l'État et de la Fédération économique — seraient les organes de coopération et de coordination nationales.

Les bureaux. — Les lois de gestion économique doivent être fondées désormais sur des données expérimentales : le Gouvernement recourra donc utilement à des statisticiens, à des savants, à des spécialistes chargés d'une fonction que M. Leroy appelle l'observation économique.

Observer, comprendre, disséquer les faits, rechercher les causes. Dégager les tendances. Signaler, à des symptômes certains, l'approche des crises. Analyser l'effet des lois en vigueur. Établir à l'avance les répercussions des lois projetées. Rendre possibles, en temps opportun, les initiatives utiles. Prévoir et prédire pour préserver.

Ainsi l'œuvre législative perdra son caractère empirique, cessera d'être une improvisation trop souvent éloignée ou ignorante des réalités.

Les services. — Les services doivent n'avoir point un caractère administratif. Il faut, puisqu'il s'agit de rouages indispensables à l'évolution industrielle et commerciale du pays, « les créer et les mener commercialement » (1). Ils doivent être placés sous l'autorité des Offices dont nous examinerons plus loin le fonctionnement et non point sous celle des bureaux.

---

(1) Boret, *La Bataille économique de demain*, p. 170.

Tel sera le service de documentation industrielle et commerciale, dont le musée de Philadelphie est le type le plus achevé (1).

Le but de ce musée est d'abord de réunir tous les documents commerciaux relatifs aux relations économiques et de les rendre directement utilisables aux négociants américains. Il puise sa documentation dans toutes les revues techniques connues et dans les rapports publiés par les chambres de commerce et les consulats du monde entier. Un nombreux personnel trie, collationne, étudie ces revues et ces rapports qui sont conservés intacts dans les archives, tandis que les renseignements utiles qu'on y découvre sont imprimés sur des fiches en plusieurs exemplaires, qui alimentent des cartothèques spéciales, les unes propres aux pays, les autres aux marchandises. Par abonnement, les intéressés sont mis en possession des renseignements qui les concernent : ainsi par exemple le cliché d'une machine agricole primée à un concours est envoyé automatiquement aux agriculteurs. Des monographies de matières premières sont rédigées et peuvent être consultées, permettant de se renseigner dans un laps de temps très court sur tous les pays producteurs et consommateurs.

D'autre part, il existe une collection d'échantil-

(1) Renseignements communiqués par M. van den Castèele, extraits de divers travaux allemands.

lons comportant aussi bien les produits indigènes pour renseigner l'acheteur étranger, que les produits étrangers pour renseigner l'exportateur indigène. Ces derniers produits sont étiquetés, avec mentions indiquant l'origine, le prix de revient, le prix de vente, les conditions d'emballage, les marchés où la marchandise est traitée ou est susceptible de l'être : besoins, débouchés, conditions de la concurrence, tout est révélé. Un laboratoire technique procède aux vérifications et aux expertises : les résultats en sont communiqués.

Enfin, une agence de renseignements est annexée au musée. Elle correspond en dix-sept langues avec 30.000 firmes américaines et 20.000 firmes étrangères. Elle subventionne à l'étranger un personnel considérable d'information et de recherche. Elle fournit tous les renseignements relatifs à l'importance des firmes étrangères, à la nature de leurs affaires et au crédit qu'elles méritent.

La création d'un tel service est dans les vœux formels du monde industriel belge. Le Comité belge d'enquête économique de Londres demande la création d'un office de renseignements techniques et économiques se rapportant aux industries belges et à celles des pays alliés et de leurs colonies. Cet « office » devra notamment renseigner les intéressés sur la question des matières premières, des produits et fabricants des pays alliés, ainsi que sur les progrès techniques et économiques des industries étrangères. Sa conception, on le voit, dépasse de loin, tout comme celle du musée de Philadelphie, la simple compilation des rapports consulaires.

Les commissions. — Le concours des compétences apparaît incontestablement nécessaire dans l'élaboration de l'œuvre législative et administrative du Gouvernement, en tout ce qui concerne l'hygiène économique aussi bien qu'en ce qui touche à la gestion de l'économie nationale.

Aussi, les commissions consultatives seront-elles nombreuses et composées de façon à représenter tous les intérêts en cause. Telle la commission des transports avec ses sous-commissions : chemins de fer, voies navigables, ports, marine marchande. Telle aussi la commission du travail. Telle la commission des finances.

On peut cependant faire — nous l'avons fait déjà — grief aux commissions actuelles d'être soumises à l'arbitraire ministériel; de ne pas être désignées par les intéressés eux-mêmes, à quoi il est aisé de remédier dès lors que l'État reconnaît la Fédération. C'est à elle qu'il demandera de faire choix de ses délégués.

Méconnaître un tel principe, c'est stériliser l'œuvre de ces institutions. « L'État leur communique ses tares, beaucoup plus qu'il n'en reçoit l'impulsion. » On ne peut se dissimuler que « la vie professionnelle arrive jusqu'à elles presque tamisée, de rapport en rapport, d'enquête en enquête, par ces conseillers nommés trop discrétionnairement par les ministres. D'où une œuvre en somme trop bureaucratique, d'un indéniable caractère gouvernemental, trop officielle, en partie contaminée par les luttes de partis et d'influences politiques » (1).

Qu'on rende donc les commissions consultatives plus indépendantes du ministre. Qu'on leur donne le droit d'intervenir aux débats parlementaires pour y défendre leur point de vue. Et qu'elles soient instituées avec le concours des grands groupements économiques. Telles sont les conditions de leur fonctionnement utile.

Les offices. — Mais il reste à faire les actes directs de gestion économique. C'est donc ici que le principe : « La production aux producteurs », qui est le titre au pouvoir de la Fédération économique, doit se concilier avec l'intérêt public, qui justifie l'intervention de l'État. Peut-on s'y soustraire? Non point. Car il y a « trop de faits, une trop grande instance dans la ligne de développement des institutions pour qu'on puisse douter de leur persistance. Nous sommes bien en présence d'un fait nouveau : l'accession des producteurs à la puissance publique » (2).

Mais faut-il laisser la Production à elle-même? Pas davantage. La coordination des efforts doit être

---

(1) Leroy, *Pour gouverner*, p. 164.
(2) Id., *ibid*, p. 145.

absolue. « L'administration se relie à la science, à l'industrie, au commerce, par une série de points de contact soigneusement étudiés. Ministères, universités, postes, chemins de fer, chambres de commerce, associations publiques ou privées, ports, batelleries fluviales, armement maritime, forment ces chaînes ininterrompues de services qui se correspondent et se soutiennent (1). »

Au sommet, à la tête de chaque branche de l'économie nationale, nous trouverons un office central où seront représentés l'État, la Fédération économique, la science, le travail. Il exerce son autorité sur les « services » qui le concernent; sur les « offices » inférieurs qui remplissent les diverses fonctions que nous allons dire; sur les groupements économiques, en tant qu'il s'agit de promouvoir, de coordonner et de contrôler leur action. L'État garde dans l'office un pouvoir de contrôle, allant jusqu'au droit de veto; il n'agit pas seul; mais il demeure le maître. Il sait, il approuve, il autorise, il veille; il prend et reçoit les avis de l'office sur tout ce qui touche aux intérêts généraux que l'office représente.

Au-dessous, soit pour des tâches particulières, soit par subdivision de chaque branche professionnelle ou régionale, les offices inférieurs agissent avec des attributions diverses. Tel l'office des professions, dont nous avons dit l'objet. Tels les

(1) CAMBON, *Notre Avenir*, p. 101.

offices du travail, qui élaboreront les contrats types, auront un rôle consultatif, exerceront la juridiction arbitrale.

Tels aussi, tout au moins dans l'économie de transition, les offices de contrôle chargés de la mise en œuvre de la discipline économique. L'État doit — tel est d'ailleurs le vœu exprès émis par nos compatriotes demeurés sous le joug ennemi — remettre la gestion des contrôles aux intéressés eux-mêmes, tout en assurant au sein de l'office l'équité des représentations, et le respect du droit des plus faibles et de l'intérêt public. Imaginons dans cet esprit ce que serait, par exemple, l'office des denrées alimentaires. On y rencontrerait les représentants des producteurs de la matière première, tels les agriculteurs ; des transformateurs, tels les minotiers et les abatteurs; des commerçants, tels les importateurs de viande frigorifiée, les boulangers, les bouchers. Ces représentants seraient désignés par leurs groupements : syndicats, sections de chambres de commerce, associations du petit commerce. Les consommateurs aussi devraient être représentés. A défaut d'organisation plus adéquate, on pourrait s'adresser par exemple aux syndicats ouvriers, directement intéressés au bon marché de la vie, à la régularité, à l'abondance des approvisionnements.

M. Leroy montre, nous l'avons vu, de façon saisissante comment cette conception est dès à présent, en France, comprise, reconnue et pratiquée.

Il est inutile de s'attarder à rappeler qu'elle a pris forme en Allemagne. Organisation dont il n'est possible jusqu'à présent que de donner une ébauche, de constater les réalités naissantes, de prévoir le développement ; mais qui donne à la « question des compétences » la solution la plus heureuse, et constitue manifestement la formule d'adaptation de l'État à ses énormes responsabilités nouvelles.

Définissons, avec M. Hauser, l'étendue de celles-ci telles qu'elles lui apparaissent par l'analyse du rôle de l'État germanique. « C'est à lui à gouverner, non seulement ses propres finances, les finances de l'État, mais les finances de la nation. C'est à lui à surveiller, à diriger les groupements autonomes, à y entrer même pour leur imposer une politique conforme à ses vues. Maître absolu de la plupart des instruments de transport, indirectement maître des autres, c'est à lui à lancer vers les points faibles de l'adversaire le flot de la production allemande. Et si les marchés extérieurs essaient de se défendre contre l'inondation en élevant eux aussi des digues, c'est à l'État à faire ouvrir dans ces digues, par persuasion ou par force, les brèches nécessaires (1). »

Écartons de cette définition l'idée de guerre, l'invasion et la conquête ; extirpons-en la préoccupation prussienne de commander et d'asservir. Il reste

---

(1) Hauser, *Les Méthodes allemandes d'expansion économique*, p. 258.

que l'État est le chef et le gérant suprême de l'économie nationale; qu'il la contrôle, la protège et lui donne ses directives; que l'effort national, sous son impulsion, doit être tout entier solidaire des efforts particuliers; et que le pouvoir politique ne peut y parvenir qu'en s'associant intimement, dans la conception et dans l'action, aux grands groupements économiques.

Les groupements économiques. — Ainsi les groupements économiques apparaissent désormais, non plus comme des associations d'intérêt privé, mais comme revêtant, à certains points de vue, un caractère public.

Il en résulte que leur organisation n'est point indifférente. Elle doit exclure entièrement la politique, pour revêtir un caractère exclusivement professionnel.

Il faut en outre qu'elle repose sur des bases rationnelles solidement établies. Les syndicats patronaux devront « se sérier méthodiquement en gardant des contacts avec l'ensemble des phénomènes économiques pour éviter le parcellisme stérilisateur. Ils n'ont pas seulement à apprendre la géographie; ils ont encore à étudier les lois de concordance techniques pour se joindre et se lier autrement que par de vagues empirismes ou de flottantes sympathies politiciennes » (1).

(1) Leroy, *Pour gouverner*, p. 141.

Par là, la possibilité de réaliser l'État économique dépendra en fin de compte de l'état de l'esprit public. Les peuples ont le gouvernement qu'ils méritent : ce n'est pas seulement en ce cas que l'occasion nous est donnée de nous en apercevoir.

III

LES TEMPS NOUVEAUX

Préparons les temps nouveaux. — L'œuvre est immense. Elle demande une conception large des ensembles dans le temps et dans l'espace ; le discernement du but vers lequel tous les moyens doivent tendre ; une pensée directrice de coopération et d'organisation nationale.

Elle est urgente. Elle comporte des études complexes, des actes préparatoires, l'adoption et la mise en œuvre d'une politique internationale. Rien de tout cela ne saurait être différé d'un seul jour.

Elle est capitale, pour tous les pays du monde, pour la Belgique plus que pour les autres. Parce que la Belgique a tout à refaire et que, si son âme s'est haussée au niveau de ses malheurs, elle aborde les temps nouveaux sans autre richesse que sa probité morale, sa fertilité d'esprit, sa prodigieuse puissance réalisatrice. À ses gouvernants de faire en sorte que son intelligence et son énergie disposent, à l'heure voulue, des moyens d'action indispensables; de réaliser les conditions qui permettront leur mise en œuvre, leur mise en valeur, la reconstitution, l'expansion, le progrès; de se faire aujourd'hui les gérants des intérêts vitaux d'une nation hier encore opprimée et réduite pendant quatre années à l'impuissance.

Évoquons la patrie lointaine. — Alors que déjà la paix semblait proche comme la victoire, nous reportions nos regards, pour mieux nous convaincre de ces vérités, vers la terre lointaine et chérie, vers la patrie encore martyre, bientôt libérée et joyeuse, dans le clair renouveau de sa jeunesse retrouvée. Évoquons le tableau émouvant de ce qu'était, à la veille de la catastrophe imméritée, la splendide activité de notre peuple.

Partout, la ruche en bourdonnement, un monde aux aspects multiples, que dévorait la fièvre du labeur. Les charbonnages du pays de Charleroi et du Borinage, bientôt du Limbourg. Les verreries de Jumet et de Lodelinnsart. La métallurgie du pays de Liége. Les tissages de Gand pour les toiles, de Verviers pour les laines. L'agriculture de la terre fertile en Flandre et en Hesbaye. Telle était la charpente d'un prodigieux ensemble, dans lequel toutes les valeurs trouvaient un emploi, toutes les initiatives une mise en œuvre.

Cette industrie avait conquis dans l'univers une place éminente. Appuyée sur un commerce élargi, elle tendait sans cesse davantage vers l'expansion maritime et coloniale. Et elle avait à son service, comme un auxiliaire merveilleux, le grand port national d'Anvers, tête de ligne ou escale sur les grandes routes de la mer.

Tout cet ensemble en pleine crise de croissance, frémissant d'impatience et de vie. Partout des projets, des entreprises commencées, des chantiers en rumeur. Déjà ébauchée dans les cerveaux, la conception de la politique d'économie nationale qui eût coalisé toutes les forces et tous les moyens au service de la « machine à produire » grandiose, dans laquelle un peuple entier avait mis son énergie créatrice et ses ressources inépuisables de persévérance et de fécondité.

La guerre est venue. — Mais la guerre est venue, semant la stérilité et la mort. L'invasion a passé, spoliatrice, dévastatrice, sanglante. De tout ce monde, de toute cette vie, de toute cette jeunesse ardente, que reste-t-il ? Peu de chose ; autant dire rien.

Ruinées, les usines. Disparu, l'outillage. Vidés, les magasins et les entrepôts. Dispersées ou désœuvrées, la direction et la main-d'œuvre. Partout le silence et le deuil, dans l'oppression. Et, symbole tragique de notre misère, nous nous représentions le port d'Anvers inerte, silencieux et désert ; nous entendions, au long de ses quais où l'herbe pousse, sonner le pas insolent des patrouilles germaniques...

Demain. — Demain est proche. L'ombre s'éclaircit. Voici l'aube.

A la nation délivrée, les Belges clairvoyants tiennent un langage de confiance et de virilité.

Ils lui disent :

— A l'œuvre ! A l'autre combat ! En avant, pour la conquête de ton droit à la vie !

— Pratique dans l'avenir, comme dans le passé, tes vertus bourgeoises : mais libère-toi de l'intolérance, de l'égoïsme, de l'esprit de clocher, de tout ce qui déforme et stérilise. Compte sur la vitalité profonde de ton sang et de ta race : mais instruis-toi ; fais appel à toutes tes ressources ; jette dans la balance tout ce dont tu disposes. N'aie foi qu'en toi-même. Regarde en face le danger nouveau qui te menace. Arme-toi pour t'en défendre.

— Que tes ouvriers soient plus productifs, tes agriculteurs plus éclairés, tes industriels plus capables, tes commerçants plus audacieux, tes fonctionnaires plus zélés, tes soldats plus disciplinés et plus braves que ceux de n'importe quel pays du monde ! Aussi que ta législation soit plus avancée, ton organisation économique plus complète, tes élus plus compétents et plus consciencieux, tes hommes d'État plus clairvoyants — et plus aptes à discerner, à travers les brumes dont elles se voilent, les grandes routes par lesquelles doit marcher ta destinée.

— Déploie ton drapeau. Aime-le. Sois-en fière, maintenant surtout qu'il est troué de balles et taché de sang. Reste fidèle aux libres institutions que tu t'es données. Élève la Patrie au-dessus de toutes choses. Et tandis qu'ailleurs la réaction finira dans l'anarchie ou l'anarchie dans la réaction, poursuis, dans la paix sainte et la concorde fraternelle, ta splendide régénération matérielle et morale!

Nous oublierons demain ce qui maintenant nous angoisse et nous attriste : car la Belgique, dans la radieuse fierté de sa liberté reconquise, se lèvera.

ANNEXE

RÉUNION AMICALE PLÉNIÈRE DES PARLEMENTAIRES BELGES SE TROUVANT HORS BELGIQUE OCCUPÉE

COMMISSION DES ADRESSES ET DES VŒUX

VŒU SUR LE PROBLÈME ÉCONOMIQUE

L'Assemblée amicale plénière des parlementaires belges se trouvant hors pays occupé,

Affirmant la nécessité vitale de poursuivre, suivant un plan d'ensemble nettement défini et mûrement étudié, une politique économique agissante d'organisation et d'expansion nationale ;

Convaincue de ce que la Belgique ne saurait pourvoir à ses besoins d'existence et assurer son avenir économique qu'en portant d'une part au maximum le rendement de sa production, et en garantissant d'autre part à celle-ci, avec le concours des puissances alliées, les ressources en matières premières et les débouchés qui lui sont indispensables,

Émet le vœu :

I. — En ce qui concerne les relations économiques extérieures de la Belgique.

1° De voir poursuivre l'étude d'un système d'accords douaniers ayant en vue de réaliser au mieux de l'intérêt commun, entre les puissances alliées et la Belgique, l'égalité de traitement réciproque et d'obtenir le meilleur échange des ressources et des productions utiles ;

2° De voir rechercher les bases des dispositions tarifaires à prendre d'accord entre puissances alliées tant vis-à-vis des puissances neutres que vis-à-vis des puissances ennemies ;

3° De voir dénoncer les traités de commerce contenant la clause de la nation la plus favorisée ;

4° De voir libérer la Belgique des restrictions apportées au point de vue douanier par les actes internationaux à la souveraineté qu'elle exerce sur sa colonie ;

5° De voir le Gouvernement poursuivre de façon méthodique et constante l'étude, dans l'esprit précisé ci-dessus, des mesures d'application des décisions de la Conférence économique de 1916, décisions auxquelles le Gouvernement belge a adhéré ; et s'attacher à assurer la constitution la plus rapide possible des organes interalliés de préparation et d'exécution de ces décisions ;

6° De voir préparer l'unification de la classification douanière, en établissant une nomenclature détaillée et rationnelle pour servir de base à nos négociations et de voir étudier l'opportunité d'établir un tarif maximum et un tarif minimum.

II — En ce qui concerne l'organisation rationnelle de la productivité nationale.

A) De voir concentrer sous une seule autorité compétente tout ce qui concerne le réoutillage et le réapprovisionnement, tant des services publics de quelque département qu'ils relèvent, que des entreprises privées.

B) De voir préparer l'organisation de l'économie et de la transition, laquelle entraînera nécessairement et pour le moins le maintien temporaire d'un contrôle sur les denrées alimentaires, les matières premières, l'emploi du tonnage, les paiements à l'étranger — de manière à assurer ce contrôle par les intéressés organisés eux-mêmes, l'intervention de l'État devant avoir pour but et pour limite de veiller au respect dans la répartition d'une rigoureuse équité s'étendant à toutes les entreprises grandes, moyennes ou petites ; — et la seule justification de l'ordre de priorité nécessaire entre les branches d'industrie devant se trouver dans l'importance hiérarchique des besoins auxquels il faudra répondre.

C) De voir, en ce qui concerne la réparation des dommages de guerre :

1° Promulguer le plus tôt possible le projet d'arrêté-loi sur la constatation et l'évaluation des dommages ;

2° Dresser l'état complet de tous les préjudices subis par la nation et les individus, et spécialement établir un questionnaire détaillé permettant aux intéressés de donner leur évaluation générale de toutes les causes directes de préjudice, notamment de leur chômage ;

3° Proclamer le principe du droit à la réparation ;

4° Préparer, en prévision du retour au pays, une organisation financière permettant de mettre immédiatement à la disposition des préjudiciés, à titre d'avance et avec reconnaissance du droit à indemnité, mais moyennant remploi, les moyens nécessaires à la reconstitution des entreprises ;

5° Mettre à l'étude d'une commission de parlementaires les propositions que le Gouvernement estimera devoir présenter au Parlement lorsqu'il sera en mesure de délibérer régulièrement en vue de l'organisation de la réparation.

D) De voir soumettre immédiatement à l'étude de commissions compétentes, chargées d'élaborer des avant-projets de lois, les questions suivantes constitutives d'une politique d'hygiène économique :

1° La réorganisation de l'enseignement professionnel et technique à tous les degrés, et son couronnement par la création d'un institut supérieur d'enseignement et de diffusion des progrès appliqués à l'industrie ;

2° L'élaboration d'une politique générale des transports englobant à la fois :

a) le trafic intérieur : chemins de fer, voies navigables, chemins de fer vicinaux et routes ;

b) les ports : administration, outillage, clientèle, hinterland ;

c) la marine marchande ;

3° L'élaboration d'une politique sociale et spécialement l'étude de la création d'organismes professionnels autonomes, où soient également représentés le capital et le travail et chargés :

a) vis-à-vis de l'État d'une mission consultative pour ce qui concerne les intérêts généraux de la branche qu'ils représentent ;

b) de l'élaboration de conventions types réglant, pour une branche d'industrie et une région déterminée, les conditions principales du contrat de travail ;

c) de l'exercice d'une juridiction arbitrale pour statuer sur les conflits collectifs et individuels du travail ;

4° L'élaboration d'une politique financière : relèvement du change, réduction de la circulation fiduciaire, conclusion éventuelle d'emprunts de reconstitution ;

5° La création d'industries nouvelles ou le développement des industries existantes de façon spécialement à réaliser les stades supérieurs de fabrication et réduire de la sorte les exportations en produits demi-finis au profit des exportations en produits terminés.

6° En ce qui concerne le crédit :

a) l'élaboration d'une réglementation légale soumettant l'exportation des capitaux à un contrôle efficace ;

b) pour le crédit à court terme, la création et le développement des mutualités de crédit en faveur des petites et moyennes entreprises ;

c) pour le crédit à long terme, l'examen des diverses solutions ayant pour objet de mettre à la disposition de ce mode de crédit les disponibilités et la documentation nécessaire ;

d) pour le crédit industriel, l'étude de toutes solutions relatives au problème de l'examen technique et du contrôle des affaires, et au développement du crédit personnel ;

e) pour l'expansion économique, toutes mesures tendant à la création à l'étranger de points d'appui commerciaux et bancaires ;

f) toutes les dispositions législatives destinées à faciliter et promouvoir l'octroi du crédit sur garanties ; et à parer aux situations exceptionnelles résultant de l'état de guerre ;

7° La réorganisation de la représentation économique de la Belgique à l'étranger, notamment par la fusion des carrières diplomatiques et consulaires, la création d'attachés commerciaux, de conseils consulaires et de tout le personnel de spécialistes nécessaire ;

8° La fondation d'offices économiques intéressant l'industrie, le commerce, l'agriculture, le crédit, associant dans une action commune l'État politique et les représentants des groupements économiques et chargés :

a) de centraliser et de tenir à jour la documentation technique ;

b) de faire connaître aux intéressés, par tous moyens efficaces de propagande, d'enseignement et de démonstration, tout ce qui serait de nature à favoriser leurs entreprises, à en accroître le rendement ou l'utilité, à en développer la prospérité ;

c) de fournir au Gouvernement et au Parlement les données expérimentales qui doivent servir de base à la législation économique ;

d) de servir d'intermédiaire entre les Pouvoirs publics et la représentation organisée des grands intérêts nationaux ;

e) de promouvoir l'organisation syndicale de ceux-ci et d'exercer sur les groupements économiques une action générale d'assistance, de coordination et de contrôle.

BIBLIOGRAPHIE

LYSIS, *Vers la Démocratie nouvelle.* Payot et Cie.

— *Pour Renaître.*

— *L'Erreur française.*

BIARD D'AUNET, *La Politique et les Affaires.* Payot et Cie.

— *Pour remettre de l'ordre dans la maison.* Payot et Cie.

HAUSER, *Les Méthodes allemandes d'expansion économique.* Colin.

HERRIOT, *Agir.* Payot et Cie.

BELLET, *Le Commerce allemand.* Nourrit et Cie.

CAMBON (V.), *Notre Avenir.* Payot et Cie.

LEBON, *Les Problèmes économiques nés de la guerre.* Payot et Cie.

BORET, *La Bataille économique de demain.* Payot et Cie.

URBAN, *L'Effort de demain.* Perrin et Cie.

LEROY, *Pour gouverner.* Bernard Grasset.

HOURST, *Le Problème de la main-d'œuvre.* Librairie de l'École spéciale des Travaux publics.

— *Le Commerce franco-américain.* Berger-Levrault.

BUFFET, *Du Régionalisme au Nationalisme financier.* Berger-Levrault.

DE ROUSIERS, *Les Syndicats industriels de producteurs.* Payot et Cie.

Pingaud, *Le Développement économique de l'Allemagne contemporaine.* Berger-Levrault.

— *Documentation économique du Ministère belge des Affaires économiques.*

— *Rapports généraux des Comités belges d'enquête économique de Paris et de Londres.*

TABLE DES MATIÈRES

INTRODUCTION

I

UNE EXPÉRIENCE FORCÉE D'ORGANISATION ÉCONOMIQUE

CHAPITRE I

LA LEÇON DE LA GUERRE

CHAPITRE II

LA RECONSTITUTION ÉCONOMIQUE

CHAPITRE III

LE FONCTIONNEMENT DE L'ÉCONOMIE DE GUERRE ET DE TRANSITION

II

LES FACTEURS DE L'ORGANISATION

CHAPITRE I

LE PERSONNEL

CHAPITRE II

LA DIRECTION DES AFFAIRES

CHAPITRE III.

LE CRÉDIT

CHAPITRE IV

LA SYNDICALISATION

III

L'HYGIÈNE ÉCONOMIQUE

CHAPITRE I

UNE POLITIQUE DOUANIÈRE

CHAPITRE II

UNE REPRÉSENTATION ÉCONOMIQUE A L'ÉTRANGER

CHAPITRE III

UNE POLITIQUE DES TRANSPORTS

CHAPITRE IV

UNE POLITIQUE SOCIALE

CONCLUSION

L'ÉTAT ÉCONOMIQUE

ANNEXE

NANCY, IMPRIMERIE BERGER-LEVRAULT — FÉVRIER 1919

www.ingramcontent.com/pod-product-compliance
Ingram Content Group UK Ltd.
Pitfield, Milton Keynes, MK11 3LW, UK
UKHW020155250726
13967UKWH00003B/1070

9 782011 953230